W0260492

ALLE ZEIT WACH
1842

U. Glowalla · E. Engelmann
G. Rossbach (Hrsg.)

Multimedia '94

Grundlagen und Praxis

Heidelberg, 17./18./19. April 1994

Springer-Verlag
Berlin Heidelberg New York
London Paris Tokyo
Hong Kong Barcelona Budapest

Dr. Ulrich Glowalla
Universität Gießen
Fachbereich Psychologie
Otto-Behaghel-Straße 10/F
35394 Gießen

Dr.-Ing. Erhard Engelmann
Bertelsmann AG
Zentrale Informationsverarbeitung GmbH
Königstraße 4 / Fuhrmanngasse
33330 Gütersloh

Gerhard Rossbach
Springer-Verlag
Tiergartenstraße 17
69121 Heidelberg

ISBN-13:978-3-540-57963-2 e-ISBN-13:978-3-642-78987-8
DOI: 10.1007/978-3-642-78987-8

Cip-Eintrag beantragt

Satz: Reproduktionsfertige Vorlage der Herausgeber
Umschlaggestaltung: H. Lopka, Heidelberg
SPIN:10131578 33/3020 - 5 4 3 2 1 0 - Gedruckt auf säurefreiem Papier

Vorwort

Zum zweiten Mal findet vom 17. - 19. April in Heidelberg der deutsche Multimedia-Kongreß statt. Nach dem Erfolg der ersten Veranstaltung vor 18 Monaten haben die Veranstalter in diesem Jahr neue Akzente gesetzt: anstelle "Multimedia-Technologie" steht "Multimedia-Praxis" im Mittelpunkt. Diese Gewichtung entspricht der Entwicklung im Multimedia-Markt. Es zeichnet sich deutlich ab, daß neue Formen der Kommunikation und Information in unserer Gesellschaft an Bedeutung gewinnen. Elektronische Kommunikation und Multimedia sind durchaus keine Randerscheinungen des Marktes mehr sondern zentrale Themen in der Diskussion um unternehmerische Perspektiven und Strategien in vielen Branchen. Und es gibt mehr als nur Konzepte, es gibt durchaus erfolgreiche Produkte!

Das Programm von Multimedia '94 ist daher auf solche Branchen ausgerichtet, in denen sich eine deutliche Marktentwicklung für Multimedia-Produkte abzeichnet:

- Aus- und Weiterbildung
- Banken- und Versicherungen
- Publizieren
- Breitband-Kommunikation

Zu diesen Themen werden Workshops angeboten, in denen nicht nur ausgewählte Produkte und laufende Projekte vorgestellt werden. Es bietet sich dort die Gelegenheit, mit den Produzenten dieser Produkte über Strategien, Entwicklungskonzepte und Einsatzerfahrungen zu sprechen.

Zur Einstimmung auf den Kongreß wird am ersten Veranstaltungstag ein Tutorial angeboten, in dem den Teilnehmern Grundlagen und Anwendungen der Multimedia-Technologie von namhaften Experten des Fraunhofer-Instituts für Graphische Datenverarbeitung (FhG-IGD) in Darmstadt erläutert und praktisch demonstriert werden.

Parallel zu den Vorträgen und Workshops gibt es wieder ausreichend Gelegenheit, die Praxis der Multimedia-Entwicklung und des Multimedia-Einsatzes kennenzulernen: In der eigens für den Kongreß eingerichteten "Multimedia-Werkstatt" zeigen erfahrene Entwickler die Werzeuge und Produktionsschritte der Multimedia-Entwicklung auf den verschiedensten Computer-Plattformen. In einem "Multimedia-Kino" werden Video-Clips von internationalen Multimedia-, Animation- und Virtual Reality-Produktionen gezeigt.

Wie im Oktober 1992 hat die GAROS Kongreßplanung die Organisation der Veranstaltung übernommen und sich dabei wieder durch einen kompetent besetzten Kongreß-Beirat beraten lassen:

Heinz Brüggemann, EURESCOM,
Ralf Cordes, Telenorma GmbH / Bosch Telecom,
Harald Fette, CHIP,
Erhard Engelmann, Bertelsmann,
Ulrich Glowalla, Universität Gießen,
Georg Rainer Hofmann, KPMG Unternehmensberatung,
Archibald Kahl, Apple Deutschland,
Sigrid Lesch, FWU,
Andreas Niegel, Microsoft,
Norbert Pohle, Telekom,
Gerhard Rossbach, Springer-Verlag,
Johannes Rückert, IBM Deutschland,
Eric Schoop, TU Dresden,
Rudolf Schosser, Immuno GmbH,
Henry Steinhau, screen MULTIMEDIA,
Helmut Valouch, Telekom,
Sven-Oliver Wirth, Sony Deutschland.

Getragen wird der Kongreß von führenden Unternehmen des Multimedia- und Kommunikationsmarktes wie Apple, Bertelsmann, IBM, Springer-Verlag, Sun Microsystems, Telekom und der Zeitschrift screen MULTIMEDIA. In den "Innovationsforen" und der begleitenden Ausstellung werden diese Unternehmen neue Produkte, Dienstleistungen und laufende Entwicklungsprojekte vorstellen.

Die Herausgeber dieses Bandes danken allen Vortragenden und beitragenden Autoren für die Erstellung ihrer Beiträge. Unser Dank gilt auch den Mitgliedern des Kongreß-Beirates, ohne deren Mithilfe die Veranstaltung bestimmt kein so interessantes Programm vorzuweisen hätte. Auch den bereits namentlich aufgeführten Unternehmen der Informationsindustrie möchten wir herzlich für ihre großzügige finanzielle und technologische Unterstützung danken. Unser besonderer Dank gilt schließlich Martin Göbel, Christoph Hornung und Detlef Krömker vom Fraunhofer-Institut für Graphische Datenverarbeitung, die freundlicherweise die Aufgabe übernehmen, das Multimedia Tutorial zu gestalten. Zu guter Letzt darf Juliane Kube von GAROS nicht unerwähnt bleiben, die im Vorfeld alles zusammenhielt und mit bemerkenswerter Konstanz alle Stolpersteine aus dem Weg räumte.

Heidelberg, im April 1994

Ulrich Glowalla
Erhard Engelmann
Gerhard Rossbach

Inhaltsverzeichnis

Multimedia Tutorial

PC-basierte Multimedia Systeme

Christoph Hornung

Fraunhofer-Institut für Graphische Datenverarbeitung, Wilhelminenstraße 7, D-64283 Darmstadt. Email: hornung@igd.fhg.de, Fax: ++49-6151-155-480

Multimedia, Personal Computing, Conferencing und Kooperation - dies sind die Schlagworte, die die Datenverarbeitung der nächsten Jahre prägen werden. Die integrierte digitale Repräsentation von Text, Graphik, Pixelbilder, Video und Audio auf der Basis digitaler Netzwerke führt zudem zur Integration von Datenverarbeitung und Kommunikation - Personal Computers integrieren die Fähigkeiten von Multimedia-Terminals. Dies erfordert dann die Verfügbarkeit von Software auf verschiedenen Plattformen - die sogenannte Cross-Plattform-Integration. Die Plattformen der nahen Zukunft werden somit cross-platform operierende multimediale Personal Computer sein.

1 Einleitung

Multimedia - unter diesem Begriff versteht man die Integration von Text, Graphik, Pixelbildern, Video und Audio. Diese Integration hat Auswirkungen auf die technologische Entwicklung und auf eine Vielzahl von Anwendungsbereichen /1/.

Technologisch entsteht durch die Integration von Multimedia eine neue Generation von Personal Workstations, die eine neue Qualität des User Interfaces bereitstellen und, auf der Basis von Multimedia Dokumenten, neue Möglichkeiten der Datenverarbeitung eröffnen.

Aus Anwendungssicht kann Multimedia, grundsätzlich für zwei verschiedene Zwecke benutzt werden: zum einen als Dokumenteninhalt, zum anderen als Kommunikationsgrundlage. Im Bereich der Kommunikation erweitert sich die Telephonie zur audio-visuellen Kommunikation. Textbasierte Mail-Systeme erlauben künftig die Versendung multimedialer Dokumente mit Annotationen.

2 Systemaspekte

Aus Sicht der Datenverarbeitung definiert die Integration von Multimedia die Systemarchitekturen der 3. Generation. Systeme der ersten Generation waren batchorientiert und textbasiert. Die Darstellung von Berechnungsergebnissen erfolgte in Textform, die Interaktion kommandozeilenorientiert. Die Architektur der Systeme war durch zentrale Großcomputer mit angeschlossenen alphanumerischen Terminals und Tastatur gekennzeichnet.

Die gegenwärtig weit verbreiteten Systeme der zweiten Generation sind interaktiv und graphikbasiert. Die Darstellung von Berechnungsergebnissen erfolgt durch Text, Graphik und Pixelbilder, die Interaktion über graphische Benutzerschnittstellen. Die Architektur der Systeme ist durch Einzelplatzsysteme und vernetzte Client/Server Lösungen charakterisiert.

In dieser Situation sind gegenwärtig die folgenden Trends erkennbar: Seitens der verfügbaren Hardware ist eine Entwicklung in Richtung Multimedia-Workstation auszumachen. Neben die bisher bekannten Ein-/Ausgabegeräte treten Videokamera, Framegrabber und Audiokomponenten. Unterstützt werden diese Komponenten durch Erweiterung der User Interfaces: Video für Windows und Multimedia Presentation Manager für OS/2 seien hier als Beispiele genannt.

Essentiell für den Durchbruch des sehr speicherintensiven Multimedia ist die Verfügbarkeit hinreichend großer Massenspeicher. Die CD-ROM trägt hier entscheidend bei. Sie ist einerseits ein sehr preiswertes Medium, kann andererseits gleichgut für die Speicherung unterschiedlicher Informationen wie Text, Video oder Sound verwendet werden. Es kennzeichnet den gegenwärtig erkennbaren Trend, daß dieses Speichermedium heute sowohl als Basis von Multimedia-Datenbeständen (wie Atlanten oder Kataloge) verwendet wird, andererseits aber auch für die Verteilung von Software bereits ein kostengünstigeres Medium als die Diskette darstellt.

Ein anderer wichtiger Trend ist die zunehmende Vernetzungsfähigkeit von Computern. Stand früher nur die Vernetzung von Computern zu Computernetzen im Vordergrund (Slogan: the network is the computer), so werden heute zunehmend auch öffentliche Kommunikationsnetze einbezogen. Als Stichwort sei hier die Entwicklung des Notebook zum Mailbook zu nennen, dem persönlichen handheld Computer, der den leichten Zugriff zu öffentlichen Kommunikationsnetzen integriert. Ein wichtiges Beispiel hierfür ist die weite Verbreitung von Datex-J, wodurch der individuell Zugriff zu Mailsystemen ermöglicht wird. Ein weiterer Schub in diese Richtung kann von der weiteren Verbreitung von ISDN im privaten und kommerziellen Bereich erwartet werden. Es ist jedoch auch interessant, hierbei zu beobachten, daß die Netzwerkanbindung zwar zunehmend preiswerter wird und auch weiter genutzt wird, sie jedoch nicht Standardkomponente von

Computern wird. So hat SUN die Basisausstattung seiner Workstations mit ISDN-Karte wieder aufgegeben. Der Grund hierfür ist darin zu sehen, daß die Netzwerkanbindung durchaus sehr unterschiedlich ist: Workstation können sowohl über Datex-J, direkte ISDN-Anbindung oder LAN/WAN-Integration Zugang zu Netzwerken realisieren.

Neben der Echtzeit-Übertragung von Multimedia über Breitbandnetzwerke ist der Austausch komprimierter Multimedia-Information über die weiter verfügbaren und preiswerteren Schmalbandnetzwerke (z.B. ISDN) gerade im PC-Bereich von großer Bedeutung. Hierbei sind heute bereits preiswerte Hardware-Lösungen sowohl für die Kompression von Festbildern (z.B. JPEG) als auch für die Codierung von Bildsequenzen (MPEG) erhältlich. Auf dieser Basis ist eine kostengünstige Videokommunikation bereits auf der Basis von ISDN-S0 (64 kBit/sec) möglich.

3 Multimedia-Dokumente

Multimedia-Dokumente bestehen aus den Komponenten Text, Graphik, Pixelbildern, Video und Sound. Eine wesentliche Charakteristik eines MM-Dokuments ist die off-line Charakteristik. Dies besagt, daß Dokument-Erstellung und Dokument-Präsentation in aller Regel zu verschiedenen Zeiten ablaufen. Dies hat insbesondere Einfluß auf das gewählte Codierverfahren für MM-Information. Für MM-Dokumente können, nach diesem Verständnis, asymmetrische Verfahren eingesetzt werden. Diese zeichnen sich dadurch aus, daß die Kodierung relativ zeitaufwendig geschehen kann, während die Dekodierung zur Präsentationszeit dann auch bei Software-Implementierung in real-time erfolgen kann.

Multimedia-Dokumente erweitern den heute üblichen Dokumentenbegriff entscheidend. Diesem liegt noch weitgehend das elektronische Abbild eines Papiers zugrunde, bestehend aus Text und Pixelbildern. Multimedia dagegen ermöglicht interaktive Dokumente, die sich in Richtung Informationssysteme entwickeln. Der Anwender rezipiert nicht mehr passiv eine Sequenz von Information, sondern navigiert interaktiv durch die bereitgestellte Information. Solche hyperstrukturierten Dokumente bilden bereits heute die Basis von Hilfesystemen - und werden zunehmend durch multimediale Information angereichert.

4 Multimedia-Kommunikation

Bei der Multimedia-Kommunikation steht der Kontakt zwischen zwei oder mehr Personen im Vordergrund. Der PC übernimmt hierbei die Funktionalität eines Telekommunikations-Endgeräts. Grundsätzlich sind hier die off-line

Kommunikation (Mail) und die on-line Kommunikation (Conferencing) zu unterscheiden.

Traditionelle textbasierte Mail-Systeme werden durch Multimedia-Erweiterungen (z.B. MIME) ergänzt. Hiermit wird es dann möglich, Multimedia-Dokumente zu verschicken oder beispielsweise Sprachannotationen an einen Text anzufügen.

Multimedia-Conferencing stellt eine Erweiterung der heute bereits verfügbaren Kommunikationsdienste dar. Dies kann man sich als eine Erweiterung der Telephonie vorstellen. Auf der Basis eines digitalen Netzes, in Verbindung mit geeigneten De/Codierverfahren läßt sich beispielsweise Videophonie realisieren. Zielsetzung hierbei ist die Realisierung einer möglichst realitätsnahen Kommunikation /2/. Von hier ist es dann nur noch ein kleiner Schritt, in diese Kommunikation auch den Austausch beliebiger digitaler Daten, seien es Bilder, Text, oder Audio/Video-Information, zu integrieren.

5 Konferenzanwendungen und kooperative Anwendungen

Ein wesentliches Nutzungsgebiet von MM-Systemen sind Gruppenanwendungen. Hierbei lassen sich prinzipiell zwei Arten von Anwendungen unterscheiden: Konferenzanwendungen und kooperative Anwendungen. Bei diesen Anwendungen wird der PC integriert als Rechner und Telekommunikationsendgerät eingesetzt.

Kooperative Anwendungen dagegen bauen auf einer Anwendung auf, die den mehrfachen gleichzeitigen Zugriff unterstützt. Man bezeichnet sie auch als *cooperation-aware*.

5.1 Konferenzanwendungen

Konferenzanwendungen basieren auf einem single-user Programm, das "in der Konferenz" betrieben wird. Das Anwendungsprogramm "sieht" jedoch nur einen einzigen Benutzer. Man bezeichnet solche Anwendungen daher auch als *cooperation-unaware*.

Das Hauptanwendungsgebiet von Konferenzanwendungen liegt darin, bereits existierende Standardanwendungen wie beispielsweise Textverarbeitungssysteme oder Softwareentwicklungs-Werkzeuge (Compiler oder Debugger) auf Telekommunikationsbasis nutzen zu können /3/. Technische Basis hierfür sind Netzwerkanschluß (entweder aus dem LAN oder über eine direkte WAN-Anbindung (z.B. ISDN) sowie eine Conferencing-Software.

Unter Conferencing-Software versteht man eigenständige Module, die das Betreiben von Klassen von Anwendungen unterstützen. Basis hierfür ist beispielsweise das X-Protokoll für X/Motif-Anwendungen oder die Unterstützung bestimmter DLLs im Windowsbereich. Conferencing Software stellt Funktionalität zur Unterstützung der Kommunikation zwischen den Konferenzteilnehmern sowie zur Unterstützung des Zugriffs auf das zugrundeliegende Dokument zur Verfügung.

Im Bereich der Kommunikationsunterstützung ist zu unterscheiden zwischen Systemen, die lediglich den Austausch textueller Nachrichten unterstützen, solchen, die Audio-Unterstützung bieten und solchen, die Audio- und Video-Kommunikation erlauben. Manche Systeme unterstützen Punkt-zu-Punkt Verbindungen, andere erlauben darüber hinaus auch das Broad-Casting von Nachrichten.

Ein weiterer wesentlicher Punkt ist die Unterstützung von Zeige-Operationen. Diese sind gerade bei der Diskussion über einen Sachverhalt von entscheidender Bedeutung. Hier sind vor allem Tele-Pointing und Multiple Cursor Techniken zu unterscheiden. Unter Tele-Pointing versteht man die Bereitstellung eines globalen Zeigers als Nachbildung eines Zeigestocks. Hiermit können die Erläuterungen des jeweils aktiven Benutzers für die Zuhörer unterstützt werden. Bei der Technik des Multiple Cursors wird der lokale Zeiger jeweils für die anderen Teilnehmer sichtbar. Dies kann beispielsweise für gemeinsames Skizzieren genutzt werden.

Da bei einer Konferenz-Anwendung jeweils nur ein Anwender auf das zugrundeliegende Dokument zugreifen kann, muß eine Zugriffskontrolle erfolgen. Das gängigste Verfahren ist die Vergabe eines sogenannten *Tokens*. Der Benutzer im Besitz des Tokens hat jeweils Zugriff zum Dokument. Andere Konferenzteilnehmer können sich um das Token bewerben.

Ein anderes Feature ist die Unterstützung von Benutzerhierarchien. So können in einer Konferenz ein Leiter, Teilnehmer mit Lese-/Schreibzugriff und Teilnehmer mit nur Lesezugriff unterschieden und vom System unterstützt werden.

Ein generelles Problem für die verbreitete Nutzung dieser Art von Anwendungen wird die Unterstützung heterogener Plattformen sein. Screen-Sharing Systeme vervielfältigen einfach die eingehenden Eingabe- und Ausgabesignale. Dies ist technisch eine einfache Lösung, funktioniert jedoch zuverlässig nur bei identischer Hardware. Für die Unterstützung heterogener Plattformen (z.B. PCs mit unterschiedlicher Auflösung) ist jedoch eine anspruchsvollere Lösung notwendig, die auf Kopien der Software basiert und die verschiedenen darstellungsabhängigen Parameter in ein neutrales Zwischenformat übersetzt und transferiert.

Möchte man auf der Basis einer Konferenzanwendung gemeinsam an einem Dokument arbeiten, so kann dies entweder dadurch erfolgen, daß das Zugriffsrecht wechselt. Möchte man jedoch wirklich gleichzeitig arbeiten, so muß das Dokument geteilt und später wieder zusammengeführt werden. Diese Operation, auch *Split&Join* genannt, kann vom System unterstützt werden.

5.2 Kooperative Anwendungen

Kooperative Anwendungen unterstützen, im Gegensatz zu Konferenzanwendungen, den gleichzeitigen Zugriff verschiedener Benutzer auf ein Dokument /4/. Diese Anwendungen sind für allem gemeinsames Beurteilen oder gemeinsames Arbeiten an einem komplexen Gegenstand (z.B. Joint CAD) interessant.

Neben den für Konferenzanwendungen charakteristischen features weisen kooperative Anwendungen weitere Eigenschaften auf. Kooperative Anwendungen können so charakterisiert werden, daß jeder Teilnehmer eine persönliche Kopie der Anwendung hat, die jedoch transparent für die Änderungen der anderen ist. Dies erlaubt jedem Teilnehmer, seine Arbeitsumgebung individuell zu konfigurieren. Weiterhin kann er sich frei im Dokument bewegen. Das System gewährleistet, daß die Aktionen verschiedener Teilnehmer nicht zu Konflikten führen.

Neben der freien Bewegung innerhalb des Dokuments unterstützen kooperative Systeme jedoch auch die gewollte Synchronisation verschiedener Teilnehmer. So kann ein Teilnehmer synchron den Aktionen eines anderen folgen; dies entspricht dann der Rolle eines Teilnehmers an einer Konferenzanwendung. In einer Beratungsanwendung kann dies sowohl dazu benutzt werden, daß ein Experte den Aktionen des Fragenden folgt, als auch umgekehrt, daß der Experte alle Fragenden auf seine Aktionen synchronisiert.

6 Zusammenfassung

Die nahe Zukunft der elektronischen Datenverarbeitung wird von einer zunehmenden Digitalisierung heute zum Teil noch analoger Medien gekennzeichnet sein. Die zunehmende Möglichkeit, Audio und Video digital zu verarbeiten und zu speichern führt zur Integration dieser Medien in die Datenverarbeitung - es entsteht die multimediale Datenverarbeitung auf der Basis multimedialer Workstations. Digitale Netze ersetzen zunehmend die heute noch analogen Telekommunikationsnetze. Sie sind auch für den Individualnutzer kostengünstig und stellen damit die Basis für die Integration von Kommunikation und kooperativer Datenverarbeitung dar. Die zunehmende Miniaturisierung führt außerdem zur Generation der hand-held Computer, die, mit entsprechenden Kommunikationseinrichtungen ausgestattet, individuelles, mobiles Computing und Kommunikation unterstützen - dies ist die Idee des *Personal Assistant* - die Unterstützung des ubiquitous computing.

Unter diesen Randbedingungen lassen sich die folgenden Trends für Multimedia-Systeme vorhersagen: die heutigen Graphik-Workstations und -PCs werden durch Audio-/Video Equipment ergänzt und sich damit zu Multimedia-PCs entwickeln. Die aus dem Workstationbereich kommende Vernetzung hält mehr und mehr auch im Bereich der PCs Einzug - und damit die Unterstützung von Arbeitsgruppen. Windows für Workgroups oder die angekündigte Unterstützung von peer-to-peer Verbindung unter OS/2 seien hier genannt.

Die zunehmende Unterstützung von Networking wird sich aus zwei Richtungen kommend in Richtung interaktiver Kooperation entwickeln: Heutige Mail-Anwendungen werden in Richtung Multimedia-Mail erweitert. Hierunter fällt insbesondere auch das Versenden von Multimedia-Dokumenten mit persönlichen Anmerkungen auch auf Audio/Video Basis. Andererseits wird mit der zunehmenden Verbreitung von ISDN auch für private Anwender und kleine Unternehmen der PC als integriertes Endgerät für Kommunikation und Kooperation eingesetzt werden. Screen-Sharing, Conference Computing und kooperative Anwendungen werden dabei für verschiedene Bereiche gleichberechtigt nebeneinander existieren.

Literatur

/1/ Hornung, Jäger, Santos, Tritsch. Cooperative HyperMedia - An Enabling Paradigm for Cooperative Work, The visual computer international journal of computer graphics, special edition on techniques and applications of computer graphics in the context of telecommunications, Vol. 9, No. 6, 1993

/2/ Tritsch, Vieira, Hornung. Video and Audio Communication over LAN, proceedings of the IFIP Working Conference on the Open System Future: Leveraging the LAN, Perth, Australia, 8/1993. Editors: Vogel, Marshall, Glasson, Verrijn-Stuart, pp.183-196, Elsevier Publishers B.V.

/3/ Marcos. A Distributed Environment to Support Cooperative Software Development, 5th IFIP Conference on High Performance Networking, Grenoble, Juni 1994

/4/ Santos, Tritsch. Using multimedia to support cooperative editing, in Proceedings of the EUROGRAPHICS '93 Conference, Barcelona

Multimedia Arbeitsplatz der Zukunft

Detlef Krömker

Der Problemkreis

Der bisherige Einsatz von Multimedia-Systemen konzentrierte sich auf die folgenden Bereiche /1/:

1. Multimedia Präsentationen,

2. computerunterstütztes Lernen und

3. multimediale Informationssysteme.

Diese Einteilung existierender Systeme entspricht grob auch dem Grad der erlaubten Benutzerinteraktionen.

Zu 1.: Charakteristisch für diese Systeme ist die lineare Präsentationsfolge (Slide-Show) von vorgefertigtem Material.

Zu 2.: Diese Systeme sind derart ausgelegt, daß sie ein höheres Maß an Interaktivität zulassen, d.h. sie unterstützen im allgemeinen Verzweigungen, Eingabe-Validierungen und weisen Hypertext-Eigenschaften auf.

Zu 3.: Mit diesen Systemen sollen vornehmlich Informations-Kiosks realisiert werden. Eine eingabegesteute Verzweigung, z.B. über Touch-Panels und vielfache Möglichkeiten zur Steuerung externer Geräte sind kennzeichnend.

Wenn diese Erstanwendungen schon "revolutionierend " wirken, so gilt dies erst recht für die Vielzahl der "neuen" Anwendungen. Obwohl diese (bisher) nicht marktschreierisch mit neuen Schlagwörtern daherkommen, sondern existierende Anwendungen eher evolutionär verändern und erweitern, wird ihre wirtschaftliche Bedeutung und die Zahl der wesentlich beeinflußten Benutzer wesentlich größer sein. Jeder Büroarbeitsplatz, jedes CAD-System und jeder Produktionsleitstand wird hiervon betroffen: Die Benutzungsschnittstellen werden multimedial. Sachbearbeitung, Information Retrieval, Fachpublikationen, all dieses wird sich erheblich verändern.

Grundsätzlich ist diese Entwicklung zu begrüßen, verbindet sich hiermit doch die Hoffnung, einerseits die Mensch-Maschine Schnittstelle entscheidend zu verbessern und andererseits die Basisinformationen für menschliche Entscheidungen einfacher zugänglich zu machen.

Der Mensch ist "multimedial", d.h. er verfügt über die Möglichkeit, unterschiedliche Sinne bei der Kommunikation zu nutzen. Die Leistungsfähigkeit der unterschiedlichen Sinne kann folgendermaßen klassifiziert werden:

Kommunikationsprimitive	**Rezeptionspotential**	**Aktionspotential**
visuell	sehr groß	klein (Gestik, Mimik)
akustisch	mittel	mittel
haptisch/taktil	eher klein	groß

Tab. 1: Rezeptions- und Aktionspotentiale des Menschen

Die Tab.1 zeigt, daß das primäre Wahrnehmungsmedium des Menschen das Auge ist (der Mensch ist ein "Augentier"). Manche Kombinationen der Kommunikationsprimitive haben für den Menschen eine herausragende Rolle, z.B. auf der Wahrnehmungsseite die Kombination von akustischen und optischen Reizen, bei der Interaktion die besondere Hand-Auge-Qualifikation des Menschen.

Eine zukunftsorientierte Systementwicklung muß auf eine optimale Nutzung dieser menschlichen Fähigkeiten zur Kommunikation setzen. Hier liegt das enorme Potential von multimedialen Systemen; gleichzeitig aber auch die größte Herausforderung für den Systementwickler. Rein technologiegetriebene Entwicklungen sind hier mit sehr vielen Risiken behaftet. Zu viele Alternativen stehen dem Systementwickler heute schon offen, d.h. nur sorgfältigste Analysen von Anwendungs- und Benutzeranforderungen und wesentlich verbesserte Grundlagenkenntnisse können zu der notwendigen Entscheidungssicherheit im Sinne einer Optimierung des Kosten-/Nutzenverhältnisses führen.

Was ist High-Definition Multimedia?

In unseren Forschungsarbeiten haben wir hierzu drei grundlegende Aspekte identifiziert, die die Gestaltung des multimedialen Arbeitsplatzes der Zunkunft beeinflusen:

- Vollständigkeitsaspekte,

- Qualitätsaspekte,

- Integrationsaspekte.

Eine nach Anwendungs- und Benutzerkriterien optimale Gestaltung dieser Aspekte definiert High-Definition Multimedia-Systeme. Mark Weiser hat diese Ideen prägnant ausgedrückt:

"We have ... to conceive a new way of thinking about computers, one that takes into account the human world and allows the computers themselves to vanish into the background." /2/

Vollständigkeitsaspekte

High-Definition Multimedia ist mehr als die Zusammenfassung von Text, Graphik, Audio und Video. Die in Tab.1 genannten Kommunikationsmöglichkeiten sind die Grundformen einer multimedialen Kommunikation an der Mensch-Computer-Schnittstelle. Andere, häufig als Grundelemente eines multimedialen Systems genannten Formen wie Rasterbilder, Graphik, Animationen, usw. sind nichts anderes als spezielle Repräsentationen visueller Informationen. Text hingegen, eigentlich eine symbolische Repräsentation von Lauten, d.h. von Sprache und akustischen Reizen. Text kann bekannter!maßen auch sehr gut visuell, als Schriftstück, repräsentiert werden. Alle genannten Kommunikationselemente sind prinzipiell zeitvariant. Abb. 1 zeigt das breite Spektrum digitaler multimedialer Elemente.

Ideal vollständige multimediale Systeme erlauben die Repräsentation aller Elemente und zudem beliebige Aus- und Eingabetransformationen in den Spalten. Visualisierungssysteme (im einfachen Fall Business-Graphik), Animationssysteme, Renderer aber auch Bilderkennungs- und Spracherkennungsmodule gehören hierzu. Eine möglichst flexible Zuordnung der Ein- und Ausgabeströme müssen eine Verknüpfung auf allen Ebenen ermöglichen, um so beliebige situationsgerechte Interaktionen zu erlauben. (Beispiel: Force-Feedback) Vollständigkeit findet man in existierenden Systemen nicht: Komplexere Aufgaben werden kaum realisiert und auch Erweiterbarkeit ist kaum gegeben. Eine Übersicht zu über 40 existierende Systeme findet man in /3/.

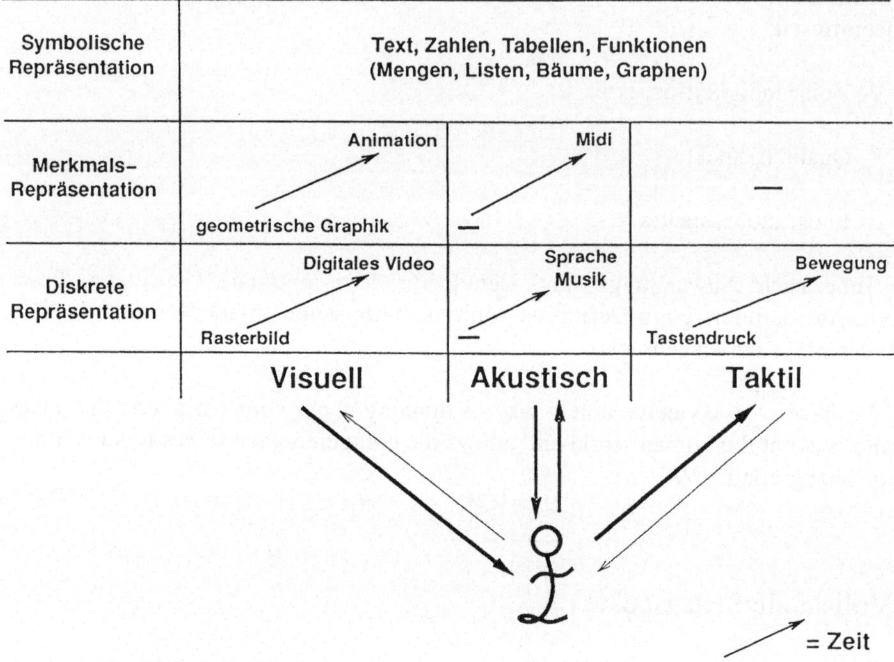

Abb. 1: Elemente und Repräsentationen multimedialer Daten

Qualitätsaspekte

Für alle oben genannten Kommunikationsprimitive lassen sich prinzipiell psychophysiologische Grenzwerte für charakteristische Parameter angeben, die zur Eingrenzung und Beurteilung dieser Primitive benutzt werden könnten. Die Einhaltung der oberen psychophysiologische Grenzwerte für die einzelnen Parameter würde zu Idealqualitäten für eine Kommunikation führen. In einem Idealsystem würden diese Anforderungen durch alle beteiligten technischen Systeme zu erfüllen sein. Diese Grenzwerte können jedoch aus mehreren Gründen kaum als Absolutwerte zur Gestaltung von multimedialen Systemen verwendet werden. Zum einen liegen diese Absolutwerte nach heutiger Stand weit oberhalb des technisch/wirtschaftlich Vernünftigen. Zum anderen sind neben der unterschiedlichen individuellen Disposition die Grenzen der Kommunikationsprimitivparameter zusätzlich stark situativ geprägt, d.h. abhängig von Umgebungsparametern, von der zu lösenden Aufgabe und der Motivation der

Person. Hieraus läßt sich die Forderung nach einer Individualisierung und aufgabenorientierten Gestaltung eines Arbeitsplatzes ableiten.

Zusätzlich zu den individuell und situativ abhängigen Größen der Parametergrenzwerte ist der Mensch auch gegenüber unterschiedlichen Qualitäten der verschiedenen Kommunikationsprimitive unterschiedlich tolerant. Prinzipiell werden jedoch auch informationstheoretisch stark reduzierte (z.B. bandbegrenzte, komprimierte, gestörte, etc.) Repräsentationen von Informationen noch als solche wahrgenommen. Dies bedeutet, daß der Inhalt dieser reduzierten Informationspräsentationen in bestimmten Grenzen, bzw. in bestimmten Situationen, immer noch vom Menschen interpretiert werden kann.

Wahrnehmungpräzision, -geschwindigkeit sowie -sicherheit und damit als Folge die Effizienz und Effektivität bei der Durchführung bestimmter Aufgaben hängen daher unmittelbar von den Qualitäten der Eingabemöglichkeit, Informationsübertragung und Darstellung ab. Mittelbar sind auch Arbeitsproduktivität und Benutzerakzeptanz von der Qualität der Informationsdarstellung und Eingabe abhängig.

Diese obigen Aussagen gelten für alle genannten Primitive sowohl auf der Wahrnehmungsseite als auch auf der Aktionsseite. Neben der Einhaltung bestimmter Grenzwerte bei der Informationsdarstellung beeinflussen auch Kombinationseffekte, wie Synchronisationsanforderungen oder Systemantwortzeiten, die Qualität einer Kommunikation und Interaktion.

Nur die Einhaltung festzulegender Qualitätskriterien bei der Kodierung, Übertragung und Darstellung von Informationen für unterschiedliche Kommunikationsprimitive führt zu einer ungestörten, fehlerminimierten und leistungssteigernden Form der Mensch-Computer-Interaktion sowie der Mensch-Mensch-Kommunikation bei der Nutzung von technischen Kommunikationssystemen, wie z.B. Konferenzsystemen.

Ohne geeignete Qualitätsmaße und in der Praxis nutzbaren Verfahren zur Messung dieser ist werder ein Vergleich von Systemen noch eine gezielte Auswahl oder Weiterentwicklung möglich. Verschiedene Teilprojekte im Rahmen der Forschungen zu High-Definition Multimedia-Systemen am IGD widmen sich diesen wichtigen Teilproblemen.

Integrationsaspekte

Die Fortentwicklung multimedialer Systeme steht nicht allein. Sie geht einher mit rapiden Entwicklungen in den Bereichen Netzwerke und Telekommunikation, Mobile Computing, Computer Supported Cooperative Work, Informationsmanagement und Datenbanken, Vitual-Reality-Systemen mit neuen Interaktionstechniken und allgemein der Videoverarbeitung auf Rechnersystemen im Studiobereich und in der Distribution, hin zum interaktiven Fernsehen. All diese Bereiche werden Einfluß ausüben auf den Multimedia Arbeitsplatz der Zukunft. Einerseits offerieren sie ergänzende Technologien, ermöglichen oder bedingen aber auch neue Systemstrukturen. Dies insbesondere mit Blick auf die Integrationsfähigkeit der Einzelsysteme. Offene Systeme sind für den Bereich Multimedia keine Modeerscheinung, sondern Bedingung für den Erfolg. Einerseits verhindert der Umfang und die Komplexität der Einzelsysteme eine Realisierung "aus einem Guß", anderseits muß jedes System offen sein für die Aufnahme neuer Technologien. Ferner können die existierenden umfangreichen Anwendungssysteme und -strukturen kurzfristig nicht neuentwickelt oder umgestaltet werden. Alle bekannten Systeme haben diesbezüglich erhebliche Defizite. Siehe hierzu /4/.

Integrationpotentiale werden durch folgende Aspekte beschrieben:

1. Integration durch Vereinheitlichung der Plattformen,

2. Integration über Austauschformate,

3. Integration vermittels evolutionärer Multimedia-Datenbanken.

Grundsätzlich sind diese Aspekte nicht als Alternativen zu betrachten. Keine Maßnahme allein verspricht eine Lösung der Integrationsprobleme. Trotzdem wirken sie eng zusammen, da eine Verwirklichung eines einzelnen Aspektes die Realisierung der anderen erleichtert oder deren Bedeutung verändern kann.

Zu 1.: Kurz- und mittelfristig ist hier kaum eine Vereinheitlichung voraussehbar. Die wichtigsten MM-Plattformen (PC/Windows, Macintosh, Unix Workstations mit X-Windows) werden voraussichtlich auch in Zukunft ihre Marktpositionen verteidigen können. Der harte Wettbewerb induziert aus Herstellersicht eher eine Hinwendung zu propriitären Lösungen, Kurzfristig erscheinen allenfalls "zweitklassige" Möglichkeiten erfolgsersprechend, wie z.B. durch X-View unter Windows oder durch WABI unter Solaris.

Zu 2.: Akzeptierte Standards wären hier insbesondere für den Austausch über Netze erstrebenswert. Status ist, daß sich bisher kein Vorschlag durchgreifend etablieren konnte. Bis auf wenige Ausnahmen für Einzelaspekte, wie z.B. Bildkompression durch JPEG und/oder MPEG, ist dieser Bereich sehr heterogen und vielgestaltig. Etwa 200 offizielle Standards bzw. Defacto-Standards sind bei der Vielschichtigkeit von Multimedia-Systemen zu berücksichtigen. (Für den Bereich Bildkommunikation findet man inI /4/ detaillierte Informationen.) Verschiedenste etablierte Gremien und deren Gebiete sind betroffen. Nach wie vor wirken die Trennungen der offiziellen Standardisierungsgremien in ISO, IEC, ITU behindernd und lassen zum Teil unnötige konkurrierende Entwicklungen zu. Ähnliches gilt für den Bereich der Industriekonsortien von denen eine kaum übersehbare Zahl ensteht und verschwindet. Obwohl dringend erforderlich, bezüglich eines einheitlichen weltweit unterstützten Austauschstandard für Multimedia-Daten, ist größter Pessimismus realistisch: Dieser Standard ist nicht absehbar. Ein großer Erfolg wäre es schon, wenn sich nur 5-10 Formate durchsetzen würden.

Zu 3.: Leider wurde diesem Aspekt bisher zu wenig Aufmerksamkeit gewidmet. Hier sieht der Autor jedoch das größte und wichtigste Integrationspotential. Objektorientierte multimediale Datenbanken können einerseits verschiedenste externe Formate auf ein internes Metaschema abbilden, ausreichende Flexibilität an ihren Schnittstellen offerieren und durch Schemaevolution auch die Zukunft sichern.

Der verhaltene Pessimismus des Autors zu den Integrationsaspekten 1. und 2. kann durch 3. teilweise abgefangen werden. Sicher scheint zu sein, daß sich MM-Systeme bezüglich ihrer Vollständigkeit in naher Zukunft schnell verbessern. Handschriftenerkennung, akustische Eingabe, Animation und optimierte Visualisierungen gehören hierzu. Qualtätsaspekte werden in ihrer Bedeutung stark zunehmen, sobald multimediale Systeme in Anwendungen eintreten, die eine große Breite aufweisen. Die neuen Reize verfliegen dann schnell und Benutzer die "lebenslang" hiermit arbeiten müssen werden (hoffentlich) erheblichen Einfluß ausüben können. Der multimediale Arbeitsplatz der Zukunft braucht noch erhebliche anwendungsorientierte Forschungsanstrengungen.

Literatur:

/1/ Vergleiche hierzu z.B.PC Magazine, 31. März 1993.

/2/ Mark Weiser: The Computer for the 21st Century, Scientific American, Vol. 265, No 3, September 1991.

/3/ Detlef Krömker, Edwin Klement, Dirk Bönning: Multimedia Survey, Auftragsstudie für den DFN Verein, 1994.. Zugreifbar als WWW Hyperdokument unter //www.igd.fhg.de/mms/mms-home.html.

/4/ Detlef Krömker, Norbert Gerfelder, Chris Neuss: Image Communication Information Board, 1994. Zugreifbar als WWW Hyperdokument unter //icib.igd.fhg.de/icib-home.html.

Grundlagen und Anwendungen der Virtuellen Realität

Dr. Martin Göbel

Fraunhofer-Institut für Graphische Datenverarbeitung
FhG-IGD
Wilhelminenstr. 7, D-6100 Darmstadt
Tel. 06151-155-124, Fax: 06151-155-399
goebel@igd.fhg.de

Abstract

Virtual reality is an enabling technology in computer graphics which integrates human users with computer-generated worlds. Regarded as the human-machine interface of the future, virtual reality (VR) addresses multiple human senses, such as the visual, the auditory and the haptic senses. Virtual reality integrates tools and techniques for stereoscopic viewing, audio input/output and the processing of tactile information.

Applications for virtual reality can be found in architecture and design, molecular modeling, simulator technology, industrial automation, medical sciences and many other often cited areas.

Kurzfassung

Unter dem Begriff Virtuelle Realität werden eine Reihe von Techniken verstanden, die es erlauben, einen Menschen unmittelbar in computer-generierte Welten zu integrieren.. Als die Mensch-Maschine-Schnittstelle der Zukunft angesehen, sprechen die Techniken der Virtuellen Realität (VR) mehrere Sinne des Menschen zugleich an, wie beispielsweise den Gesichts-, Hör- und Tastsinn. Anwendungen der Virtuellen Realität sind heute bereits in den Gebieten der Architektur, des Designs, der Modellierung chemischer Verbindungen, in der Simulatortechnik, der industriellen Automatisation und der Medizintechnik zu finden.

1 Begriffe

Virtual Reality (VR), Artificial Reality, Virtual Environments, Telepresence, Cyberspace, Tele-Existance oder Tele-Symbiosis (virtuelle Realität, virtuelle Welten/Räume, künstliche Wirklichkeit) - mit diesen Schlagwörtern wird häufig dieselbe Sache bezeichnet, eine neue Dimension der graphischen Simulation. Der Begriff Cyberspace (entnommen dem Roman 'The Neuromancer' von Gibson (1984)) hat aufgrund der Prägung durch die Science-Fiction-Faszination eher einen bedrohlichen Beigeschmack, und zwar insofern, daß künftige, zwischenmenschliche Kommunikation in kybernetischen Räumen (rechnergeneriert und rechnerkontrolliert) stattfindet. Der Begriff der künstlichen Welt oder auch der virtuellen Welt ist demgegenüber zu weitreichend, um das wenige, was mit heutiger (hochleistungsfähiger) Rechnertechnik an Illusionen zu erzeugen ist, als Welt zu bezeichnen. Krueger (1991) verwendet seit ca. 1984 den Begriff der Artificial Reality; Lanier subsumiert seit ca. 1988 verschiedene, innovative Geräteentwicklungen und Forschungsarbeiten im Bereich der 4D-Computer Graphik und der Mensch-Maschine-Schnittstelle unter dem Begriff Virtual Reality.

Wir bevorzugen in diesem Zusammenhang den Begriff der Virtuellen Realität (VR, virtual reality), der historisch von den ernstzunehmenden Entwicklungen neuartiger Geräte geprägt wurde. Besser und treffender ist es, in diesem Zusammenhang von Virtuellen Umgebungen (virtual environments) zu reden, womit eine vom Rechner generierte und kontrollierte Umgebung für die Mensch-Maschine Kommunikation gemeint ist, die allerdings dem intuitiven Verständnis des Menschen wesentlich näher ist, als abstrakte, über Menüs und Windows erstellte 'Desktop'-Schnittstellen.

2 Intension

Unverkennbare Charakteristik der Virtuellen Umgebungen sind 3-dimensionale Präsentations- und Interaktionstechniken. Diese zielen darauf hin, dem Benutzer den Eindruck zu vermitteln, er befände sich innerhalb eines dargestellten (rechnerinternen) Szenariums. Virtuelle Umgebungen sind in der Graphischen Datenverarbeitung begründet. Sie sind als eine Weiterentwicklung der herkömmlichen Visualisierung bzw. Animation zu sehen, wobei allerdings die zusätzlichen Herausforderungen der Präsentation visueller Information in Echtzeit und Manipulation dieser Information mittels Gesten oder Körperbewegungen.

Der Mensch soll in Anwendungen der virtuellen Realität von der Beschränktheit bisheriger Präsentations- und Interaktionstechniken (zweidimensionale Ein- und Ausgabe) losgelöst und als ein aktiver Bestandteil, in eine vom Computer generierte, künstliche Umgebung integriert werden.

In virtuellen Umgebungen wird über die Computer Graphik hinaus, mehr als nur der visuelle Sinn beansprucht und genutzt. Durch Aktionsmechanismen ist es möglich, auf Objekte der virtuellen Welt einzuwirken, durch Reaktionsmechanismen werden Objekte dreidimensional gesehen, räumlich gehört und auch gefühlt. Die Verfahren und Geräte ermöglichen neben dem Einsatz in der virtuellen Welt auch die sog. Fern-Gegenwärtigkeit (remote presence). Hierbei ist nicht die Umgebung künstlich, sondern der Benutzer. So kann ein menschlicher Benutzer zum Beispiel durch die Augen eines Roboters sehen, der sich innerhalb eines verstrahlten Bereichs eines KKWs bewegt.

3 Begriffsfestlegung

Wir verstehen unter VR eine neue Epoche in der Mensch-Maschine Kommunikation, die mit dem Einsatz neuer (innovativer) Endgerät den Benutzers in vier- und mehrdimensionale rechnerinterne Modelle einbezieht. Bezogen auf die menschliche Sensorik wird mit VR der Einsatz multimedialer Präsentationsformen (wie visuelle Darstellung, akustische Präsentation und haptische Information), sowie die Einbeziehung neuer, multidimensionaler Interaktionstechniken (wie Kopf-, Hand und Körpergesten) bezeichnet.

Virtuelle Realität (VR) bezeichnet somit die audiovisuelle und taktile Ausgestaltung scheinbarer Welten und die Generierung dieser Welten unter unmittelbarer Einbeziehung des Benutzers und zugrundeliegenden (häufig physikalischen) Gesetzmäßigkeiten. Somit subsumieren sich unter diesem Begriff

- die Definition rechnerinterner Modelle, d.h. eine Modellierung in Zeit und Raum, sowie eine Festlegung von Randbedingungen,
- die geeignete Aufbereitung dieser Modelle für die menschlichen Sinne, d.h. Erzeugung von wahrnehmbaren (im wesentlichen sicht-, hör- und fühlbaren) Präsentationsformen, die in Qualität (und Quantität) sich bisher primär an bekannten (realen?) Erscheinungsformen orientieren.
- die Ausführung modelleigener Ablaufmodelle, d.h. die Simulation der im Modell festgelegten Regeln unter direkter Einflußnahme der (zumeist menschlichen) Benutzer.

4 VR das kommende User Interface?

Man muß VR heute als eine der künftigen Mensch-Maschine-Schnittstellen sehen. Ebenso wie sich heute die Fenstertechnik und Graphik in nahezu allen Anwendungsbereichen etabliert hat, werden künftig VR-Techniken und -geräte die Kommunikation zwischen dem Menschen und der Maschine tragen. In vielen Anwendungen, in denen bereits heute der Einsatz der Rechnertechnik möglich wäre, aber aufgrund unzulänglicher (da 'unfreundlicher') Benutzerschnittstellen und Präsentationsformen dies abgelehnt wird, beginnt VR überzeugend zu wirken (z.B. im künstlerischen, gestalterischen Bereich, Hilfe für Behinderte).

Zur Zeit wird VR-Technologie in technisch-wissenschaftlichen Einsatzgebieten, in der Sichtsimulation und im Unterhaltungs- und Freizeitbereich erprobt. Die Systeme für die virtuelle Realität verfügen - der passiven Plot-Graphik der Vergangenheit und der derzeitigen interaktiven 3D-Farbgraphik folgend - über ein noch nicht vollständig überschaubares Einsatzpotential in allen interaktiven Anwendungen mit Anspruch auf benutzerfreundliche Mensch-Maschine-Schnittstellen. Man kann davon ausgehen, daß mit der nächsten Generation der VR-Geräte künftig in vielen wissenschaftlichen und technischen Disziplinen VR-Techniken erprobt und evaluiert werden. Es werden sich dabei sicherlich eine Fülle von Anwendungsbereichen herauskristallisieren, in denen VR als ein geeignetes Werkzeug für kosteneffektive Produkt- und Verfahrensgestaltung gesehen wird.

5 Kategorien der VR

Virtuelle Realität läßt sich in zwei Kategorien sehen, die eine unterschiedliche Einbeziehung des Benutzers beinhalten:

- Als Desktop Applications werden VR-Anwendungen bezeichnet, in denen der Mensch über ein Fenster in eine virtuelle Welt schauen und mit den in der Welt enthaltenen Objekten interagieren kann. Der Betrachter kann seinen Blick jederzeit vom Fenster abwenden. Der für die Präsentation der Welt benötigte Beobachterstandpunkt (Kameraposition) wird durch ein beliebiges Eingabegerät (Maus, Datenhandschuh, Spaceball) kontrolliert.

- Anders ist es in sogenannten Immersive Virtual Environments, virtuelle Umgebungen, in die der Benutzer 'eintauchen' kann. Hier ist der Benutzer unmittelbar an die virtuelle Welt gekoppelt. Dies äußert sich darin, daß dem Benutzer für seine audiovisuelle Wahrnehmung ausschließlich die rechnergenerierte Welt angeboten wird, der er sich nur durch Schließen der Augen entziehen kann. Der Beobachterstandpunkt wird i.A. durch Head-Tracking (Erfassen der Kopfposition und -orientierung) ermittelt, dies bedeutet, daß jede Kopfbewegung des Benutzers ihm eine neue Ansicht der virtuellen Welt verschafft. Interaktion mit Objekten kann jetzt nur noch mit Eingabegeräten erfolgen, die der Benutzer in der Ankopplung bereits 'im Griff' hatte, da ein nachträgliches Suchen und Fassen der Geräte nicht über den Sicht- und Hörsinn erfolgen kann, da diese von der realen Welt abgeschottet werden.

Während in desktop applications häufig Monitor oder Großbildprojektionen eingesetzt werden und nahezu alle Eingabegeräte zugelassen sind, werden virtual environment Anwendungen nahezu ausschließlich mit head-mounted displays (HMD) durchgeführt, d.h. eine helmähnliche Kopfbedeckung, wobei die Augen durch je einen kleinen Monitor, die Ohren durch Kopfhörer von der Außenwelt (Realität) abgeschottet sind. Damit wird auch offensichtlich, daß nur noch beschränkt Eingabegeräte benutzt werden können, wie z.B. am Körper fixierte Tracking-Einheiten oder Datenhandschuhe.

Weitere Klassifizierungen sind möglich, in denen beispielsweise der Interaktionsgrad und damit der softwaretechnische Aufwand in der Realisierung der VR berücksichtigt wird (walk-through, 3D-Objekt-Identifikation, Objekt-Manipulation, Objekt-Interaktion) oder aber die Komplexität der Interaktionsmechanismen (symbolische Eingabe, Gesten, Bewegungszusammenhänge) betrachtet wird.

6 Entwicklung der VR-Techniken

Die Entwicklung der Virtual-Reality-Techniken wurde durch die Integration großer Fortschritte in den Mensch-Maschine-Interaktionstechniken und der Graphik-Hardware ermöglicht. Bei den sog. 180 Grad Kinos, den 3D-Brillen und den ersten Bewegungssimulationen wurden diese Techniken zuerst ansatzweise realisiert.

Einer der Pioniere der interaktiven Computer Graphik, Sutherland, stellt bereits 1965, das Konzept eines endgültigen Sichtsystems ('the ultimate display') vor, mit dem eine räumliche Präsentation unter Auswertung der Kopfbewegung möglich war. Ein erster Prototyp dieses Vorläufers des HMD (head mounted displays) wurde etwa 1970 entwickelt. Die Forschung in dieser Richtung, wie auch im Bereich des Trackings (Verfolgen räumlicher Positionen) wurde im wesentlichen von US-Militärs gefördert. Seit Mitte der 80er Jahre unternimmt das Forschungszentrum der amerikanischen Raumfahrtbehörde (NASA AMES) öffentlich Forschungs- und Entwicklungsaktivitäten im Kontext der virtuellen Realität. Die Zielsetzung hierbei lag in der Entwicklung einer multisensorischen Workstation für die Simulation von virtuellen Raumstationen (Virtual Environment Workstation Project). Mit dieser sollten zukünftige Teleoperations- und Telepräsenzaufgaben durchgeführt werden können.

Geräte wie der Datenhandschuh wurden zu Beginn der 80er Jahre entworfen (Zimmermann, 1981) und von NASA AMES beauftragt weiterentwickelt. 1988 war die Entwicklung des jetzigen DataGloves abgeschlossen, 1989 begann die Vermarktung. Das head-mounted-display in seiner jetzigen Ausprägung wurde von NASA AMES Mitte der 80er Jahre entwickelt und ist ebenfalls seit Beginn der 90er Jahre kommerziell verfügbar.

Weitere Forschungsstätten in den USA wendeten sich dem Thema VR zu. UNC (University of Northern Carolina in Capell Hill) gilt als die erste Forschungseinrichtung, die sich sehr früh (etwa Ende der 70er Jahre) mit der VR-Forschung und den Anwendungen dieser Technologie, z.B. in der Medizin, auseinandersetzte. UNC ist nicht primär im Bereich der spektakulären Ein- und Ausgabegeräte tätig, sondern stärker im Bereich der leistungsfähigen Computer-Graphik-Hardware für die Echtzeit-Visualiserung und neuer Anwendungen wie z.B. die sogenannte 'Röntgenbrille', die es erlaubte, rechnergenerierte Bilder menschlicher Organe mit dem echten Bild des Menschen zu mischen, so daß der Mediziner in Echtzeit 3D-Position, Ausdehnung etc. von Organen in einem lebenden Körper in Verbindung mit diesem sehen konnte.

Als weiteres Forschungsinstitut in VR wurde das HIT (Human Interface Technology Lab) Ende 1989 in Seattle gegründet, das von einem Forschungs- und Entwicklungskonsortium getragen wird. Eines der Themen, an denen hier intensiv geforscht wird, ist die Entwicklung eines perfekten Sichtsystems, eines Laser-Mikroscanners, der es erlauben soll, in Hochauflösung (8000*6000 Pixel) ein Bild auf die Netzhaut des menschlichen Auges direkt zu projezieren. Ein solches, bisher hypothetisches Instrument soll die Lichtrezeptoren im menschlichen Auge direkt reizen und damit die Qualität der rechnergenerierten Bilder unübertreffbar in der Genauigkeit machen.***

Software-Systeme im Kontext der VR werden ebenfalls seit Beginn der 90er Jahre kommerziell angeboten. Allerdings entsprechen diese Systeme bisher nicht dem Stand der Technik, der in einzelnen Disziplinen (wie Modellierung Rendering, Interaktion) erzielt wurde, und decken häufig nur einen Bereich der software-technischen Möglichkeiten ab. Weiterhin ist zu bemerken, daß die kommerziell verfügbaren Systeme fast ausschließlich eine spezielle Hard- und Software-Infrastruktur (von der Workstation/PC bis hin zu den Ein- und Ausgabegeräten) voraussetzen und somit keinesfalls portabel und vielfältig einsetzbar sind.

***Die Netzhaut (Retina) besteht aus Millionen chemisch aktiver Zellen, Stäbchen und Zäpfchen genannt, die die eintreffenden Lichtstrahlen (Photonen) in elektrische Impulse umwandeln. Die Stäbchen reagieren äußerst sensibel auf Licht und Bewegung, während die Zäpfchen ein Form- und Farbsehen ermöglichen. Im Zentrum der Netzhaut sind die Zäpfchen konzentriert angeordnet, womit hier die Auflösung am größten und somit die Sehschärfe am besten. Die Netzhaut vermag etwa bis zu 10 Bildern je Sekunde aufzunehmen.

7. Bewertung & Ausblick

Die erste Generation der VR-Geräte und Techniken ist entwickelt. Ihre Anwendungen erinnern eher an einen Spielbetrieb als an ernstzunehmende Entwicklungen eines Ingenieurs. Der krasse Gegensatz zwischen hochqualitativer Computer Graphik und VR-Display-Technologie, zwischen Präzisionseingabe (beispielsweise in dem CAD) und dem Vermögen des Datenhandschuhs tritt für jedermann offen zutage. Für einen Durchbruch der VR-Technologie im Bereich der allgemeinen (nicht-militärischen) Mensch-Maschine-Kommunikation sind zweierlei Randbedingungen zwingend vorauszusetzen: erstens muß Auflösung und Präzision den aktuellen Stand der Technik (High Resolution, künftig High Definition) erreichen, zweitens muß die dahinter stehende Rechnerleistung für eine entspechende Bildqualität und zur Simulation sicherlich um den Faktor 10 zunehmen, während sich der Preis für ein VR-System etwa um eben diesen Faktor reduzieren muß.

Dennoch bietet die Virtuelle Realität in der Mensch-Maschine Kommunikation bereits heute unverzichtbare Vorteile, die zunehmend von stärkerem ökonomischen Interesse werden, denkt man beispielsweise an Verfahren des Produkt-Prototypings oder der Präsentation und Evaluierung von Konstruktionen. In beiden Bereichen lassen sich neben den direkten Kosten, die ein Rechnermodell gegenüber einem gefertigten Prototypen einspart, ebenso Ressourcen anführen, die geschont, bzw. weniger verschlissen oder gar verbraucht werden.

8. Literatur

Astheimer, P., Felger, W., Göbel, M., Müller, S., Ziegler, R.: Industrielle Anwendungen der Virtuellen Realität - Beispiele, Erfahrungen, Probleme und Zukunftsperspektiven, Proceedings VR'94, Februar 1994, Stuttgart, Springer Verlag

Astheimer, P., Felger, W., Müller, S: Virtual Design - A Generic VR System for Industrial Applications, Computers & Graphics, Pergamon Press, vol. 17, no. 6, November 1993

Astheimer, P., Göbel, M.: Integration akustischer Effekte und Simulationen in VR-Entwicklungsumgebungen, Proceedings VR '93, Stuttgart, Februar 1993

Astheimer, P.; Felger, W.: Virtuelle Realität in der Architektur, in: Bauinformatik, Verlagsgesellschaft Rudolf Müller GmbH, Heft 2, 1993, pp. 53-57

Bergamasco, M., Göbel, M., Queau, P., Sherman, W.: Report on Virtual Environments Research in Europe, CEC, DG13, XIII, C2, May 1993

Encarnacao, J., Göbel, M., Rosenblum, L.: Virtual Reality Research in Europe,IEEE Computer Graphics and Applications, Jan. 1994

Encarnacao, J.L.: Scheingeschäfte, Manager Magazin 10/91

Felger, W., Fröhlich, T., Göbel, M.: Techniken zur Navigation durch virtuelle Welten, Proceedings VR '93, Stuttgart, Februar 1993

Felger, W.: Konzept und Realisierung eines Demonstrationszentrums für Anwendungen der Virtuellen Realität, in: Proc. 3. GI-Workshop, Sichtsysteme, Wuppertal, 18./19. Nov. 1993

Foley, J.D.; van Dam, A; Feiner, S.K.; Hughes, J.F. Computer Graphics. Addison-Wesley, 1990

Gibson, W.: The Neuromancer. ACE Books, 1984

Göbel M.: Was noch nicht ist, kann schon bald werden - Virtuelle Realität, das neue Zeitalter der Mensch-Maschine Kommunikation, Frankfurter Allgemeine Zeitung, 22. März 1993

Göbel, M. (eds): Virtual Reality (Special Issue), Computers and Graphics, Pergamon Press, Vol.17,6, November 1993

Göbel, M. (eds.): 1st Eurographics Workshop on Virtual Environments, Proceedings, Eurographics Technical Report Series EG VR 93, ISSN 1017 4656, 1993

Göbel, M., Neugebauer, J.: The Virtual Reality Demonstration Centre, Computers and Graphics, Special Issue on Virtual Reality, Pergamon Press, Vol. 17,6, Nov. 1993, Computers and Graphics, Special Issue on Virtual Reality, Pergamon Press, Vol. 17,6, Nov. 1993

Göbel,M.: Virtuelle Realität - Technologie und Anwendungen, AIT Verlag, 1992

Krueger, M.W.: Artificial Reality, Addison Wesley, 1991

Müller, S., Unbescheiden, M., Göbel, M.: Genesis - Eine interaktive Forschungsumgebung zur Parallelisierung des Radiosity-Verfahrens für die virtuelle Welt, Proceedings VR '93, Stuttgart, Springer Verlag, Februar 1993

Rheingold, H.: Virtuelle Realität. Rowohlt Verlag, 1992

Spektrum Verlag: Virtuelle Realität, ISB 3-86025-763-3

Waffender, M. Hrsg.: Cyberspace - Ausflüge in virtuelle Wirklichkeiten, Rowohlt Verlag, 1991

Willim, B.: Science-Fiction-Visionen an der Schwelle ihrer Realisierung. Fernseh- und Kinotechnik, Vol.46,1/2/3/4, 1992

Hauptvorträge

Der Multimedia-Markt

Dr. Hagen Hultzsch
Mitglied des Vorstandes der Generaldirektion Telekom,
Bereich Technik und Dienste

Der Markt für Multimedia

Manche "Branchen-Nicht-Kenner" frotzeln zu Multimedia als dem "Null-Milliarden-Dollar-Geschäft". Dies stimmt nicht mehr. Schließlich verdienen — nach einem anderen Branchenwitz — immerhin die Veranstalter von Multimedia-Kongressen und die Marktforscher.

Denn

- Multimedia steht als Technologie wie als Markt noch am Anfang un
- der Bereich, über den sich Multimedia erstreckt, ist ungennau definiert.
- Er reicht von Videospielkonsolen bis zur interaktiven Multimediakommunikation.

Daß in USA im vergangenen Jahr bereits 13.6 Mio US$ umgesetzt wurden, zeigt deutlich, daß Multimedia Realität geworden ist.

In Europa werden allein im Entwicklungsbereich fast 4 Billionen ECU pro Jahr ausgegeben. Durch den Einsatz der Telekommunikation und neuer Hard- und Software, die die Möglichkeiten der räumlich unbegrenzten Verbindung zwischen den Gesprächspartnern in einzelnen Anwendungen bieten, können die Entwicklungszeiten um bis zu 50% der Kosten verkürzt werden.

Unterstellt man konservativ ein mittleres Einsparungspotential von 5%, so ergibt sich rein rechnerisch ein Markt im Bereich von 100 Milliarden ECU pro Jahr, der sich für die zugehörige Informations- und Telekommunikationstechnik eröffnet.

Multimedia besitzt ein Wachstumspotential, dessen tatsächliche Dimensionen heute niemand wirklich abzuschätzen weiß. Dies alles bewirkt eine gewisse Unsicherheit am Markt, sowohl bei den Anwendern als auch bei den Soft- und Hardwareherstellern. Ein Überblick über das noch zu erwartende Umsatzvolumen in Deutschland zeigt die folgende Grafik.

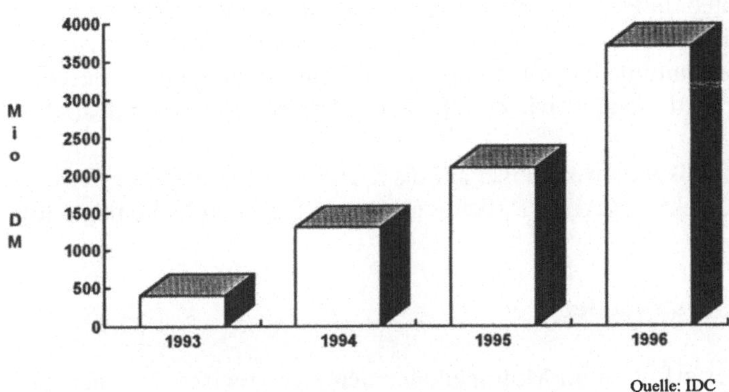

Quelle: IDC

Betrachtet man die einzelnnen Einsatzgebiete von Multimedia, so ergibt sich folgendes Bild:

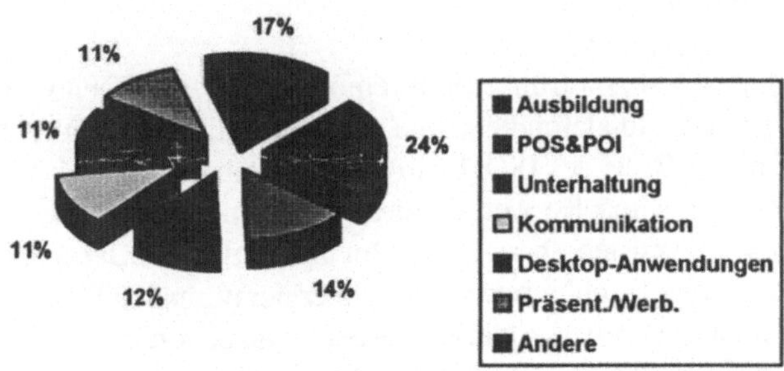

Quelle: Frost&Sullivan

Der überwiegende Anteil der Multimedia-Anwendungen und Dienstleistungen wird sich auf Basis von PC-Systemen wiederspiegeln.

Der zukünftige Dienste-Schwerpunkt wird auch weiterhin die multimediale Unterhaltung sein, wobei die Interaktivität zwischen mehreren Nutzern oder zu einem zentralen Server eine immer größere Rolle spielt. Als zweiten Schwerpunkt erwarten die Fachleute Anwendungen im Trainings- und Weiterbildungsbereich. Angesichts der schnellen Aänderungen unserer Arbeitsumgebungen kommt dieser Form des Multimedia-Tele-Teaching eine gewichtige Rolle zu.

Ein dritter Schwerpunkt wird mit der "Produktivitätssteigerung" in Wirtschaft und Industrie vorhanden sein. Die Einsparungspotentiale im Entwicklungsbereich durch gemeinsames Arbeiten an PC's und Workstations über weite Entfernungen lassen ein heute noch völlig unterschätztes Marktvolumen erwarten. "Computer Aided Telecooperation" mit multimedialen Funktionen wird künftig integrierter Bestandteil unserer Arbeitspalette sein, so wie es Telefon und Fax bereits geworden sind.

In der direkten Kommuikation wird keiner auf die Sprache verzichten, aber Erweiterungen mit Bild und gemeinsamer Bearbeitung der vorliegenden Dokumente fordern.

Plattformen für Multimedia

Die Apple-Computer erfüllten im Multimediabereich eine gewisse Vorreiterrolle. Die Integration von Bewegtbild und Ton, verbunden mit einer intuitiven Benutzeroberfläche haben erste multimediale "Gehversuche" möglich gemacht.

Die Entwicklung von Multimedia-Technologie wie DVI (Digital Video Interactive) und die weite Verbreitung von MS-Windows schufen auch bei den PCs eine Grundlage für Multimedia-Anwendungen. Der Multimedia-PC (MPC) wurde geboren. Weitere Entwicklungen wie CD-ROM, Audio- und Videoboards und verbesserte Kompressionstechniken (ITU-TS H.320, INDEO, MPEG, JPEG, u.a.) verhelfen Multimedia nun zum Durchbruch.

Multimedia und Telekom

Die Telekom hat sich schon frühzeitig mit multimedialen Anwendungen befaßt. Im Februar 1992 ist der Bildtelefondienst in Deutschland durch die DBP Telekom eröffnet worden. Auf der Basis des ISDN wird die Kommunikation mit Sprache und Bewegtbild angeboten. Zunächst werden diese Geräte nicht zuletzt wegen der entstehenden Beschaffungskosten überwiegend im geschäftlichen Bereich eingesetzt, obwohl die entstehenden Gebühren nur wenig über der normalen Gesprächsgebühr liegen. Aber noch im Laufe dieses Jahrzehnts geht man davon aus, daß das Bildtelefon auch im privaten Bereich eine Rolle spielen wird. Eine der wichtigsten Voraussetzungen für eine große Verbreitung ist die Möglichkeit, auch über unsere Grenzen hinaus Bildtelefon zu betreiben. Nicht zuletzt die Anstrengungen für einen gemeinsamen europäischen Markt machen es notwendig, neue Dienste so früh wie möglichm international verfügbar zu machen.

Über die eteiligung der Telekom an Arbeiten im Bereich der Standardisierungsgremien hinaus wurde ein Projekt "European Videotelephony" (EV) gestartet. Bisher haben sich 6 Telekommunikations-Verwaltungen zusammengeschlossen. Zu diesem Kreis gehören neben der DBP Telekom die British Telecom, France Telecom, Norwegian Telecom, PTT Telecom (Niederlande) und die italienische Societa Italiana Per L'Esercizio Telefonico P.A. (S.I.P.).

Sie haben das gemeinsame Ziel, einen europäischen Markt für den Bildtelefondienst und die Basis für europaweit einsetzbare Endgeräte zu schaffen. Die Integration der Bildtelefonie in PCs, verbunden mit erweiterten Funktionen, wird spätestens 1995 den Durchbruch schaffen.

Im Forschungsbereich sind verschiedene Projekte gestartet worden und haben sich in der Praxis bewährt. Die Programme des Forschungsinstituts der Telekom befassen sich u.a. mit Bildkommunikation mit verschiedenen Übertragungsgeschwindigkeiten, MM-Infodatenbankem, HDTV, VIDINET und Spracherkennung sowie Sprachsteuerung in MM-Systemen. Die DeTeBERKOM, eine Tochtergesellschaft der Telekom, arbeitet u.a. im Bereich MM-Mail, MM-Collaboration, MM-Archive, Office-Broadband-Communication. Im Bereich der Telemedizin werden ebenfalls MM-Projekte wie MEDKOM, BERMED, VIDIMED, TELEMED und MEDICUS von der Telekom vorangetrieben.

Ein weiterer MM-Anwendungsbereich ist Distance Learning bzw. Computer Based Training (CBT). Beispielhaft für dieses Gebiet ist ein Projekt mit Mercedes Benz. Hier werden Schulungen über neue Automodelle interaktiv mit Videokonferenzeinrichtungen durchgeführt. Darüberhinaus werden mit gleicher Technik europäische Sprachenprojekte "Multimediateleschool" mit Telekom, Berlitz und anderen z.Zt. intensiv vorangetrieben.

Besondere Bedeutung hat das Projekt CATS, in dem neue Formen der interaktiven computergestützten Telekooperation (z.B. Multimedia-Konferenzen von Konstrukteuren und Designern) entwickelt werden.

Mitarbeit in internationalen Gremien

Die Telekom ist bemüht, die Multimedia-Kommunikation zusammen mit internationalen Herstellern und Telekommunikationsgesellschaften zu standardisieren. Die Mitarbeit in Gremien wie MCCOI (Multimedia Communication Community of Interest) — zusammen mit Firmen wie AT&T, Intel, Microsoft, BT und FT — trägt dazu bei, daß sich zukünftig einen weltweite MM-Kommunikation etablieren kann.

Ein anderes Beispiel für die Zusammenarbeit auf europäischer Ebene sind die von den fünf größten europäischen Betreibern öffentlicher Telekommunikationsnetze gestarteten gemeinsamen Pilotprojekte zur Erprobung des neuen Breitbandübertragungsstandards ATM (Asynchroner File Transfer). ATM ist die Übertragungsbasis für das künftige Breitband-ISDN, also die IInformationsautobahn, über die Multimediaanwendungen mit extrem hohen Geschwindigkeiten transportiert werden können. Die Pilotprojekte mit virtueller Übertragungsstruktur auf ATM-Basis sind in Europa einzigartig.

Die kommunikationstechnischen Grundlagen sind gelegt und die zukunftsweisenden Entwicklungen vorbereitet. Sie sind Ausdruck der Bereitschaft der öffentlichen Netzbetreiber, neue Technologien zu fördern und einen Rahmen der Zusammenarbeit zu definieren, der allen Multimediaanwendern offen steht.

Multimediazukunft

Der augenblickliche Schwerpunkt aller Multimediaanwendungen liegt im geschäftlichen Bereich und ist hier fest mit dem PC und der Workstation verknüpft. Aber bereits in naher Zukunft wird die Kommunikation mit verschiedenen Medien zur gleichen Zeit auch den privaten Nutzer tangieren. Interaktive Fernsehsendungen, elektronische Zeitschriften sind bereits in Vorbereitung. Zum Teil sind Vorläufer dieser Kommunikationsform z.B. als CD erhältlich. Sie vermitteln dem Nutzer den selbstgewählten Zugriff zu einem großen Informationsreservoir.

Im geschäftlichen Bereich wird die Kommunikation durch Inhousenetze gestützt und von der Telekom durch ein angepaßtes Angebot an öffentlichen Verbindungsmöglichkeiten hier und im privaten Sektor angeboten. So wird durch das ISDN und die Verknüpfung von LAN zu WAN eine Basis geschaffen, die verschiedenen Medien nicht nur vor Ort zu nutzen, sondern auch zu übertragen. Diese Vernetzungen werden durch die Einführung der ATM-Technologie im B-ISDN eine weitere Integrationsplattform erhalten, die die Multimediaentwicklung wesentlich vorantreibt. Die paketorientierte Übertragung bietet zusammen mit neuen Kodierverfahren neue Möglichkeiten für innovative Anwendungen und leistungsfähige Softwarearchitekturen. Zukünftig können Teile eines Multimediadokuments mit Adressen (Header) versehen an unterschiedlichen Stellen eines verbundenen Netzes gespeichert und bearbeitet werden, ohne daß sie ihren Zusammenhang als Dokument verlieren. Die schnelle, bedarfsangepaßte Übertragung von Informationspaketen, die unabhängig von ihren Inhalten für das Netz transparent sind, erlauben solche mehrmedialen Verknüpfungen ohne Rücksicht auf die Netzstruktur. Dies trägt wesentlich zu einer Integration bei, die Grundlage aller Multimediadokumentation ist.

Über die nächsten Jahre hinweg kann man davon ausgehen, daß die Entwicklungen im dialogorientierten Kommunikationsbereich (Schwerpunkt: geschäftliche Nutzung) und der distributive Unterhaltungsbereich weitgehend unabhängig voneinander vorangetrieben werden. Die Inhalte sind merklich verschieden.

Aber so wie jeder Geschäftsmann auch Privatmann sit, wird die Zukunft ein Ineinanderwachsen der beiden Bereiche mit sich bringen. Heute wird der eine durch das Fernsehgerät, der andere durch den PC beschrieben. Zukünftig kann man davon ausgehen, daß auch die Geräte, die dem Nutzer zur Verfügung stehen, multimedial mit den unterschiedlichen Anforderungen umgehen können. Es sit zwar noch nicht üblich, aber technisch bereits kein Problem, mit dem PC auch Fernsehprogramme zu sehen und umgekehrt. Die Multimediaentwicklung wird diesen Pfad beschleunigen. Die Endgeräte des Nutzers und damit sein Zuang zu den Diensten werden die Funktion des jeweils anderen mit übernehmen können. Der Nutzer entscheidet nach seinen Vorstellungen, welches Terminal er möchte.

Die mit dem Schlagwort MM verbundenen Technologien und die mit dem "Information Superhighway" korrektierten Arbeits- und Lebensweisen werden unser Verhalten und unsere Produktivität genauso stimulierend verändern, wie es Otto- und Dieselmotor zusammen mit der Idee von Carl Benz im zurückliegenden Jahrhundert bewirkt haben. Es wird eine spannende und herausfordernde Zukunft!

Multimedia im betrieblichen Einsatz

Univ.-Prof. Dr.-Ing. habil. Prof. e.h. Dr. h.c. Hans-Jörg Bullinger,
Dipl.-Inform. Franz Koller und Dipl.-Ing. Jürgen Ziegler

Fraunhofer-Institut für Arbeitswirtschaft und Organisation, Nobelstr. 12,
70569 Stuttgart

Zusammenfassung. Mit der Entwicklung multimedialer Technologien zeichnet sich in der Informations- und Kommunikationstechnik ein neuer Innovationsschub ab, der nach den vorliegenden Prognosen gegenwärtig davor steht, in breiterem Umfang in die betrieblichen Anwendungen und die Arbeitswelt Eingang zu finden. Für Anwender und Hersteller liegt ein erhebliches Potential vor, Qualität und Effektivität von Arbeitsprozessen zu verbessern, Mitarbeiterpotentiale besser zu nutzen bzw. bedarfsgerechte Produkte und Dienstleistungen anbieten zu können, sofern eine benutzer- und aufgabengerechte Gestaltung der neuen Technologie erreicht wird.

Schlüsselwörter. Multimedia, Lean Production, multimediale Unterstützungssysteme, Unternehmenskommunikation, Software-Ergonomie

1 Anforderungen an moderne Informationsinfrastrukturen

Große, zentralistisch ausgerichtete Organisationsformen können immer weniger den Anforderungen des heutigen Marktes gerecht werden. Viele Großunternehmen reorganisieren sich unter dem Stichwort "Profit Center". Ziel ist die Entstehung vieler kleiner "Unternehmen im Unternehmen". Die Mitarbeiter sollen sich darin als Unternehmer sehen, der entscheidenden Anteil am Erfolg oder Mißerfolg hat. Schlanke Strukturen, Dezentralisierung von Aufgaben und Verantwortung sollen die Anzahl der Schnittstellen verringern und die Kommunikation (auch über die Systemgrenzen hinweg) verbessern (siehe auch Abb. 1). Ziel ist die Schaffung hochreaktiver Systeme, die mit kleinen Regelkreisen schnell anpaßbare Strukturen ermöglichen. Dabei steht eine Optimierung der gesamten an der Wertschöpfung beteiligten Prozeßkette und nicht die isolierte Verbesserung einzelner funktionaler Teilbereiche im Vordergrund

In zunehmendem Maße wird versucht, arbeitsteilige Strukturen zu vermindern und Arbeitsvorgänge zu reintegrieren. Ziel ist die Zusammenfassung von planerischen, ausführenden und kontrollierenden Tätigkeiten an einem Arbeitsplatz. Mitarbeiter sollen mobil und flexibel sein und über eine hohe Fach-, Methoden- und Sozialkompetenz verfügen.

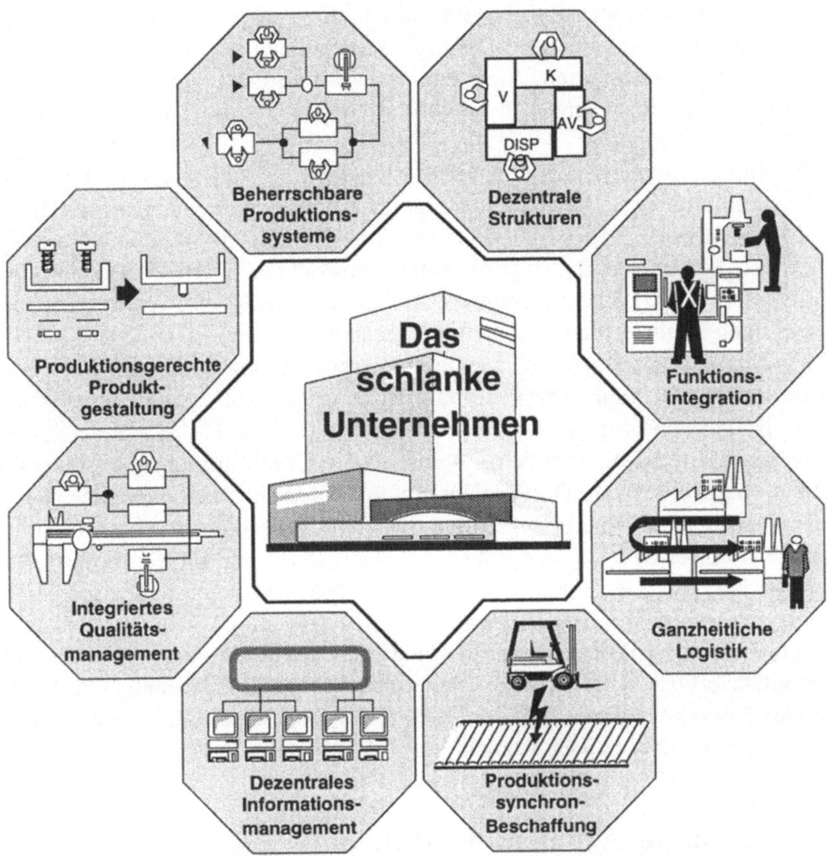

Abb 1. Das schlanke Unternehmen

Herkömmliche Methoden der Ausbildung und der Informationsvermittlung sind dabei oft überfordert. Steigende Kommunikationsanforderungen und die Notwendigkeit, Informationen bedarfssynchron anzubieten kennzeichnen die Situation. Dabei ist auch die Art der zu ver- oder übermittelnden Information durch zunehmende Komplexität charakterisiert. Gründe dafür sind u.a. in den folgenden Punkten zu finden:

- Die Produkte weisen - ob materiell oder immateriell (Dienstleistungen) - eine steigende Komplexität und eine hohe Informationsintensität auf. Die Auftragsbearbeitung muß flexibel, kostengünstig und durch hohe Qualität gekennzeichnet sein. Die Produktion oder die Dienstleistung erfolgt bedarfs- und auftragsgesteuert.

- Produktentwicklung und Auftragsabwicklung müssen stärker betrachtet werden. Genauso wichtig wie Produktinnovationen sind auch Prozeßinnovationen im Unternehmen. Im Sinne eines kontinuierlichen Verbesserungsprozesses (Kaizen) müssen sowohl Produkte als auch Prozesse laufend optimiert werden.
- Die internationale Zusammenarbeit zwischen Herstellern, Zulieferern und Kunden nimmt zu. Gleichzeitig steigt der Kommunikationsbedarf durch neue Verfahren wie z.B. des Simultaneous Engineering stark an. Die Komplexität der zu übertragenden Informationen nimmt zu (z.B. Electronic Data Interchange EDI, Open Document Architecure ODA, Informationsaustausch zwischen Engineering Database Management Systemen EDBMS).

Ein Technologiemanagement, das Geschäftsprozesse unter diesen Bedingungen effektiv unterstützt, muß eine informatorische Integration sowohl innerhalb als auch zwischen den Organisationseinheiten ermöglichen. Multimediale Systeme können sowohl die Dokumentation wie auch die Übermittlung arbeitsrelevanter Informationen verbessern. Das Verfügbarmachen von Informationen, das über die bislang vorwiegende Verarbeitung reiner Daten hinausgeht, stellt eine wesentliche Voraussetzung für die (Re-)Integration von Tätigkeiten dar, die für die Schaffung ganzheitlicher, persönlichkeitsförderlicher Arbeitsbedingungen wesentlich ist. Die Integration unterschiedlicher Informationsarten in einem einzigen, digitalen Medium vermindert Probleme mit Medienbrüchen und die daraus resultierenden Effektivitätsverluste. Verschiedene Hindernisse, die einer Aufhebung der Arbeitsteiligkeit entgegenstehen, können mit Hilfe multimedialer IuK-Techniken potentiell leichter überwunden werden.

2 Multimediale Arbeitsunterstützung

Multimedia-Systeme erlauben die Nutzung von unterschiedlichen bereits bisher verfügbaren statischen und dynamischen Medien wie Text, Graphik, Sprache, Video oder Animation. Neu ist, daß diese Medien in einem einzigen System zusammengeführt und integriert und dabei sehr viel stärker in interaktiver Weise genutzt werden, d.h. der Benutzer eines solchen Systems hat sehr weitgehende Eingriffs- und Steuerungsmöglichkeiten hinsichtlich der Mediennutzung und deren Ablauf. Der Einsatz von Multimedia-Techniken verbreitert den Kommunikationskanal zwischen Mensch und Rechner durch die Verwendung verschiedener Medien und ermöglicht so die Erweiterung und Verbesserung von Mensch-Computer Schnittstellen. Die integrierte Nutzung unterschiedlicher Medien erlaubt eine flexible, dynamische und illustrative Informationsdarstellung, die an die jeweiligen Anforderungen der Benutzer und der Anwendungsbereiche angepaßt werden kann.

Multimedia-Informationen sind vor allem für die anschauliche Darstellung von Objekten der Realwelt und dynamischen Vorgängen geeignet. Weiterhin können sie in stärkerem Maße interaktiv genutzt werden. Durch den erweiterten Kommunikationskanal zwischen Benutzer und System eignet sich Multimedia vor allem zur Vermittlung von vielschichtigen Informationen und ist, bei entsprechender Gestaltung, für den Benutzer attraktiver. Auch entspricht die Informationsaufnahme mittels mehrerer Sinne durch den Einsatz verschiedener Medien der natürlichen Kommunikationsweise der Menschen.

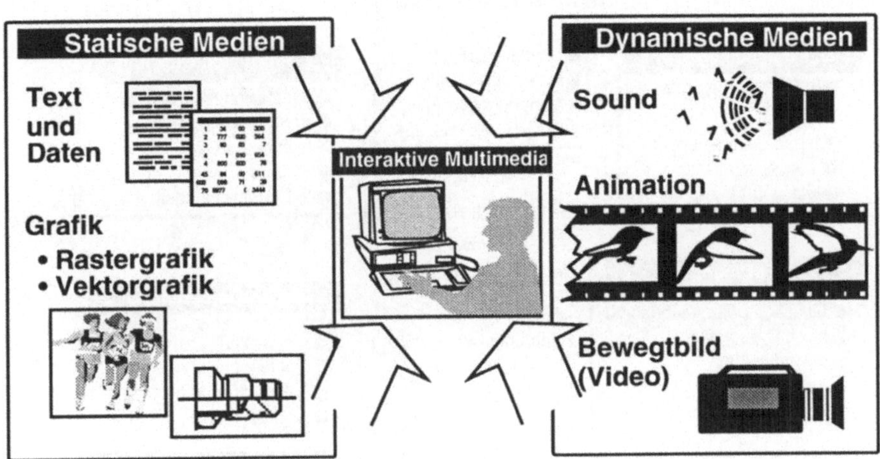

Abb. 2: Komponenten von Multimedia

Dokumente sind ein zentraler Informationsträger im Betrieb. Im Zeitalter von Multimedia muß der Begriff des Dokumentes neu definiert werden. Ein Dokument ist nicht nur eine Menge von Text, sondern ein komplexes Objekt, das verschiedene Informationsarten wie Texte, Graphiken oder Tabellen vereinigt. Weiter können in einem Vorgang Dokumente verschiedener Art integriert sein, wie z.B. Briefe, Konstruktionszeichnungen, Bilder, handschriftliche Aufzeichnungen, Rechnungen, Belege, Graphiken, Formulare. Gesprochene Bemerkungen, Filme und Animation kommen dazu, das Dokument ist somit nicht mehr papiergebunden.

Folgende Dokumentarten sind typische Arbeitsunterlagen in Industrie und Verwaltung:

- Entwicklung und Konstruktion (Gesetzesblätter, Normen, Richtlinien, Berechnungsunterlagen, Versuchsreihen, Normteile),
- Kundendienst (Reparaturkataloge, Ersatzteillisten, Anweisungen, Dokumentation),
- Fertigung (Qualitätsdaten-Speicherung, Konstruktionspläne, Ablage von NC-, PPS-Daten, Arbeitspläne)
- Vertrieb (Angebotserstellung, Pflichtenheft, Kundendaten),
- Marketing (Produktinfos, Presseinfo, Präsentationen),
- Rechtsabteilung (Vertragsablage, Patentunterlagen, Produkthaftung),

- Administration (Belegwesen, Kalkulationsunterlagen, Angebotsspiegel)

Abbildung 3 gibt eine Übersicht über mögliche Einsatzfelder von Multimedia im Betrieb.

Abb. 3. Einsatzfelder für Multimedia im betrieblichen Bereich

3 Unternehmenskommunikation

Angesichts von Entwicklungen wie der zunehmenden Globalisierung von Geschäftsprozessen, der unternehmensübergreifenden Kooperation etwa bei der Zuliefererintegration oder der „Fraktalisierung" der Unternehmen gewinnt eine verbesserte Kommunikations- und Kooperationsunterstützung eine entscheidende Bedeutung für den Unternehmenserfolg. Multimediale Kommunikation z.B. in Form von Tele- oder Desktopconferencing, virtuellen Gruppenarbeitsräumen oder multimedialer elektronischer Post wird Arbeitsformen und -organisation absehbar beeinflussen. Auch bei der Einrichtung flexibler Arbeitsformen wie etwa partieller Teleheimarbeit oder mobiler Arbeitseinsätze wird Multimedia-Technik eine wesentliche technische Voraussetzung bilden.

Abbildung 4 zeigt einige typische Aspekte der Unternehmenskommunikation, die durch zusätzliche Multimedia-Komponenten verbessert werden können. Bei einer Beibehaltung der Trennung im Bereich wie Entwicklung, Auftragsvorbereitung und Fertigung kann eine Verbesserung des Informationsflusses zwischen diesen Bereichen erzielt werden. So können z.B. Produkte besser präsentiert, Prototypen dokumentiert oder Informationen über Fertigungsprozesse in die Entwicklung rückgekoppelt werden. Bei einer zunehmenden Fraktalisierung der Produktion, bei der die einzelnen Einheiten z.B. Funktionen der Entwicklung,

Fertigung und des Vertriebs in integrierter Form durchführen, wird besonders die Dokumentation und der Austausch von Produkt- und Fertigungs-Know-How sowie von Erfahrungswissen entscheidend. Dies betrifft sowohl den Austausch innerhalb der Gruppe, wo die Mitarbeiter ein Spektrum von Tätigkeiten beherrschen müssen, wie auch den Austausch zwischen den Einheiten, um die gemachten Erfahrungen breit nutzen zu können.

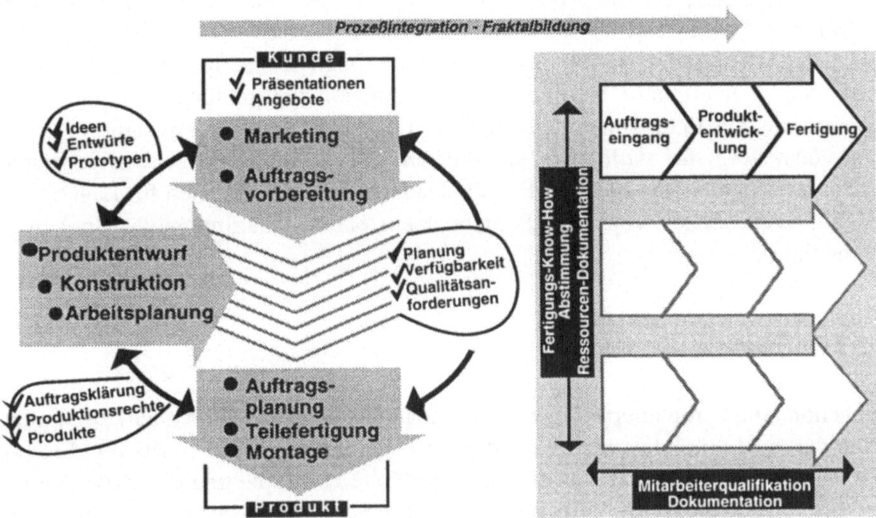

Abb. 4. Potentiale für multimediale Kommunikation bei unterschiedlichen Typen von Produktionsprozessen

3.1 Dokumenten-Management

Im Bereich des Dokumenten-Managements werden weitreichende Potentiale für Unternehmen gesehen, die durch die Integration von Multimedia-Techniken noch verbessert werden können. Im einzelnen können qualitative und quantitative Vorteile genannt werden. Quantitative Verbesserungen sind oft schwer festzumachen. Einsparung an Lagerplatz oder Reduktion der Suchzeiten lassen sich in konkrete Zahlen fassen. Dahingegen kann sich die Verbesserung der Auskunftsfähigkeit und die höhere Mitarbeitermotivation, als Beispiele für qualitative Verbesserungen, langfristig auch quantitativ auswirken. Vorteile eines integrierten multimedialen Dokumenten-Managements sind:

- Eine *integrierte* Bearbeitung ermöglicht eine ganzheitliche Bearbeitung eines Vorganges. Das Duplizieren von Schriftstücken ist nicht notwendig, es wird über das Netz verschickt.

- Beschleunigung der *Entscheidungsprozesse*, da alle notwendigen Informationen per Knopfdruck am Arbeitsplatz verfügbar sind.
- *Wertsteigerung* der Information durch höhere Verfügbarkeit. Alle benötigten Daten liegen nach einer gezielten und lückenlosen Suche schnell, auf neuestem Stand und vollständig am Arbeitsplatz vor.
- *Verbesserung der Auskunftsbereitschaft* und die optimale Ausnutzung des Dienstleistungspotentials.
- *Zeitersparnis*, da die Mitarbeiter lange Wege zum Archiv sparen. Ein Dokument wird schneller und auch bequemer zugreifbar.
- Die *Sicherheit* wird erhöht, da optische oder magnetische Speichermedien eine längere Verfalldauer haben als Papier und ein automatischer Sicherungsmechanismus in regelmäßigen Abständen back-ups vom System zieht.
- *Reduzierung der Aufbewahrungskosten,* durch den Einsatz platzsparender Speichermedien wie optische Platten. Dadurch fallen die Kosten für Lagerraum und Aktendeckel weg. Das Papier ist ein enorm platzintensives Speichermedium.

3.2 Groupware

Die schon lange propagierte Teamarbeit, die in den siebziger Jahren aufkam, findet heute durch Multimedia erst die technische Unterstützung zur Umsetzung. Ein im Markt zu beobachtender Trend sind ganzheitliche Konzepte und die Entwicklung hin zur Arbeit im Team. Einzelpersonen können nur dann effektiv im Team arbeiten, wenn die notwendigen Informationen vorliegen und einfach und schnell ausgetauscht werden können. Groupware heißt auch, daß mehrere Autoren oder Sachbearbeiter an einem Vorgang arbeiten, der eventuell auf mehrere Dokumente zurückgreift. Die Gruppenarbeit wird durch Netzwerke, Multimedia-Komponenten und Software-Werkzeuge unterstützt.

Groupware beinhaltet verschiedene Aspekte, die Zusammenarbeit im Team zu unterstützen. Das sind:

- Terminkoordination: sie verwalten Gruppenkalender und gemeinsame Ressourcen einer Abteilung. Gemeinsame und individuelle Termine können abgestimmt und geplant werden.
- Workflow Programme: sie koordinieren die Vorgänge im Team und steuern den Ablauf eines Vorganges.
- Konferenzsysteme, die Videobild und Ton von den Konferenzbeteiligten auf die einzelnen Bildschirme der Gesprächspartner übertragen. Eine weitere Möglichkeit ist, einen gemeinsamen Bereich auf den einzelnen Bildschirmen zu schaffen. Eine Änderung des Bildschirminhaltes kann von allen beobachtet und auch durchgeführt werden.
- Hypertextsysteme, bei denen mehrere Autoren in einem Dokument Anmerkungen hinzufügen können. Ein Autor macht eine Markierung an den Ausgangstext und schreibt als eigenes Objekt seine Bemerkung hinzu, die von

den anderen Autoren eingesehen werden kann. Solche Anmerkungen können von Texten über gesprochene Bemerkungen bis hin zu Bewegtbildsequenzen reichen.

4 Multimedia im Produktionsbereich

Die Produktionsorganisation ist derzeit in den meisten Betrieben zentral ausgerichtet. Die daraus resultierenden Reibungsverluste wegen mangelnder Abstimmung zwischen planenden und ausführenden Bereichen schlagen sich in erhöhten Kosten und Zeitverlusten nieder. Aber auch die CIM-Strukturen und dazu notwendigen technischen Systeme sind auf diese zentrale Organisation ausgelegt. Sie zementieren arbeitsteilige Prozesse und bieten nur schlecht angepaßte Unterstützung im Fertigungsbereich. In der Fertigung selbst finden sich im Gegensatz zu den vorgelagerten Bereichen nur sehr wenige informationstechnische Hilfsmittel. Sie weisen Defizite vor allem in folgenden Punkten auf:

- Konzeption entsprechend tayloristischen Strukturen,
- kaum benutzergerechte Handhabung,
- geringe Integrationsmöglichkeiten,
- geringe Anpaßbarkeit an betriebsspezifische Abläufe und unternehmensspezifische Handlungsabläufe
- kaum Unterstützung der Kommunikation zwischen Bereichen und Mitarbeitern.

Diese strikte Arbeitsteilung und ungleiche Verteilung der technischen Unterstützung widersprechen aber den neuen Produktionstrends und den daraus resultierenden Anforderungen an die Unternehmen.

Vergegenwärtigt man sich die Situation im Werkstattbereich, so führen die aktuellen Diskussionen zum Thema "Schlanke Produktion" in vielen Unternehmen zur Einführung von dezentralen Organisationseinheiten auf Produktionsebene, wie z.B. Fertigungsinseln, Gruppenarbeit. Die bisherigen Erfahrungen mit derart gestalteten Organisationsstrukturen sind ermutigend, weil durch eine intensivere Nutzung des Mitarbeiter Know-Hows eine höhere Flexibilität, schnellere Reaktionsfähigkeit und höhere Qualität mit sicher gestellt werden können.

Ausgangspunkt für die Gestaltung von Teams und Gruppen ist die Rückverlagerung und die Integration von Tätigkeiten nach den "Prinzip der ganzheitlichen Arbeit". Dies bedeutet, daß in der Gruppe oder aber auch am Einzelarbeitsplatz zusätzlich Anteile von planenden und prüfenden Tätigkeiten zur eigentlichen Arbeitsaufgabe der Produktion hinzukommen. Daraus resultiert die Notwendigkeit, die Mitarbeiter in ihrem erweiterten Aufgabenumfang auch durch Informationssysteme zu unterstützen.

Die folgende Abbildung zeigt am Beispiel eines CNC-Arbeitsplatzes die Aufgabenfelder, die an der Maschine bzw. im Umfeld der Maschine zu bearbeiten sind und durch informationstechnische Hilfsmittel entsprechend unterstützt werden müssen.

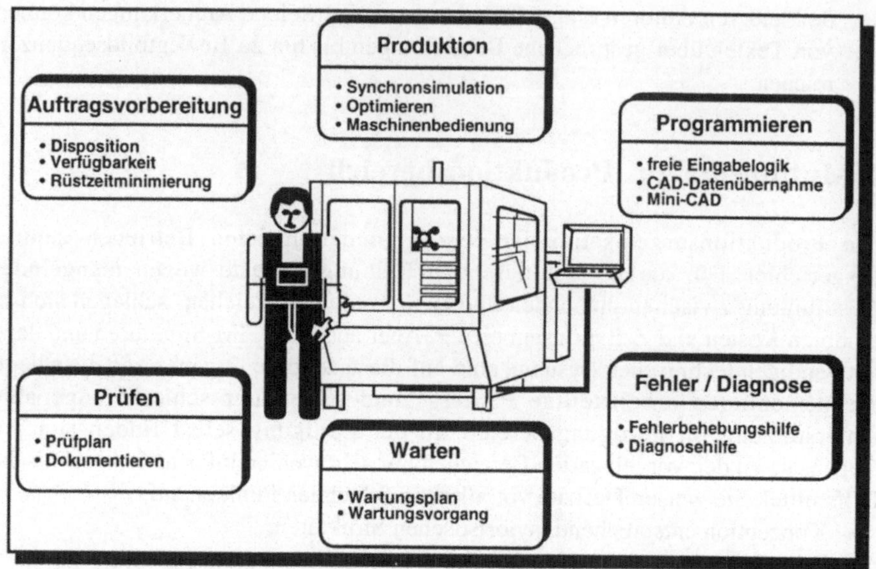

Abb. 5. Aufgabenbereiche am Maschinenarbeitsplatz

Die Auftragsvorbereitung ist die Basis der täglichen Arbeit an der CNC-Maschine. Sie entscheidet darüber, wie reibungslos Aufträge durch den Betrieb geschleust werden. Dieses Modul dient bei der qualifizierten Einzelarbeit dazu, einen von einem übergeordneten Planungssystem erhaltenen Auftragspool an der Maschine zu disponieren, die Verfügbarkeit von Material, Werkzeuge und Programme zu prüfen und dadurch Rüstzeiten zu minimieren. Es bietet eine Übersicht über den gesamten Auftragspool einer Arbeitsgruppe und ermöglicht optimale Einplanungsstrategien. Der Funktionsbereich Produzieren beinhaltet alle Funktionen, um die Maschine zu rüsten, das Programm zu starten, Werkzeuge zu verwalten, Teach-in Makros zu definieren etc. Darüberhinaus unterstützt er ein Optimiermenü, um NC-Programme schnell und übersichtlich optimieren zu können, sowie eine Synchronsimulation, um den Bearbeitungsprozeß zu überwachen.

Der Punkt 'Programmieren' beinhaltet in etwa das Vorgehen und den Funktionsumfang von heutigen WOP-Programmiermodulen inklusive der Funktionalität, um CAD-Daten zu übernehmen. Zusätzlich gibt es neben der Eingabelogik von WOP-Systemen (Geometrie - Werkzeug, Technologie) die DIN-Logik (Werkzeug, Technologie - Geometrie). Dabei wird auf die Kommandosprache DIN 66025 verzichtet, deren Eingabelogik jedoch graphisch-interaktiv angeboten.

Im Funktionsbereich Prüfen befinden sich Funktionen, die den externen Prüfvorgang nach Prüfplan mit Meßmitteln und das interne Prüfen z.B. zur Ermittlung von Nullpunkten oder Lagetoleranzen in der Maschine unterstützen.

Die Wartung zeigt verschiedene Wartungsintervalle der Maschine an sowie die Restzeit bis zur nächsten, durchzuführenden Wartung. Die Besonderheit in diesem, wie im Modul Fehlerbehebung, ist der mögliche Einsatz von Videosequenzen, um dem Bediener ein optimales Bild von selten genutzten Funktionen jederzeit bereitzustellen.

Fehlerdiagnose und -behebung unterstützt ausführliche Fehlermeldungen von der Maschine bzw. der Steuerung und bietet Fehlerbehebungsstrategien und Videos zur Fehlerbehebung.

Durch das transparente und am Produktionsablauf orientierte Vorgehen ist insbesondere ein Anfänger oder seltener Benutzer optimal unterstützt. Die wesentliche Neuerung der Module besteht in ihrer Einheitlichkeit und Integriertheit, sowie der Möglichkeit den Ablauf des Programms bei der Produktion auch graphisch darzustellen. Dadurch kann sich der Benutzer ein besseres Bild über den Ablauf machen und unter Nutzung dieser Erfahrung auch weitere Schlüsse ziehen.

Durch entsprechende multimediale Unterstützungsmaterialien direkt am Arbeitsplatz ist eine Reduzierung von Fehlhandlungen und damit der personenbedingten Fehler zu erwarten. Gleichzeitig können darüber hinaus zusätzliche Möglichkeiten für den Erwerb von Erfahrungswissen geschaffen werden. Im Rahmen des BMFT-Verbundprojektes WEDA (Ziegler 1993) wird momentan untersucht, wie die verschiedenen Tätigkeiten an CNC-Werkzeugmaschinen effizient unterstützt werden können und welche Unterstützungsmaterialien hierzu mit welchen Medien angeboten werden sollten. Eine erste Einschätzung von medialen Unterstützungsmitteln hinsichtlich ihrer Eignung für verschiedene Tätigkeitsbereiche findet sich in Abbildung 6.

Im Rahmen von mehreren Forschungs- und Industrievorhaben wurden am IAO Unterstützungskomponenten prototypisch entwickelt, die einerseits das Ziel einer Unterstützung des erweiterten Aufgabenspektrums berücksichtigen und andererseits untersuchen, wie die Facharbeiter mit Multimedia-Techniken angemessen unterstützt werden können. Im folgenden werden einige Entwicklungen beispielhaft vorgestellt.

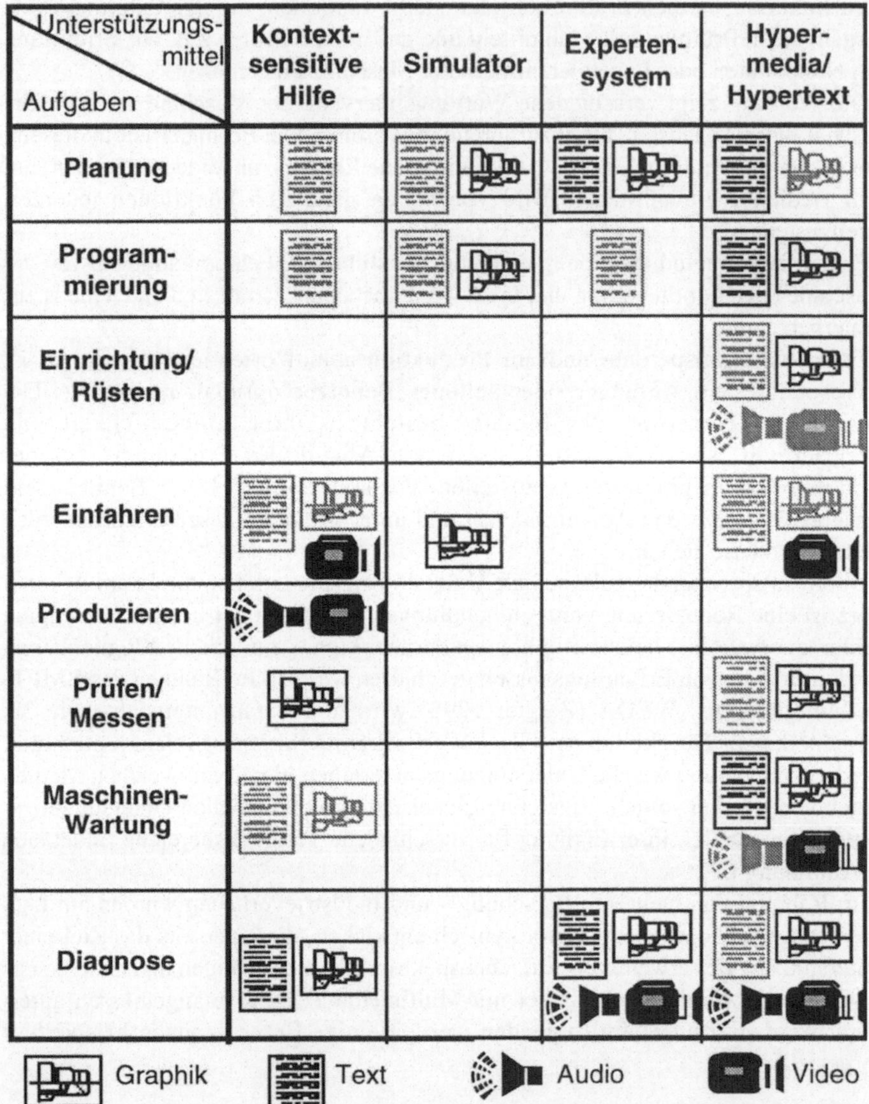

Abb. 6. Mediale Informationsvermittlung für verschiedene Tätigkeiten im CNC-Bereich (schwarz = gut geeignet, grau = geeignet)

4.1 Unterstützung der auftragsvorbereitenden Tätigkeiten

Für die Auftragsfeinstdisposition bzw. die Reaktion auf Störungen benötigt der Mitarbeiter Information über Betriebsmittel (z.B. Werkzeuge) wie auch über die jeweilige Rüstsituation zu den einzelnen Aufträgen. Das folgende Bild zeigt den Blick in die "Werkzeugverwaltung"; der Mitarbeiter kann sich in dieser Übersicht sowohl technische Information über das Werkzeug als auch organisatorische Information über den geplanten Einsatz dieses Werkzeuges beschaffen. Gleichzeitig ist eine *Bild* des Werkzeuges integriert, so daß er auch über diese zusätzliche visuelle Informationsquelle weitere Details überprüfen bzw. aufnehmen kann.

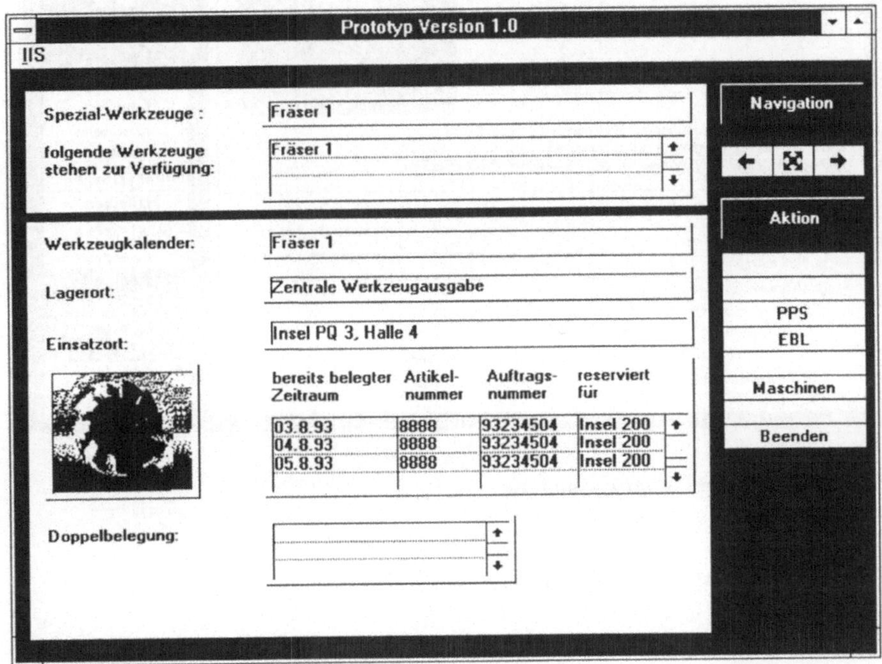

Abb. 7. Werkzeugverwaltung

Das folgende Bild zeigt einen Ausschnitt aus dem Modul "Einrichteblattverwaltung". Mit dieser Einrichteblattverwaltung können die Rüstsituation sowie bearbeitungstechnisch relevante Informationen verwaltet werden, so daß im Auftragswiederholfall diese Informationen für den Mitarbeiter schnell verfügbar sind und er diese z.B. auch für die Rüstoptimierung mit berücksichtigen kann. Die Erstellung der Bilder erfolgt durch die Facharbeiter, die mittels einer Videokamera und einer entsprechenden Videokarte ihr Erfahrungswissen in das System einbringen. Auch in diesem Teilmodul werden *Bilder* der Rüstsituation verwandt, *die graphisch nachbearbeitet wurden*. So lassen sich zusätzlich zu der Bildinformation auch noch beispielsweise Maßinformation aufnehmen.

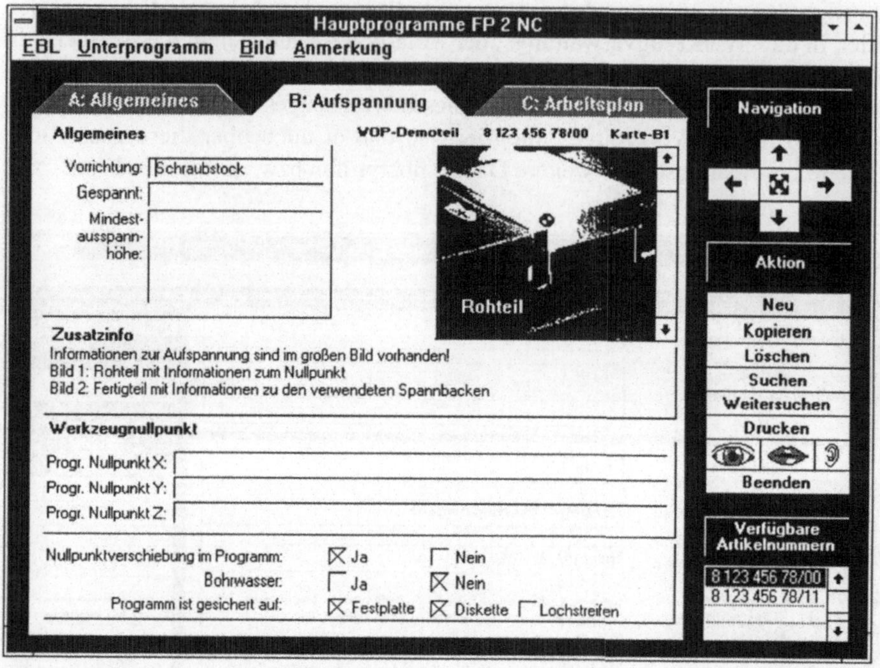

Abb. 8. Einrichteblattverwaltung

4.2 Unterstützung von Wartungs- und Diagnosetätigkeiten

Eine wesentliche Voraussetzung für höhere Produktionsraten ist die Reduzierung der Ausfallzeiten. Immer wieder bringen Maschinenstillstände den geplanten Produktionsablauf zum Stocken. Die Zeit für Reparaturen kann nicht eingeplant werden, so daß ein Maschinenausfall immer negative Konsequenzen für die Auftragsdisposition hat. Eine sorgfältige Einhaltung des vorgeschriebenen Wartungsplan kann mögliche Störungen reduzieren.

Das Modul Wartung meldet dem Benutzer fällige Wartungen und unterstützt ihn bei der Durchführung. Das Vorgehen in diesem Modul richtet sich nach dem Prinzip:

- fällige Wartung erkennen
- Information über fälligen Wartungsumfang und Vorgehen bei dieser Wartung
- durchgeführte Wartung quittieren

Der Benutzer sieht im Grundfenster die jeweilige Zeit bis zum nächsten, fälligen Wartungsintervall in Form von ablaufenden Uhren. Fällige Wartungen werden darüber hinaus über ein Meldefenster gemeldet.

Der Benutzer kann nun das entsprechende Wartungsintervall aufrufen. Daraufhin erhält er eine textuelle Beschreibung des Wartungsvorgangs. Da die Wartung eine nicht häufig zu verrichtende Tätigkeit ist, muß sie auf jeden Fall entsprechend graphisch z.B. über Bilderfolgen unterstützt werden. Eine sehr gute Unterstützung bieten hier auch *Videofilme*, die die optimale Vorgehensweise zur Wartung der Maschine in *Bild* und *Ton* zeigen und durch den Benutzer interaktiv steuerbar sind.

Die Wartung der CNC-Maschine durch den Facharbeiter selbst führt zu einem erhöhten Verantwortungsgefühl für dieses zentrale Betriebsmittel. Bei regelmäßiger Wartung ist der Maschinenbenutzer immer über den momentanen Zustand der Maschine informiert. Er beschäftigt sich über seine eigentliche Produktionstätigkeit hinaus mit der Maschine und kann das erworbene Wissen wieder in den Produktionsprozess zurückführen. Die Maschine bleibt kein anonymes Arbeitsmittel.

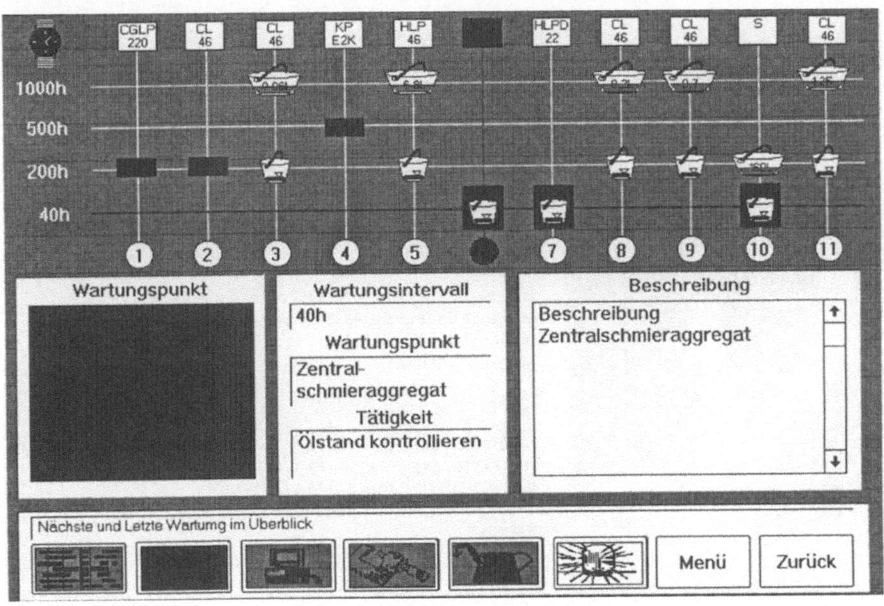

Abb. 9. Bildschirmabzug eines rechnergestützten Wartungsplans

Auch eine optimale Maschinenwartung kann Ausfälle nicht verhindern. Eine effiziente Möglichkeit zur Behebung von Maschinenstillständen besteht darin, daß der Maschinenbediener die Störung selbst beseitigt. Rund 70% aller Ausfälle beruhen auf einfachen Ursachen, welche der Anwender mit entsprechender Unterstützung auch selbst diagnostizieren und beheben kann.

Bei der Diagnose müssen während einer Sitzung vom Benutzer unterschiedliche Statusinformationen an der Maschine aufgenommen und an das System zurückgemeldet werden. Häufig beziehen sich diese Eingaben auf technisch nur schwer erfaßbare Größen (z.B. Geräusche). Weiterhin sind häufig zunächst einmal Veränderungen an dem zu diagnostizierenden System durch den Benutzer vorzunehmen, bevor ein für die Diagnose relevantes Merkmal aufgenommen werden kann. Dies können einfache Einstell- oder Schaltvorgänge, aber auch komplexere Montagearbeiten sein. Vor dem Hintergrund dieser Anforderungen zeigt es sich, daß der einfache, textuelle Frage-Antwort-Dialog, der häufig als Benutzerschnittstelle eingesetzt wird, nur unzureichend Informationen über die aktuelle Aufgabenstellung des Benutzers vermitteln kann. Dem Benutzer mag z.B. Aussehen und Lage eines zu überprüfenden Teils unbekannt sein. Längere Handlungsanweisungen, z.B. für den Ausbau eines bestimmten Teiles, sind auf rein textuelle Weise nur unbefriedigend darstellbar.

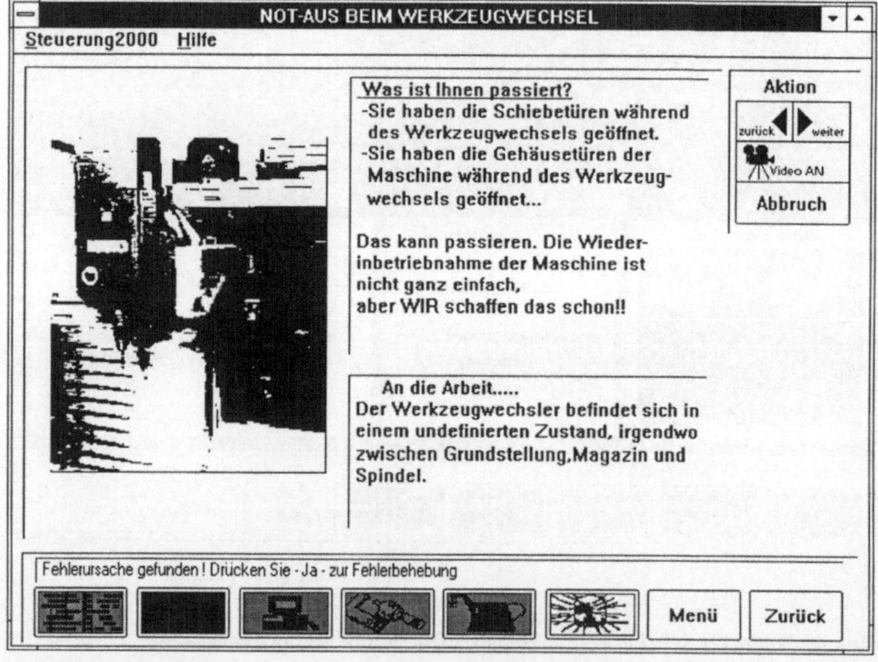

Abb. 10. Diagnose

Die geschilderten Einschränkungen legen nahe, die Kommunikationsmöglichkeiten zwischen Benutzer und Systemen durch den Einsatz zusätzlicher Medien zu verbessern. (Durch den Einsatz einer solchen multimedialen Informationsübermittlung kann das Diagnosesystem in einem weit stärkeren Maße auch Funktionen eines intelligenten Trainings- bzw. Hilfesystems übernehmen.)

Die Abbildung 10 zeigt einen Ausschnitt aus dem "Diagnosemodul". Die für die eigentliche Diagnose und die Fehlerbehebung notwendigen Handlungsabläufe und Schritte werden über Bildfolgen unterstützt. Besonders geeignet ist hier beispielsweise ein *Videofilm,* der die Vorgehensweise in Bild und Ton zeigt und den Benutzer damit interaktiv anleitet.

5 Benutzerorientierte Gestaltung von Multimedia-Systemen

Für die Gestaltung von Multimedia-Systemen werden neue, an den Intentionen der Benutzer orientierte Interaktionsstrukturen und -techniken benötigt. Metaphern müssen so ausgelegt und eingesetzt werden, daß sie dem Benutzer erlauben, ein angemessenes mentales Modell komplexer Informationsstrukturen zu entwickeln. Hierbei ist das Prinzip der Aufgabenangemessenheit bei der Gestaltung der Mensch-Rechner-Interaktion unter dem Aspekt wesentlich erweiterter und flexiblerer Handlungsanforderungen entsprechend zu erweitern und umzusetzen.

Über Fragestellungen des Medieneinsatzes hinaus ist die interaktive Nutzbarkeit von Multimedia-Systemen von zentraler Bedeutung. Deshalb sind im folgenden einige Grundprinzipien hinsichtlich Steuerbarkeit und Dialogführung aufgeführt.

5.1 Steuerbarkeit der Medien

Die eingesetzten Medien müssen durch den Benutzer einfach zu steuern sein. Der Benutzer sollte sich immer in der Lage fühlen das System zu beherrschen und die Medien direkt beeinflussen können. Dazu können z.B. vertraute Elemente wie die Tasten des Videorecorders zur Steuerung der dynamischen Medien verwendet werden. Darüberhinaus sind Möglichkeiten vorzusehen, die die einfache Wiederholung einer Sequenz erlauben, um eine bestimmte Stelle noch einmal genauer ansehen zu können.

Da Benutzer, die die angebotene Information schon kennen, nicht warten wollen, bis die Sprachausgabe, die Animation oder das Video beendet ist, muss es auch einfach möglich sein ein Medium zu unterbrechen bzw. abzubrechen. Es ist zu beobachten, daß ein Text vom Benutzer schneller selbst gelesen werden, als er von einem System vorgelesen werden kann. Der Benutzer muss deshalb die Sprachausgebe abbrechen oder ganz ausschalten können. Dies kann durchaus auch implizit geschehen, indem der Benutzer auf andere Informationen zugreift.

5.2 Dialogführung

Für die Dialogführung sind dem Benutzer geeignete Eingabetechniken und entsprechende Navigationsmöglichkeiten zur Verfügung zu stellen. Im folgenden werden einige Möglichkeiten zur Unterstützung des Benutzer kurz dargestellt.

Orientierungshilfen: Der Benutzer sollte immer informiert sein, wo im System er sich gerade befindet und wie er navigieren kann. Dazu können im Übersichten in Form von Inhaltsverzeichnis, Index, Navigationsdiagramme oder Techniken wie "Fisheye Views" angeboten werden. Weiterhin sollten Angaben zur Strukturierung gemacht werden (z.B. "Seite 3 von 43").

Eingabe- und Auswahlmöglichkeiten klar markieren: Im Zusammenhang mit Animationen oder graphischen Darstellungen z.B. von Baugruppen sollte es möglich sein auf Elemente zu zeigen und zusätzliche Informationen zu dem referenzierten Objekt in der Art eines Hypermedia Systems zu erhalten. Durch solche Techniken kann eine aufgabenangemessenere Dialogführung realisiert werden. Für den Benutzer muss es immer offensichtlich sein, welche Elemente zu weiteren Informationen führen, und wie diese erreicht werden können.

Konsistenz: Um dem Benutzer mehr Sicherheit im Umgang mit dem System und eine bessere Orientierung zu geben, ist beim Design des Systems auf eine einheitliche Wirkung der Dialogaktionen, sowie einer gleichbleibenden Anordnung der wichtigsten Dialogelemente zu achten.

Feedback zu jeder Benutzeraktion: Der Benutzer sollte sich immer darüber im klaren sein, ob seine Eingaben vom System registriert wurden und eine adequate Rückmeldung durch das System erhalten, wenn seine Eingabe falsch war oder die Reaktionszeit länger wie üblich sein wird. Dadurch kann z.B. vermieden werden, daß Benutzer dieselbe Funktion mehrfach anwählen.

5.3 Anpassbarkeit

In Abhängigkeit von verschiedenen Faktoren wie Zeitdruck, Wissensstand etc. werden unterschiedliche Anforderungen an die Geschwindigkeit und den Detailierungsgrad der zu übermittelnden Informationen gestellt. Das System sollte diese Anforderungen erfüllen, indem es alternative Präsentationsformen für Informationen von kurzen, prägnanten Darstellungen bis zu sehr ausführlichen Darstellungen, das Umschalten zwischen verschiedenen Medien, sowie unterschiedliche Dialogabläufe unterstützt. Die Entscheidung welche Darstellungsform, welches Medium und welche Dialogform zu wählen ist geschieht in Abhängigkeit von Benutzereinstellungen und Systemresourcen oder kann aus einem Benutzermodell abgeleitet werden.

Zur Individualisierung eines Systems kann es sehr sinnvoll sein, Annotationen oder auch weitergehende Erweiterungen der Informationsinhalte zu ermöglichen.

6 Ausblick

Die Möglichkeit, mit Rechnersystemen beliebige Medien zu bearbeiten und zu kommunizieren, wird absehbar das Verständnis davon verändern, welche Funktionen IuK-Systeme übernehmen und wie sie vom Menschen genutzt werden können. Aus technischer Sicht ist Multimedia weitgehend einsatzbereit und bietet sich aufgrund der unterstützten Kommunikationsmöglichkeiten verstärkt für betriebliche Anwendungsbereiche an:

- Die digitale Verfügbarkeit von Bildern, Animation, Video und Audio kann zur Verbesserung von Dokumentations- und Präsentationsmaterialien genutzt werden.
- Multimediale Arbeitsanleitungen und Erfahrungsdokumentationen können zum effizienteren Wissenstransfer beitragen und eine arbeitsnahe Qualifizierung unterstützen.
- Durch den Aufbau und Einsatz von multimedialen Gruppengedächtnissen kann der Erfahrungsaustausch und die Kommunikation bei teamorientierten Arbeitsprozessen verbessert werden.
- Mit der zunehmenden Verbreitung breitbandiger Telekommunikationsnetze kann die Kooperation verteilter, räumlich getrennter oder mobiler Organisationseinheiten besser unterstützt werden.

Für Anwender und Hersteller liegt ein erhebliches Potential vor, Qualität und Effektivität von Arbeitsprozessen zu verbessern, Mitarbeiterpotentiale besser zu nutzen bzw. bedarfsgerechte Produkte und Dienstleistungen anbieten zu können, sofern eine benutzer- und aufgabengerechte Gestaltung der neuen Technologie erreicht wird.

Die rasche Entwicklung des Multimedia-Marktes zeigt die Vielfalt der Einsatzmöglichkeiten und die daraus erwachsenden Potentiale zu einer innovativen Gestaltung von Arbeitsformen und zur Verbesserung von Arbeitsplätzen auf.

7 Literatur

Bullinger, Hans-Jörg; Mayer, Renate (1993): Dokumenten-Management in Büro und Fertigung in: Nachrichten für Dokumentation 44 Nr. 2, S. 81-87.

Hallensleben, Jutta (1992): Effektive Teamarbeit nur mit integriertem Konzept. In: Handelsblatt Nr. 50.

Koller, Franz (1993): Benutzergerechte Gestaltung von Multimedia-Systemen. In: Ziegler, J., Ilg, R. (Hrsg.): Benutzergerechte Software-Gestaltung, Oldenbourg Verlag München Wien, S. 103 - 122

VDI Richtlinie 2222 Blatt 2 Konstruktionsmethodik (1982): Erstellung und Anwendung von Konstruktionskatalogen.

Ziegler, Jürgen, Ilg, Rolf (Hrsg.) (1993): Benutzergerechte Software-Gestaltung - Standards, Methoden und Werkzeuge. München Wien: Oldenbourg Verlag 1993

Ziegler, Jürgen, Koller, Franz (1993): Wissensorientierte Unterstützung von Arbeit und Lernen - Technologien und Einsatzkriterien, In Coy, W. u.a. (Hrsg) Menschengerechte Software als Wettbewerbsfaktor, Arbeitstagung des Projektträgers "Arbeit und Technik". Stuttgart: Teubner 1993, S. 369-413.

A Multimedia Approach for Simulating Virtual Humans in Virtual Worlds

Nadia Magnenat Thalmann
MIRALab, University of Geneva, 24, rue du Général-Dufour, CH 1204 Geneva, Switzerland, fax: +41-22-320-2927

Abstract. Several very complex problems must be solved in order to animate and render virtual humans in their environment. In this paper, we explain several of these problems and present solutions. In the context of interactive animation systems, the relationship between the animator and the virtual humans is also described. We present an example of facial communication between the animator and virtual humans.

1 Introduction

The ultimate reason for developing virtual humans (also called synthetic actors) who seem real is to be able to use them in any virtual scene representing the real world. Anyway, a virtual scene, beautiful though it may be, is not complete without people...virtual people that is. Scenes involving virtual humans imply many complex problems that we try to manage since several years [1]. We slowly come to the point of simulating real-looking virtual humans, taking into account body, face and cloth deformations. In a short future, we will hardly see any difference between a real person and a virtual one. Any environment could be simulated and consequently, we will be able to experiment in real-time any virtual environment, and to communicate with virtual humans rather naturally. Many simulations will be possible: from the infinite world to the megaworld passing through casual daily live situation.

2. Sculpting Virtual Humans

The synthesis of realistic virtual humans leads to obtain and include the specific features of the character of interest. For the universally known personalities (actors) such as Marilyn, Humphrey, and Elvis, there is a less scope to make mistakes as the deviations will be very easily detected by the spectator. In spite of this ambition to make realism, or better, imitation, this type of realism should not be confused with the photographic or the cinematographic realism.

Creating a body for a virtual human is only the first step, his particular character depends on his body movements and his personality is defined by the subtle changes of his facial expressions and other gestures. To construct these shapes, we propose the use of an interactive sculpting approach. The surfaces of human face and body are irregular structures implemented as polygonal meshes. We have introduced a methodology [2] for interactive sculpting using a six-degree-of-freedom interactive input device called the Spaceball. When used in conjunction with a common 2D mouse, full three dimensional user interaction is achieved, with the Spaceball in one hand and the mouse in the other. The Spaceball device is used to move around the object being sculpted in order to examine it from various points of view, while the mouse carries out the picking and deformation work onto a magnifying image in order to see every small detail in real time (e.g. vertex creation, primitive selection and local surface deformations). In this way, the user not only sees the object from every angle but he can also apply and correct deformations from every angle interactively.

Typically, the sculpting process may be initiated in two ways: by loading and altering an existing shape or by simply starting one from scratch. For example, we will use a sphere as a starting point for the head of a person and use cylinders for limbs. We will then add or remove polygons according to the details needed and apply local deformations to alter the shape. When starting from scratch points are placed in 3D space and polygonized. With this type of 3D interaction, the operations performed while sculpting an object closely resemble traditional sculpting. The major operations performed using this software include creation of primitives, selection, local surface deformations and global deformations.

To select parts of the objects, the mouse is used in conjunction with the Spaceball to quickly mark out the desired primitives in and around the object. All primitives (vertices, edges and polygons) can be selected. Mass picking may be done by moving the object away from the eye (assuming a perspective projection) and careful, minute picking may be done by bringing the object closer. **Local deformations** make it possible to produce local elevations or depressions on the surface and to even out unwanted bumps once the work is nearing completion. Local deformations are applied while the Spaceball device is used to move the object and examine the progression of the deformation from different angles, mouse movements on the screen are used to produce vertex movements in 3D space from the current viewpoint. The technique is intended to be a metaphor analogous to pinching, lifting and moving of a stretchable fabric material. Pushing the apex vertex inwards renders a believable effect of pressing a mould into clay. **Global deformations** make it possible to produce global deformations on the whole object or some of the selected regions. For example, if the object has to grow in a certain direction, it can be obtained by scaling or shifting the object on the region of interest.

In the construction of a certain category of figures like realistic human bodies, it is often preferable to keep certain irregularities on the surface. A very smooth skin, for example, does not necessarily guarantees a more realistic appearance. In very delicate parts like shoulders or cheeks the imperfections are visible and generally we have to get rid of them right away, but we can keep some others small irregularities in order to create a figure which seems less plastic and robotized and in order to attenuate the feeling we often feel in front of computer generated human bodies. This kind of imperfections in a realistic figure give the impression of a human figure which has not been conceived only in the "designer's" head but has really been observed from the reality.

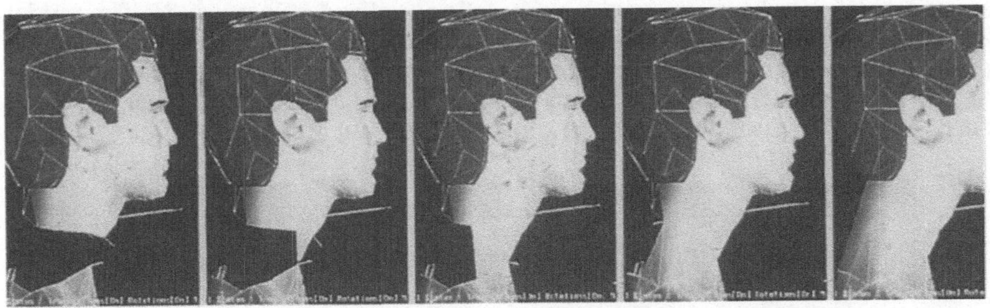

Fig.1 Creating a virtual human

3 Body Motion Of Virtual Humans

The human animation is very complex and should be split into body motion control and facial animation. Basically a virtual human is structured as an articulated body defined by a skeleton. Skeleton animation consists in animating joint angles. There are two main ways to do that: parametric keyframe animation and physics-based animation.

Basically a virtual human is structured as an articulated body defined by a skeleton. When the animator specifies the animation sequence, he/she defines the motion using a skeleton. A skeleton is a connected set of segments, corresponding to limbs, and joints. A joint is the intersection of two segments, which means it is a skeleton point where the limb which is linked to the point may move. The angle between the two segments is called the joint angle. A joint may have at most three kinds of position angles: flexion, pivot and twisting. Skeleton animation consists in animating joint angles. There are two main ways to do that: parametric keyframe animation and procedural animation based on mechanical laws. For example, to bend an arm with parametric keyframe animation, it is necessary to enter into the computer the elbow angle at different selected times. Then the software is able to find any angle at any time using for example interpolating splines. In procedural animation, angles are calculated by inverse kinematics, dynamics or biomechanics.

A higher-level approach consists in specifying the animation in terms of tasks. With task level control, the animator can only specify the broad outlines of a particular movement and the animation system fills in the details. In task-level animation, the animator specifies what the virtual human has to do, for instance, "bring me a glass". Task-level animation requires high-level models of human actions. For example, we have developed a human walking model built from experimental data based on a wide range of normalized velocities [3]. The model is based on a simple kinematics approach designed to retain the intrinsic dynamic characteristics of the experimental model. This approach also allows the definition of an individualized walking action in an interactive real-time context in most cases. Fig.2 shows a frame from the film Still Walking using this walking model.

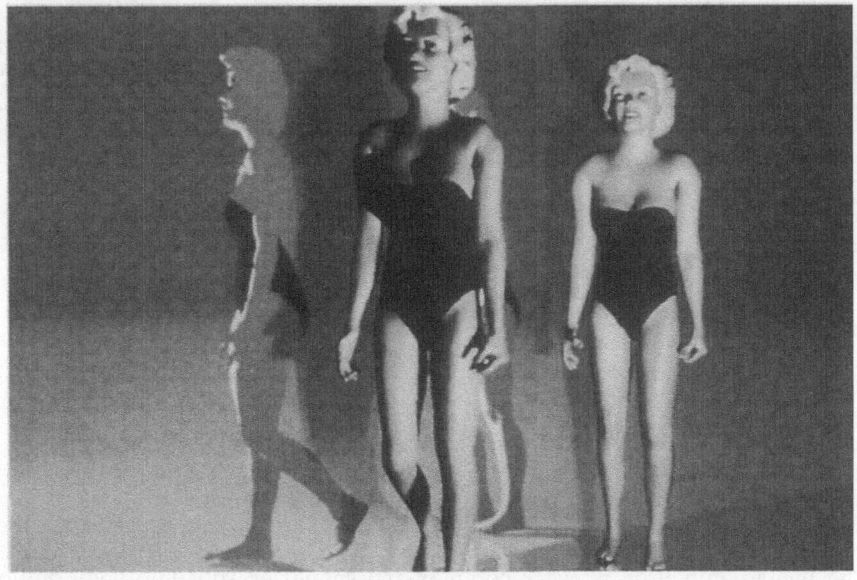

Fig.2. Still walking

4 Facial Animation

Because the human face plays the most important role for identification and communication, realistic construction and animation of the face is of immense interest in the research of human animation. The ultimate goal of this research would be to model exactly the human facial anatomy and movements to satisfy both structural and functional aspects. However, this involves the concurrent solution of many problems. The human face is a very irregular structure, which varies from person to person. The problem is further compounded with its interior details such as muscles, bones and tissues, and the motion which involves complex interactions and deformations of different facial features. Although all movements may be rendered by muscles, the direct use of a muscle-based model is very difficult. The complexity of the model and our poor knowledge of anatomy makes the results somewhat unpredictable. This suggests that more abstract entities should be defined in order to create a system that can be easily manipulated. A multi-layered approach [4] is convenient for this. In order to manipulate abstract entities like our representation of the human face (phonemes, words, expressions, emotions), we propose to decompose the problem into several layers. The high level layers are the most abstract and specify "what to do", the low level layers describe "how to do". Each level is seen as an independent layer with its own input and output.

There are presently three main types of facial animation systems in terms of driving mechanism or animation control. One type of systems uses a script or command language for specifying the animation [4,5,6,7]. These systems are simple but non-interactive and thus are not very appropriate for real time animation. In addition, fine-tuning an animation is difficult when merely editing the script, as there exists a non-trivial relation between textual description and animation results. Another type of system is performance-driven where motion parameters are captured from live performance [8,9,10]. These types of motion copying systems are non-flexible and the external control on animation is very limited when used in isolation. Though it provides high accuracy for timings, it is extremely difficult to edit. Systems driven by speech [11,12] are focused in lip-synchronization and speech decomposition into phonemes. These are adequate when animation involves only speech. What would in fact be more desirable, is a system which can encapsulate different kinds of animation specifications and control mechanisms. Such a system would meet the needs of the animator for almost every situation by giving access to the different means of control. The tracking of a live video sequence may provide the basic sequence of a synthetic animation, textual data may produce speech with audio feedback, a hand gesture may govern the gesture motion of the head and eyes, and so on. Here, our attempt is to present how the information from different sources can be related and controlled to give a sequence of animation. As there does not exist what one can refer to as the 'best' framework for motion control for facial animation, this suggests having an open system where one can try several possibilities and chose the one which is subjectively the 'best.'

In order to gain flexibility and modularity in the execution of the system we need a high degree of interaction. We present some of the advanced input accessories which provide natural interaction and thus intuitive control. 3D interaction is already quite popular for many applications, and here we integrate some of the novel paradigms to experiment in the context of controlling facial animation. Possibilities for control with different interactive situations are examined; e.g. gesture dialogue using a DataGlove and musical streams from a MIDI-keyboard. We believe that it is more important to provide a wide range of interaction components than to enforce a particular style of interface. One of the interactive systems for facial expressions presented by deGraf [9] contains the philosophy of using various puppet interfaces to drive facial animation, however, it seems to have hard wiring of devices for manipulations, which restricts flexibility and interchangeability of different device components.

5 A Multimedia Architecture For Facial Expressions

Facial movements, like other body movements rely on perception-driven behaviors. Cognitively, these can be understood as externalization or manifestation of verbal or non-verbal communication agents on a face. These agents activate certain channels of a face associatively which in turn triggers the relevant muscles and which eventually deforms the face. In a computational model, such a behavior can be interpreted as translating behavioral or cerebral activity into a set of functional units which embody the necessary activity-information. The resulting actions are then combined in a sequence of discrete actions which when applied cause the necessary movements on the face. In our system we model such a behavior by separating facial animation into three major components, namely face model, animation controls and composer. The face model primarily describes the geometric structure of the face, deformation controller and muscle actions. The model receives streams of actions to perform. These actions are decomposed into the required muscle actions and a new instance of the face is derived for each frame.

The animation controls specify animation characteristics [1]. A facial animation system needs to incorporate adequate knowledge about its static and dynamic environments to enable animators to control its execution with (maybe) predefined, yet flexible set of commands. The system's structure therefore should embed such a know-how in a natural way. In order to satisfy this need, our system employs hierarchical structure and modular design. Fig 3. shows the system's basic structure. Commands to the top level of the system need not be detailed descriptions of movement, instead these are like task description -- for example: SAY "I won't go" while LOOKING left-right. The levels underneath are like functional synergies where the task description is processed after having been decomposed into relevant low level motion parameters. The task description contains higher level abstraction entities such as emotion, head motion and speech. The composer acts like a multiplexer and performs integration of the animation controls coming from different sources in (almost) real time. It transmits streams of performable actions to the face model for each time interval. The animation controls may be driven by different types of input accessories. This provides ease of control specification and handling. The system also allows parallel execution of various operations (tasks); for example, the deformation controller and composer may run in parallel. Similarly, input accessories run independently and produce controlling attributes which are fed to the composer. The system is modular which makes it easy to change certain aspects of the system or to use predefined methods used in other applications. It thereby allows the interchangeability of the input accessories and permits evaluation of their applicability.

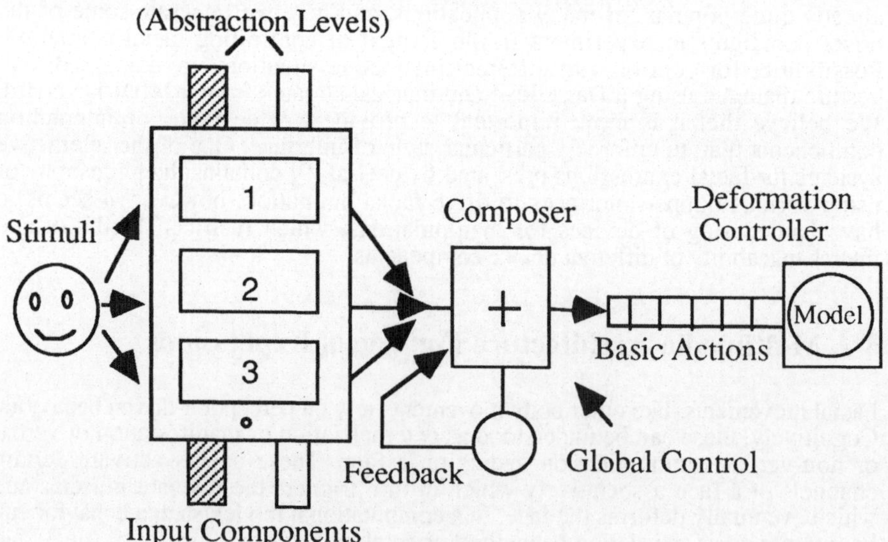

Fig. 3. System's Basic Structure.

6 Interaction With Virtual Humans

We distinguish four basic cases:

1. the virtual human is alone in the scene, there is no interaction with other objects.
2. the virtual human is moving in an environment and he is conscious of this environment.
3. actions performed by a virtual human are known from another virtual human and may change his behavior
4. not only may the animator communicate information to the virtual human but this virtual human is also able to respond it and communicate information to the animator.

Virtual humans are moving in an environment comprising models of physical objects. Their animation is dependent on this environment and the environment may be modified by these actors. Moreover several virtual humans may interact with each other. Several very complex problems must be solved in order to render three-dimensional animation involving virtual humans in their environment. For example, we introduced a finite element method to model the deformations of human flesh due to flexion of members and/or contact with objects [13]. The method is able to deal with penetrating impacts and true contacts. Simulation of impact with penetration can be used to model the grasping of ductile objects, and requires decomposition of objects into small geometrically simple objects. All the advantages of physical modeling of objects can also be transferred to human flesh.

In the context of interactive animation systems, the relationship between the animator and the virtual humans should be emphasized. With the existence of graphics workstations able to display complex scenes containing several thousands polygons at interactive speed, and with the advent of such new interactive devices as the Spaceball, EyePhone, and DataGlove, it is possible to create computer-generated characters based on a full 3D interaction metaphor in which the specifications of deformations or motion are given in real-time. True interaction between the animator and the virtual human requires a two-way communication: not only may the animator interact to give commands to the virtual human but the virtual human is also able to answer him. Finally, we may aspire to a virtual reality where virtual humans participate fully: real dialog between the animator and the virtual human. The animator may now enter in the synthetic world that he/she has created, admire it, modify it and truly perceive it. Finally, computer-generated human beings should be present and active in the virtual world. They should be the synthetic actors playing their unique role in the theater representing the scene to be simulated.

7 Communication Virtual Human – Animator

For the communication between the animator and the virtual humans, we are developing a prototype system. As shown in Fig. 4, this system is mainly an inference system with facial and gesture data as input channels and face and hand animation sequences as output channels.

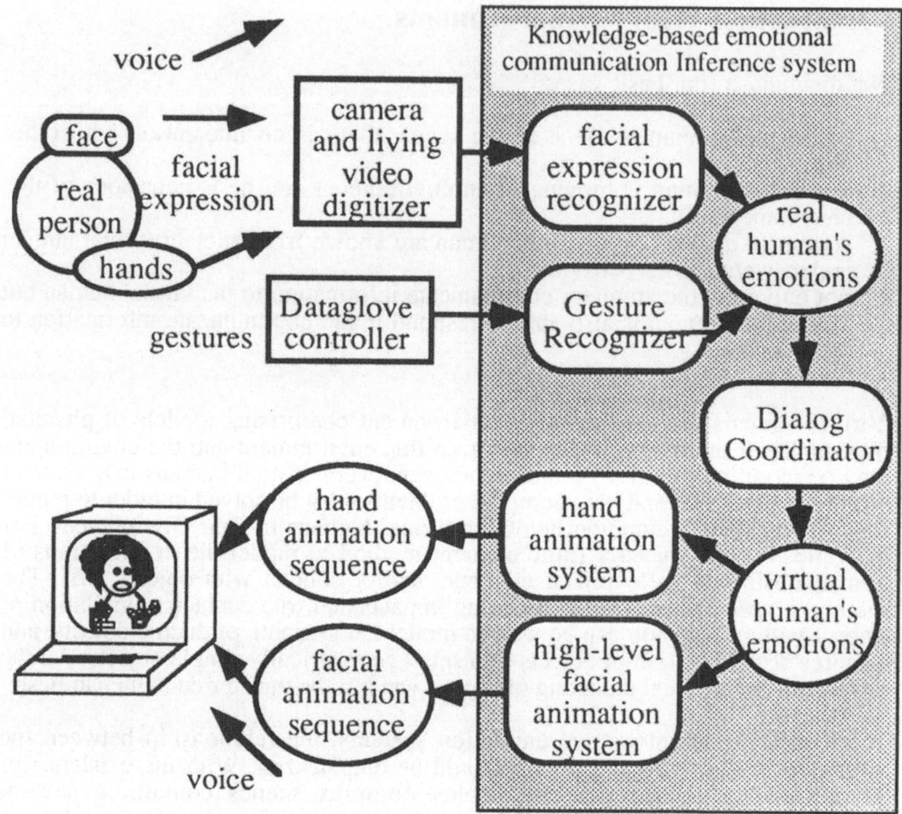

Fig.4 Organization of the proposed system

The development of the inference system is divided into three subsystems:

i) a subsystem for the recognition of emotions from facial expressions, head-and-shoulder gestures, hand gestures and possibly speech
ii) a subsystem for the synthesis of facial expressions and hand motions for a given emotion and speech
iii) a subsystem for the dialog coordination between input and output emotions

This last subsystem is a rule-based system: it should decide how the virtual human will behave based on the behavior of the real human. The dialog coordinator analyzes the humor and behavior of the user based on the facial expressions and gestures. It then decides which emotions (sequences of expressions) and gestures (sequence of postures) should be generated by the animation system. For the design of correspondence rules, our approach is based on existing work in applied psychology, in particular in the area of non-verbal communication.

For the recognition of emotions, our method is based on snakes as introduced by Terzopoulos and Waters [14]. A snake is a dynamic deformable 2D contour. A discrete snake is a set of nodes with time varying positions. The nodes are coupled by internal forces making the snake acting like a series of springs resisting compression and a thin wire resisting bending. The expression forces is introduced into the equations of motion for dynamic node/spring system. Our approach is different from Terzopoulos-Waters approach because we need to analyze the emotion in real-time. Instead of using a filter which globally transforms the image into a planar force field, we apply the filter in the neighborhood of the nodes of the snake. We only use a snake for the mouth; the rest of the information (jaw, eyebrows, eyes) is obtained by fast image-processing techniques. For the **jaw**, we consider that the lower part of the lower lip (using information given by the snake) is moving with the jaw i.e. if the law opens, the lower part goes down with the jaw. For the **nose**, we use the center point of the upper part of the mouth (also using the snake) and we scan upwards until an edge is detected. As we assume that the illumination is very strong, the edge should belong to the shadow of the nose. For the **eyebrows**, we use the same principles as the nose. We start from the forehead and scan downwards until we detect an edge. This should be the eyebrow. For the **eyes**, we define a rectangular region around the eyes (using the position of the nose and eyebrows) and we count the number of white points in the region. If the number of white points is under a threshold value, we consider the eye as closed. Fig.5 shows an example.

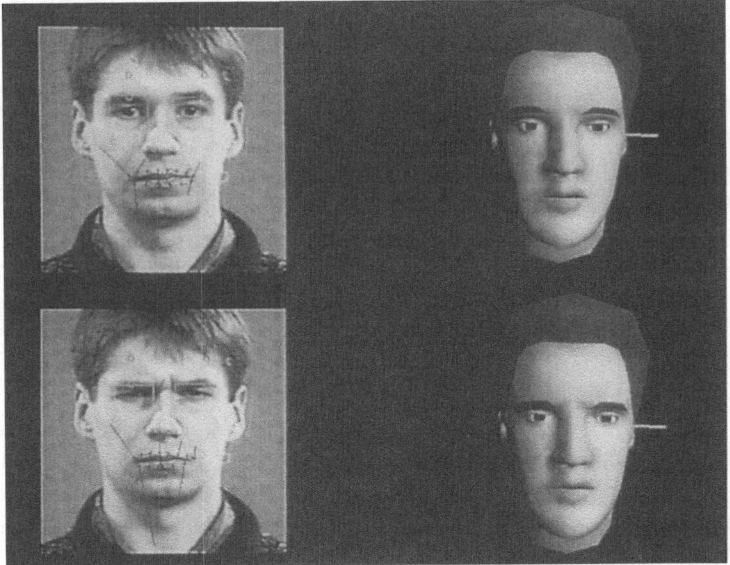

Fig. 5. Animator and virtual human

Conclusion

Modelling humans using computers is a very complex task. Several important problems have to be solved to incorporate realistic virtual humans in computer-generated films. However, in a few years, we will be able to recreate humans, living or dead, mix up the past with the present and the future and make this virtual human talk and show emotions and concerns.

References

1. Magnenat Thalmann N, Thalmann D (1991) Complex Models for Animating Synthetic Actors, IEEE Computer Graphics and Applications, Vol.11, No5, pp.32-44.
2. Paouri A, Magnenat Thalmann N, Thalmann D (1991) Creating Realistic Three-Dimensional Human Shape Characters for Computer-Generated Films, Proc. Computer Animation '91, Springer-Verlag, Tokyo, pp.89-100
3. Boulic R, Magnenat-Thalmann N, Thalmann D (1990) A Global Human Walking Model with Real-Time Kinematic Personification, The Visual Computer, Vol. 6, No6, pp.344-358
4. Kalra P. Mangili A, Magnenat-Thalmann N, Thalmann D, (1991) "SMILE: a Multilayered Facial Animation System", Proc. IFIP Conf. on Graphics Modeling, Tokyo, Japan, pp.189-198.
5. Kaneko M, Koike A, Hatori Y (1992) Automatic Synthesis of Moving Facial Images with Expression and Mouth Shape Controlled by Text, Proc CGI '92, Tokyo (Ed T L Kunii), pp. 57-75.
6. Magnenat-Thalmann N, Primeau E, Thalmann D (1988), Abstract Muscle Action Procedures for Human Face Animation, The Visual Computer, Vol. 3, No. 5, pp. 290-297.
7. Pelachaud C, Badler NI, Steadman M (1991), Linguistic Issues in Facial Animation, Proc. Computer Animation '91, (Eds Magnenat-Thalmann N and Thalmann D), Springer, Tokyo, pp. 15-30
8. deGraf B (1989) in State of the Art in Facial Animation, SIGGRAPH '89 Course Notes No. 26, pp. 10-20.
9. Terzopoulos D, Waters K (1991) Techniques for Realistic Facial Modeling and Animation, Proc. Computer Animation '91,(Eds Magnenat-Thalmann N and Thalmann D), Springer, Tokyo,, pp. 59-74.
10. Williams L (1990), Performance Driven Facial Animation, Proc SIGGRAPH '90, Computer Graphics, Vol. 24, No. 3, pp. 235-242.
11. Lewis JP (1992), Automated Lipsynch: Background and Techniques, The Journal of Visualization and Computer Animation, Vol. 2, No. 4, pp. 118-122,.
12. Hill DR, Pearce A, Wyvill B (1988), Animating Speech: An Automated Approach Using Speech Synthesized by Rules, The Visual Computer, Vol. 3, No. 5, pp. 277-289.
13. Gourret JP, Magnenat-Thalmann N, Thalmann D (1989) Simulation of Object and Human Skin Deformations in a Grasping Task, Proc. SIGGRAPH '89, Computer Graphics, Vol. 23, No 3, pp.21-30
14. Terzopoulos D, Waters K (1991) Techniques for Realistic Facial Modeling and Animation, in: Magnenat Thalmann N, Thalmann D, Computer Animation '91, Springer-Verlag, Tokyo, pp.59-74

Die Zukunft der Medien

Dr. Walter Kroy
Daimler-Benz Forschung, München

Die Zukunft wird oft dargestellt als eine Fortsetzung der gegenwärtigen Trends, geprägt von bisherigen Erfahrungen und Erwartungen, die aus heutigen Problemfeldern Impulse erhalten. Einfache Experimente mit einem Pendel machen den Zuschauern deutlich, warum die bisherigen Vorstellungen von der Zukunft zerbrechen, wie die Komplexität unserer Wirklichkeit Prognosen üblicher Art unmöglich erscheinen läßt.

Es kommt in diesem Feld auf unsere Fähigkeit an, neue Muster wahrzunehmen, die Verknüpfung scheinbar weit auseinanderliegender Einflußfaktoren und Prozesse zu erkennen, und darin kreativ neue Chancen zu entdecken.

Die Medienlandschaft wird von den absehbaren Veränderungen zu Beginn des Informationszeitalters außerordentlich stark betroffen sein. Um dies zu erklären ist es notwendig, den Ablauf von Medienprozessen von der Erzeugung bis zum "Endverbraucher", sogar bis zur "Entsorgung" in einem Bild zu erfassen. Grob unterteilt, muß man zwischen den "Daten-Quellen", den aufwendigen Entdeckungs-, Sammlungs- und Filtervorgängen, den wachsenden Raum einnehmenden Verarbeitungsprozessen, sowie den Abläufen bei der Verteilung der fertigen "Waren" und den ungewöhnlichen Marktmechanismen unterscheiden, und die Dynamik ihrer wechselseitigen Verbindungen im komplexen System der Medien untersuchen. Da die gewonnenen Schaubilder bei allen Medienarten trotz der unterschiedlichen Inhalte, Zielgruppen und Verteilungswege aber durchaus ähnlich aussehen, können die darin enthaltenen Regelkreise dazu benutzt werden, mögliche Muster der Medienzukunft zu analysieren, zu beschreiben und die darin steckenden Risiken- und Chancenpotentiale in Form von möglichen "Attraktoren" als Übungsfeld fur die Vorbereitung auf die Zukunft zu verwenden.

In Form von Szenarien konnen solche Übungsräume entwickelt und für jene Personen und Organisationen zur Verfügung gestellt werden, die in diesem Bereich bereits arbeiten, oder in ihm ihre Zukunft vermuten. Die bei solchen Übungen gefundenen Ergebnisse können Produkt-Ideen sein, oft aber auch die Einsicht in neue Wertmaßstäbe und in die Notwendigkeit und Vorteile effizienterer Strukturen für dieses Feld.

Die wichtigsten Kennzeichen dieser künftigen Potentiale ergeben sich aus den folgeneden Wirkfaktoren:

1 Information und Kommunikation als Ware zeigt Marktmechanismen, die denen von Saatgut ähnlich sind.

Information wird der bestimmende Produktionsfaktor, ein zunehmend dominantes Glied in der Wertschöpfungskette. Im Unterschied zu unseren bisherigen Erfahrungen mit Produkten und Märkten des Industriezeitalters liegt die Wertschöpfung zunehmend in jenen Feldern, in denen neues Wisssen produziert wird. Selbst in der klassischen Produktion von Maschinen, Geräten und Anlagen, wird das Fertigungs-Know-How als entscheidende Schlüsselfahigkeit erkannt. Das Beispiel der Megabit-Chips macht dies deutlich. Der Rohstoff Sand ist überall beliebig verfügbar, aber das Wissen darüber, wie man daraus marktfähige Produkte der Halbleitertechnik macht ist durchaus lokal verteilt.

Anders als Wirtschaftsexperten früher vermuteten, erscheint es auch nicht gleichgültig, mit welchen Produkten man wirtschaftliche Erfolge erzielt. Kartoffelchips oder Computerchips schienen den Beratern mit Controller-Mentalität durchaus gleichwertig, solange man damit Geld verdienen konnte. Erst in den letzten Jahren wird dramatisch erkennbar, wie die Computerchips in weiten Bereichen neue Produkte ermöglichen und neue Märkte entstehen lassen. Dies ist bei den Kartoffelchips leider nicht der Fall.

Der Umgang mit Information und Kommunikation als Produkt wird die Arbeitsweisen und Stukturen unserer Industrie- und Dienstleistungsfirmen nachhaltig verändern. Obwohl uns schon die heutige Medienlandschaft eines Besseren belehren sollte, wird von vielen "Sachverständigen" heute noch bestritten, daß mit Gütern, die im Prinzip "immateriellen" Charakter haben, überhaupt nachhaltige Wertschöpfung und "Geschäft" möglich sei. Dies ist aus der Prägung der Vergangenheit vielleicht verständlich. Die heutigen Strukturen z.B. der Automobilindustrie haben sich auf der Basis von Technologien entwickelt, die im 19. Jahrhundert erfunden wurden. Häufig machen wir uns gar nicht klar, das auch dabei eine große Zahl von Technologien zu fusionieren waren, die aus ganz unterschiedlichen Feldern stammten. Diese Fusion haben wir längst so stark internalisiert, daß sie heute unsere Ausbildungssysteme prägt und in der Öffentlichkeit, in der Politik und Presse als selbstverständliche nicht hinterfragte "Einheit" verstanden wird. Bei den Technologien der aufkommenden Informations- und Kommunikationsgesellschaft stehen uns diese Prozesse der Technologiefusion erst bevor.

2 Technologiefusion im Bereich Information und Kommunikation

Durch die quantitative Steigerung der Leistungsfähigkeit informationsverarbeitender Systeme und jener von Kommunikationssystemen kommt es zunächst in Teilbereichen zur Verschmelzung. Die Leistungssteigerung bei Computern, vor allem ihrer

Geschwindigkeit bei der Verarbeitung und Darstellung digitaler Bildinhalte, die Erhöhung der Zahl möglicher Kommunikationskanäle und ihrer Bandbreite ermöglichen eine Vielzahl neuer Produkte. Dabei werden bisherige, technologisch bedingte Rollen von Informationsproduzenten und -Verbrauchern neu zu überdenken sein. Bei einem Informationsangebot von 500 bis 1000 Kanälen wird die elektronische Filterung des Angebotes durch den Endverbraucher notwendig und damit auch technisch realisiert werden. Die "Mitwirkung" des Verbrauchers an der Produktion oder der aktuellen und individuellen Ausgestaltung von Produkten in einem Ausmaß, welche alle heutigen Erfahrungen bei klassischen Produkten übersteigt, wird zu strukturellen Veränderungen des bisherigen Machtgefüges in den "Medien" führen, von dem sich viele heute noch kaum eine Vorstellung machen. An Hand einfacher Regelkreise des Informationsentstehungs- Filterungs- und Verteilungsprozesses und ihrer Veränderungen durch neue technologische Möglichkeiten sieht man, wie es zu qualitativ neuen Strukturen und Abhängigkeiten kommt. Umberto Eco`s Bild vom "Informationsguerilla" wird dadurch verständlicher.

Starke Veränderungen sind in allen wichtigen Teilbereichen des Medienprozesses zu erwarten:

- Die Zahl und Aktualität der Datenquellen nimmt zu
- Die Filterprozeduren werden "intelligenter"
- Die Verarbeitungsmöglichkeiten durch neue Computer erlauben kundenspezifischere und aktuellere Produkte
- Elektronische Formen der Verteilung erschliesen wachsende Kundenkreise
- Neuartige Eingriffsmöglichkeiten der Endverbraucher "rückwarts" auf den Entstehungsprozess verändern den bisherigen Medienbegriff und seine Ordnungs-Schemata.

3 Neue Wachstums-Märkte, die unsere Welt verändern werden

Die daraus sich ableitenden Wachstumsmärkte sind fur den zu erwartenden Aufschwung der Wirtschaft nach dem Jahre 2000 dominant. Sie werden ähnlich wie der Buchdruck unsere Gesellschaft und die Welt verändern. Leider kennen wir die dabei sich entwickelnden und hierfür notwendigen Qualitatsmaßstäbe und Normen, Werthaltungen und Einstellungen noch nicht. Wir beurteilen diese Zusammenhänge daher mit den vermeintlich "ewigen Gesetzen" die uns die Erfahrungen mit der Mißerfolgen und Erfolgen des Industriezeitalters gelehrt haben. Und wir wundern uns, daß wir auf dieser Basis so viele falschen Prognosen abgeben. Wir sind überrascht und hilflos, wenn die wirkliche Entwicklung in der Wirtschaft ganz anders läuft, als die Experten in den Wirtschaftsinstituten uns noch vor wenigen Jahren einreden wollten.

Wir wundern uns, warum die USA in den Gatt-Verhandlungen solchen Wert auf Branchen legen, die mit der Medienwelt, Kunst und Kultur zusammenhängen.

Spät, hoffentlich nicht zu spät, erkennen wir die Potentiale, die in diesen Märkten der Zukunft liegen. In früheren Jahrhunderten war Europa in der Welt durch den Export seiner Kunst und Kultur geistig führend. Dies hat auch wirtschaftlich zu großen Exportmöglichkeiten beigetragen. Wenn wir an die künftigen Möglichkeiten und Bedürfnisse der Welt auf den Sektoren freie Information und Kommunikation, Unterhaltung und Kunst, Ausbildung und Know-How-Übertragung denken, wird uns die notwendige Umorientierung in unseren Köpfen (und jenen unserer Wirtschaftsführer, Politiker, Wissenschaftler und Künstler) hoffentlich bewußt. Bezüglich dieser neuen Welt leben wir heute in der Frühsteinzeit. Der weitere Weg ist nicht frei von großen Gefahren, aber er birgt auch die Chance für eine weitere Stufe unserer kulturellen Entwicklung.

EVE — Extended Virtual Environment

Jeffrey Shaw and Gideon May
Zentrum für Kunst und Medientechnologie Karlsruhe
Dr. Ralf Gruber and Manfred Günzl
Kernforschungszentrum Karlsruhe

EVE is new virtual reality research and development project conceived and initiated by Jeffrey Shaw at the Institut für Bildmedien (Institute for Image Media), a department of the ZKM (Center for Art and Media) in Karlsruhe. The project is being realised in close cooperation with the Kernforschungszentrum (Nucelear Research Center) Karlsruhe, led by Dr. Ralf Gruber at the Institut für Angewandte Informatik (Institute of Applied Informatics).

A prototype of EVE was presented for the first time in November 1993 in Karlsruhe at the MULITIMEDIALE 3, a major festival of the media arts produced by the ZKM.

Looking at the historical development of the media technologies, one can distinguish two major tendencies: One is photography, cinema and television which establishes the power of media to reassemble space and time as a contemplative experience. Located behind a static frame, images are offered as a concentrated spectacle for passive viewing. The other is the development from panorama painting to Virtual Reality which establishes the power of media to reproduce space and time as a surrogate experience. Here the goal is the disappearance of the picture frame, enabling the active viewer to become immersed in the image.

EVE is a conjunction of these two tendencies. The spatial position of the image frame is interactively linked to the viewer's point of view, so that the frame becomes a dynamic virtual window that is able to evoke a panoramic and immersive space. EVE is then a completely new form of Virtual Reality apparatus - instead of the private enclosedness of the head mounted display, EVE allows virtual environments and personal visual interactivity to be projected into an actual space where it can also be shared by a larger audience.

In its present configuration EVE is constituted by the following components:

1. An air inflated dome, 9 meters high and 12 meters wide. This dome has a revolving door for entry and exit. The fabric of the dome is a PVC coated polyester

textile. The interior surface of the dome is silver, making it suitable for polarised stereoscopic projection

2. An industrial robot is located in the center of the dome. This robot arm supports the video projection apparatus at the focal center of the dome, and by rapid movements is able to move the projected image anywhere over the inside surface of the dome.

3. Two LCD video projectors generate a polarised stereo pair of images which are projected on the dome. This rectangular image is approx. 300cm wide. The visitors inside the dome use polarising spectacles to view the stereoscopic image.

4. One of the visitors to EVE wears a special helmet on which a three dimensional spatial tracking device is mounted. This tracker indentifies the position and angle of the viewer's head in relation to the dome surface, i.e. it identifies where the viewer is looking. This information is transmitted to the robot arm which positions the projected image accordingly.

5. The projected imagery is generated by a Silicon Graphics Onyx Reality Engine2, with a multi-channel option that generates two video outputs (the stereoscopic pair). Two user inputs define the real time image transformations. Firstly the tracking device on the viewer's head identify his/her point of view, and secondly a joystick in that viewer's hand controls forwards and backwards movement in the data space. The joystick also has a button which allows the viewer to choose different data sets.

The inflatable dome provides a surrounding and immersive space wherein the interactive movement of the image window reveals a virtual environment. In this way EVE constitutes a unique strategy for the visualisation of virtual scenographies, one which hybridises the functionality of a head mounted display with the spatiality of an IMAX theater, and also with a good economy of technical means.

A principal aspect of EVE is its ability to be used as a visualisation environment for various kinds of data sets - art, science, medicine, architecture, archeology, etc. Interactive computer graphics has become a shared language in many fields of research, and as a consequence a great diversity of information coexists that can be correlated in the digital environment. This is a unique situation historically and culturally, one which artists and scientists can take advantage of to forge a new discourse.

At the MULTIMEDIALE 3 in Karlsruhe the following works were presented within EVE:

1. CATAL HUYUK. Original concept Heinrich Klotz. EVE application concept Jeffrey Shaw. Modelling software SOFTIMAGE. Modelling and application data set Monique Mulder and Gideon May. Produced at the ZKM. This archeological visualisation is a virtual reconstruction of one of the oldest (6500BC) excavated settlements, located in Turkey.

2. HEUS - Hot Early Universe Soup. Eyal Cohen. Application data set by Achim Stößer, Tristan Lorach, Lutz Kettner and Gideon May. Produced by ArSciMed and the ZKM. The visualisation provides immersion in the quark-gluon plasma, the state of the universe a moment after the "big bang".

3. ROBOTICS ENVIRONMENT. Uwe Künapfel. Software KISMET (Kinematic Simulation, Monitoring and Off-Line Programming Environ-ment for Telerobotics). Produced at the Kernforschungs-zentrum (KfK) Karlsruhe. The visualisation shows special purpose robots excecuting various jobs in a workspace at the KfK.

4. THE VIRTUAL MUSEUM. Jeffrey Shaw. Application software Gideon May. This visualisation uses the data set originally made for The Virtual Museum installation shown at the Ars Electronica in Linz in 1992.

5. DIGITAL PLANNING ENVIRONMENT. Christain Ziegler, Ludger and Volkmar Hovestadt, Raghu Bhat. Produced at the Universität Karlsruhe, Institut für Industrielle Bauproduktion. An architectural design environment in which complex informational structures are visualised.

Further datasets planned for EVE in 1994 are FIELD RECORDING STUDIES by Michael Naimark, THE HUMAN ANATOMY by Uwe Kuhnapfel (KfK), and THE VIRTUAL MEMORY THEATER by Jeffrey Shaw. Planned technical refinements of EVE will lead to the commercial marketing of this new VR concept by Autumn 1994.

Workshop

Multimedia in der universitären und betrieblichen Ausbildung

Computer in der universitären und betrieblichen Ausbildung: Entwicklungsstand und Perspektiven

Ulrich Glowalla

FB Psychologie, Univ. Gießen, Otto-Behaghel-Str. 10/F, 35394 Gießen
Tel. 0641/702-5403; Fax: 0641/702-3811
glowalla@psychol.uni-giessen.d400.de

Das an den Hochschulen und in den Betrieben benötigte Fachwissen nimmt rasant zu und unterliegt gleichzeitig immer schnelleren Veränderungen. Um dies zu dokumentieren, gibt Feldmann (1974) beispielsweise an, daß zwischen 1800 und 1900 noch 100 Jahre zur Verdopplung des verfügbaren Wissens unserer Gesellschaft benötigt wurden, während zwischen 1900 und 1950 schon 50 Jahre zu einer erneuten Verdopplung genügten. Die nächste Verdopplung wurde bereits nach 10 Jahren erreicht. Je nach Berechnungsgrundlage schwanken solche Zahlenangaben sicherlich. Es ist jedoch kaum zu bezweifeln, daß das in unserer Gesellschaft verfügbare Wissen stark zunimmt. Dies belegt auch recht eindrucksvoll die steigende Zahl von Veröffentlichungen im technischen Bereich: Nach Michels (in diesem Band) wuchs die Zahl der Veröffentlichungen im Zeitraum von 1969 bis 1989 um 64 %. Erschwerend kommt hinzu, daß sich in vielen Berufen das benötigte Fachwissen innerhalb von 10 Jahren weitgehend erneuert, wobei Experten vorhersagen, daß diese Innovationszyklen voraussichtlich noch kürzer werden.

Aus diesen Entwicklungen folgt zweierlei: Erstens ist der effiziente Umgang mit Informationen im Zuge des Wandels von der Industrie- zur Informationsgesellschaft zu einem entscheidenden Erfolgsfaktor geworden. War es früher ein Problem, möglichst viele Informationen zu sammeln, so besteht heute die zu lösende Aufgabe darin, aus der Fülle der vorhandenen und ständig hinzukommenden Daten die relevanten Informationen herauszufiltern. Zweitens muß Lernen als ein lebenslanger Prozeß begriffen werden und kann nicht länger als abgeschlossene Phase im Leben der Menschen betrachtet werden. Damit unsere Gesellschaft trotz der rasanten Informations- und Technologieentwicklung anpassungsfähig bleibt, müssen wir uns möglichst schnell von der Vorstellung verabschieden, daß eine schulische, universitäre oder berufliche Ausbildung für ein Arbeitsleben ausreicht.

1 Einsatz von Multimedia im Ausbildungsbereich

Vor dem Hintergrund dieser Entwicklungen hatten Eric Schoop und ich 1992 in einem Beitrag für unseren Sammelband *Hypertext und Multimedia* vorhergesagt, daß computerunterstützte Lehrsysteme bereits mittelfristig in erheblichem Umfang entwickelt und eingesetzt werden dürften (Glowalla & Schoop, 1992). Während der sich in der betrieblichen Ausbildung abzeichnende Trend unsere Prognose deutlich übertrifft, steht der breite Einsatz interaktiver, elektronischer Medien in den Hochschulen noch aus.

Viele Unternehmen sehen, daß die Kosten von Bildungsmaßnahmen immer stärker ins Gewicht fallen, weil sie praktisch das ganze Berufsleben begleiten. Insbesondere große Unternehmen mit vielen Mitarbeitern haben darüber hinaus erkannt, daß herkömmliche Bildungsmaßnahmen auf Grund der kurzen Innovationszyklen zur Wissensvermittlung häufig gar nicht mehr in Frage kommen. Die gern als behäbig und schwerfällig geschmähten Dienste der Deutschen Bundespost haben diesen Weg meines Wissens am konsequentesten beschritten. Sowohl der Postdienst (vgl. Hundt, 1992) als auch die Telekom (Bache, in diesem Band) haben flächendeckend ein breites Netz von multimediafähigen Selbstlernarbeitsplätzen installiert. Durch den konsequenten Einsatz moderner Informationstechnologien sind beide Unternehmen heute in der Lage, Zehntausende von Mitarbeitern in wenigen Monaten kostengünstig und effizient zu schulen.

Es gibt heute kaum einen Wirtschaftsbereich, in dem nicht in erheblichem Umfang ebenfalls interaktive, multimediale Lernsoftware entwickelt würde: In der Informationsindustrie, der metallverarbeitenden und chemischen Industrie, aber auch beim Handel und in der Finanzdienstleistungsbranche werden bereits heute Computer in der Ausbildung eingesetzt und alle Anzeichen sprechen dafür, daß multimediales Lernen zu einem wichtigen Bestandteil von Bildungsmaßnahmen in der betrieblichen Ausbildung werden wird.

Ein wahres Kontrastprogramm stellt die universitäre Ausbildung dar, obgleich gerade hier ein dringender Handlungsbedarf besteht. Das Studium vieler Fächer an bundesdeutschen Hochschulen ist nämlich seit Jahren durch gravierende Kapazitätsengpässe hinsichtlich Lehrpersonal und Räumlichkeiten gekennzeichnet. Im Schnitt müssen sich zwei Studenten einen Studienplatz teilen. Die damit verbundenen Probleme haben eindeutig zu einer Beeinträchtigung von Forschung und Lehre geführt. Noch so gute und erfolgreiche Programme zur Verbesserung der Qualität von Vorlesungen und Seminaren werden an dieser Situation wenig ändern. Deshalb ist es meines Erachtens dringend geboten, alternative Formen der Wissensvermittlung und -vertiefung zu erproben, um die Überfüllung der traditionellen Lehrveranstaltungen einzudämmen (vgl. hierzu auch Thome, 1991).

Die Chancen interaktiven, multimedialen Lernens werden von einer immer größer werdenden Zahl von Dozenten erkannt und in Pilotprojekten erprobt. Die Bereiche Ingenieurwissenschaften (Sauerbrey & Schaller, 1992), Medizin (Eitel, Kuprion, Prenzel, Bräth, Schweiberer & Mandl, 1992; Gräsel, Mandl & Prenzel, 1992), Psychologie (Glowalla, Hasebrook, Fezzardi & Häfele, 1993) und Wirtschaftswissenschaften (Pohl & Sonntag, 1992; Schoop, 1992) scheinen mir Vorreiterrollen zu übernehmen. Es wäre zu wünschen, daß diese erfolgreich verlaufenden Projekte Schule machen und dem Einsatz elektronischer Medien in der universitären Ausbildung zum Durchbruch verhelfen. Der 1992 von der Gesellschaft für Informatik ins Leben gerufene Arbeitskreis *Hypermedia in der Aus- und Weiterbildung*, in dem Experten aus unterschiedlichen Wissenschaften zusammenarbeiten, ist darum bemüht, entsprechende Aktivitäten zu bündeln und gemeinsam mit verschiedenen Unternehmen der Informationsindustrie voranzutreiben.

2 Entwicklungsstand und Perspektiven multimedialer Lernsysteme

Entwicklungsstand und Perspektiven multimedialer Lernsysteme werden ausführlich in dem Aufsatz von Eric Schoop und Sigrid Lesch (in diesem Band) dargestellt, der in den Workshop *Multimedia in der betrieblichen Weiterbildung* einführt. Insofern kann ich in diesem Beitrag auf eine entsprechende Darstellung verzichten und verweise den interessierten Leser auf den Aufsatz von Schoop und Lesch.

Im folgenden werde ich die Referate des Workshops *Computer in der universitären und betrieblichen Ausbildung* vorstellen. Im Gegensatz zum ersten Heidelberger Multimedia-Kongreß im Jahre 1992 stehen auf dem 94er Kongreß in diesem Workshop universitäre Ausbildungsprojekte im Vordergrund. Dafür gibt es zwei Gründe. Zum einen gibt es auf dem 94er Kongreß einen eigenen Workshop für den Einsatz von Multimedia in der beruflichen Weiterbildung und dort stehen betriebliche Anwendungen eindeutig im Vordergrund. Zum anderen gibt es gerade in den überlasteten Universitäten einen großen Nachholbedarf hinsichtlich multimedialer Lernsysteme.

- In dem Referat von *Gerd Kobal* (Universität Erlangen-Nürnberg) und *Saskia Kobal* (CoBaL Computer Based Learning und Springer-Verlag) wird am Beispiel des jüngst fertiggestellten Programmes zur Parkinsonschen Krankheit über ein Projekt der medizinischen

Fakultät der Universität Erlangen-Nürnberg berichtet, das Gebiet der Pharmakologie in Form von multimedialen Lernprogrammen aufzuarbeiten. Eine Besonderheit des Programms besteht darin, daß die Erläuterungen der Lerninhalte nicht auf enge Fachgrenzen beschränkt bleiben. Zusätzlich zu den pharmakologischen wurden auch anatomische, physiologische, pathophysiologische und klinische Daten aufgenommen. Zur Veranschaulichung komplexer Vorgänge sind außerdem Trickfilm- und Videosequenzen eingearbeitet worden.

- In dem Referat von *Alexander Bob* (Thieme Verlag) wird das Simulationsprogramm SimNerv vorgestellt, mit welchem Medizinstudenten die Grundlagen der Nervenerregung lernen können. SimNerv simuliert die Aktivität von Nerven, was angehende Mediziner in der Regel in einem Praktikum lernen, in dem sie Frösche sezieren und entsprechende Aktivationsableitungen vornehmen. Dagegen hat sich immer wieder viel Protest geregt. Mit dem Simulationsprogramm SimNerv haben nun die Studenten die Möglichkeit, alle Phasen des entsprechenden Praktikums am Computer zu durchlaufen, so daß in Zukunft auf Tierversuche verzichtet werden kann. Der Beitrag von Bob lag aus organisatorischen Gründen zur Drucklegung des Tagungsbandes noch nicht vor, wird aber einschließlich Systemdemonstration auf der kurz nach dem Kongreß erscheinenden CD-ROM zu finden sein.

- In dem Referat von *Gudrun Häfele* und *Ulrich Glowalla* (Universität Gießen) wird das Lernen mit dem Hypermedia-System MEM vorgestellt. Eingebettet in traditionelle Bildungsangebote wird der Lehrstoff zur Gedächtnispsychologie interaktiv und multimedial am Computer im Lernlabor erworben. Eine Besonderheit des Projektes besteht in der lehrbegleitenden Evaluationsforschung, die es gestattet, die Qualität der eingesetzten Lehrmittel kontinuierlich zu verbessern.

- In dem Referat von *Horst Kramer* (a.i.m.) wird das einzige betriebliche Ausbildungsprojekt dieses Workshops vorgestellt. Es handelt sich um CBT-Programme für die metalltechnische Ausbildung, die a.i.m. in Kooperation mit der Mercedes Benz AG entwickelt. Diese Programme kommen in Ausbildungsbetrieben, Berufsschulen und Berufsförderungswerken zum Einsatz. Horst Kramer wird in seinem Referat neben den Programmen selbst auch die Ergebnisse von Untersuchungen vorstellen, die zur Einführung der Lernprogramme durchgeführt wurden.

Bereits im Vorfeld möchte ich allen Vortragenden und beitragenden Autoren für ihre Bereitschaft zur aktiven Teilnahme an dem Workshop danken. Gemeinsam mit Sigrid Lesch, Eric Schoop und Rudolf Schlosser freue ich mich schon heute auf die Diskussion der Referate und ihrer Implikationen für die weitere Entwicklung.

Literatur

Bache, J. (1994). Einsatz elektronischer Medien in der beruflichen Weiterbildung am Beispiel von Telekom Funline. *Im vorliegenden Band.*

Bob, A. (1994). Stellenwert elektronischer Simulationsprogramme in der Lehre am Beispiel von SimNerv. *Im vorliegenden Band.*

Eitel, F., Kuprion, J., Prenzel, M., Bräth, A., Schweiberer, L., & Mandl, H. (1992). Interaktives, rechnergestütztes Lernprogramm "Bauchschmerz": Entwicklung - Implementierung - Evaluation. In U. Glowalla & E. Schoop (Hrsg.), *Hypertext und Multimedia. Neue Wege in der computerunterstützten Aus- und Weiterbildung* (S. 216-229). Heidelberg: Springer-Verlag.

Feldmann, P. (1974). *Lerntraining*. München: Heyne.

Glowalla, U., Hasebrook, J., Fezzardi, G., & Häfele, G. (1993). The hypermedia system MEM and its application in evaluating learning and relearning in higher education. In G. Strube & K.F. Wender (Eds.), *The cognitive psychology of knowledge* (pp. 367-385). Amsterdam: Elsevier Science Publishers.

Glowalla, U., & Schoop, E. (1992). Entwicklung und Evaluation computerunterstützter Lehrsysteme. In U. Glowalla & E. Schoop (Hrsg.), *Hypertext und Multimedia. Neue Wege in der computerunterstützten Aus- und Weiterbildung* (S. 21-36). Heidelberg: Springer-Verlag.

Gräsel, C,. Mandl, H., & Prenzel, M. (1992). Die Förderung diagnostischen Denkens durch fallbasierte Computerlernprogramme in der Medizin. In U. Glowalla & E. Schoop (Hrsg.), *Hypertext und Multimedia. Neue Wege in der computerunterstützten Aus- und Weiterbildung* (S. 323-331). Heidelberg: Springer-Verlag.

Häfele, G., & Glowalla, U. (1994). Lernen mit dem Hypermedia-System MEM am Beispiel der Gedächtnispsychologie. *Im vorliegenden Band.*

Hundt, R. (1992). CBT am Lernort Betrieb am Beispiel der Deutschen Bundespost POSTDIENST. In U. Glowalla & E. Schoop (Hrsg.), *Hypertext und Multimedia. Neue Wege in der computerunterstützten Aus- und Weiterbildung* (S. 191-195). Heidelberg: Springer-Verlag.

Kobal, G., & Kobal, S. (1994). Multimediale Ausbildung in der Medizin am Beispiel der Pharmakologie. *Im vorliegenden Band*.

Kramer, H. (1994). Multimedia in der metalltechnischen Ausbildung - Bericht und Demonstration eines Konzepts zum Einsatz von videogestützten CBT-Programmen. *Im vorliegenden Band*.

Michels, R. (1994). RightPages - Bibliothek auf dem Schreibtisch. *Im vorliegenden Band*.

Pohl, C., & Sonntag, R. (1992). Neue Wege in der betriebswirtschaftlichen Ausbildung - Die HERMES-CD - Das Hypermedia-Informationssystem. In K. Dette, D. Haupt & C. Polze (Hrsg.), *Multimedia und Computeranwendungen in der Lehre* (S. 73-78).

Sauerbrey, J., & Schaller, H. N. (1992). Konzeption, Entwicklung und Einsatz eines computerunterstützten Simulationssystems für die Ausbildung zum Thema "Cachespeicher" - Ein Erfahrungsbericht. In U. Glowalla & E. Schoop (Hrsg.), *Hypertext und Multimedia. Neue Wege in der computerunterstützten Aus- und Weiterbildung* (S.170-176). Heidelberg: Springer-Verlag.

Schoop, E. (1992). Benutzernavigation im Hypermedia Lehr-/Lernsystem HERMES. In U. Glowalla & E. Schoop (Hrsg.), *Hypertext und Multimedia. Neue Wege in der computerunterstützten Aus- und Weiterbildung* (S. 149-166). Heidelberg: Springer-Verlag.

Thome, R. (1991). Hypermedia als Basis für Selbstlernsysteme, S. 20-23. *technologie und management 2/91*.

Multimediale Ausbildung in der Medizin am Beispiel der Pharmakologie

Gerd Kobal[1] und Saskia Kobal[2]

[1] Institut für Experimentelle und Klinische Pharmakologie und Toxikologie der Universität Erlangen-Nürnberg Krankenhausstr. 9, 91054 Erlangen
[2] CoBaL Computer Based Learning, Marquardsenstr. 9, 91054 Erlangen
Springer-Verlag, Heidelberg

Zusammenfassung:

Elektronische Lehrbücher stehen am Anfang ihrer Geschichte. Ihr Vorteil besteht in der möglichen Verbindung vieler medialer Kanäle zur Erhöhung der Anschaulichkeit des vermittelten Materials und damit der Lerngeschwindigkeit. Ihr Nachteil liegt in der Notwendigkeit, zur Zeit noch mehr oder weniger unhandliche Geräte, z.B. einen einen Computer oder ein CDI-Spieler benutzen zu müssen. In der Medizin bieten vor allem die multimedialen Ansätze nicht gekannte Möglichkeiten. Bilder, Filme, Tondokumente und Simulationen können den lesbaren oder gesprochenen Text begleiten, so daß auf dem Schreibtisch eine Dichte und Intensität der Informationsvermittlung entsteht, die nur die klassische Experimentalvorlesung oder ein gut geführtes Praktikum überbieten können. Am Beispiel eines Kapitels aus der Pharmakologie wird ein System vorgestellt, das versucht, die heutigen Möglichkeiten multimedialen Lernens am Computer auszuloten.

Computergestütztes Lernen ist an den medizinischen Fakultäten der Bundesrepublik noch eine Seltenheit. Der Grund dafür liegt auf der Hand: Es fehlen die geeigneten Konzepte, Ideen und Programme. Die verfügbaren Rechner sind leistungsfähig, es gibt genügend Möglichkeiten, menschenfreundliche Oberflächen zu gestalten, aber kaum einer ist da, der diese günstigen Voraussetzungen nutzt.

Die sich auftürmenden Schwierigkeiten sind unübersehbar. An erster Stelle steht wohl das Problem, das der willige Mediziner nicht programmieren kann und der kreative Programmierer nichts von der Medizin versteht. Auch wenn beide sich zusammen tun, ist das Problem noch nicht gelöst, denn es fehlt immer noch der Graphiker, der am Computer arbeiten kann und dem die graphische Umsetzung der medizinischen Anliegen gelingt. Akzeptable Produkte wird also nur ein mindestens 2-3 köpfiges Team hervorbringen können. Eine solche personelle Konfiguration (Arzt, Programmierer, Graphiker) ist an medizinischen Hochschulinstituten praktisch nirgendwo vorhanden, und es ist daher auch nicht verwunderlich, daß es so wenig Eigenentwicklungen aus den deutschen Universitäten gibt.

Das nächste Problem liegt in der Überwindung eingeschliffener Kulturtechniken. Lernprogramme werden häufig mit Büchern verglichen oder gar als Gefahr für das Weiterbestehen des Buches gesehen. Dabei sollen Lernsysteme am Computer Bücher nicht ersetzen, sondern ergänzen, indem sie ihre multimediale Potenz ausnützen.

Schließlich sieht sich der potentielle Entwickler einem Dschungel an Hard- und Software gegenüber. Selbst Kenner der Computerszene wagen kaum Voraussagen, was im nächsten Jahr auf die Benutzer zukommen wird. Lernprogramme entstehen nicht über nacht, daher muß die Auswahl des Entwicklungsystems sorgfältig bedacht sein. Neben rationalen Argumenten für das eine oder andere System gibt es noch verschiedene "Glaubensrichtungen", z.B. zwischen Macintosh, Windows, OS/2 oder NextStep. Für einen Aspekt gibt es allerdings keinen Verhandlungsspielraum: Bei der Rechenleistung und der Graphikhardware dürfen gewisse minimale Grenzen nicht unterschritten werden. Denn ein schlechtes System bleibt schlecht, auch wenn es billig ist. Hardwarevoraussetzungen sind heute ein farbfähiges Graphiksystem und eine ausreichende Arbeitsspeichergröße, die z.B. die Darstellung eines Bildes mit 256 Farben auf einem 13 Zoll Monitor erlaubt und immer noch genügend Platz für das Programm und ein modernes Betriebssystem hat. Nicht vergessen werden darf die Kapazität des Massenspeichers, denn Lernprogramme sind groß (hier hilft die CD-ROM die Probleme überwinden).

Die Entwicklung von Lernprogrammen hat begonnen. Das meiste kommt aus den USA. Die meisten guten Programme in der Medizin behandeln zur Zeit anatomische und chirurgische Themen - wohl nicht zuletzt wegen der ausgeprägten Bildhaftigkeit beider Gebiete. Zu anderen Gebieten, z.B. Pharmakologie, Mikrobiologie etc. gibt es fast nichts. Aus diesem Mangel heraus entstand in Erlangen der Plan, das Gebiet der Pharmakologie (Lehre von den Arzneimitteln) in Form von Lernprogrammen aufzuarbeiten und dabei gleich den Einsatz von Simulationen und computergesteuerten Experimenten einzuplanen. Am Beispiel des jüngst fertiggestellten Programms zur Parkinsonschen Krankheit ("Schüttellähmung", ein Nervenleiden, das durch Störungen der Körperbewegungen gekennzeichnet ist) soll im folgenden erläutert werden, wie solche Programme aufgebaut sind und was sie zu leisten vermögen.

Eine grundsätzliche Überlegung gilt dabei folgendem wichtigen Aspekt: Wie frei darf der Student den Ablauf des Lernens und Bearbeitens der einzelnen Programmteile selbst bestimmen. Es wäre sehr schlecht, wenn ein Lernprogramm nicht wenigstens die gleichen Freiheiten gewährleisten könnte, die ein Buch selbstverständlich bietet. Der Student muß also zumindest, ähnlich wie in einem Buch, beliebig herumblättern und die gesuchte Information möglichst schnell erreichen können. Bereits hier wird der Vorteil deutlich, den ein Computer bietet. Schnelles Durchsuchen großer Datenmengen ist seine spezifische Leistungsstärke. Wenig Akzeptanz fanden ältere Systeme, bei denen der Student im Stoff erst dann weitermachen durfte, nachdem er bestimmte Aufgaben erledigt, oder bestimmte Teile des Programms durchgearbeitet hatte. Ein solches System verliert sehr schnell an Attraktivität und zwingt dazu, immer wieder ermüdende und überflüssige Wege zu wiederholen.

Obwohl sogenannte Autorensysteme (z.B. Authorware) dem Programmierer viel Bequemlichkeit bieten, hat sich nach langen, frustrationsreichen Erprobungszeiten bei den meisten zur Zeit aktiven Autoren das Hypertextsystem durchgesetzt (Programmierumgebung am Macintosh z.B. HyperCard oder SuperCard, am IBM-kompatiblen Rechner z.B. Toolbook). Was ist darunter im konkreten Anwendungsbeispiel zu verstehen? Auf dem Bildschirm erscheint irgendein Text mit Erläuterungen zu einem Phänomen. Sollte dem Studenten ein darin verwendeter

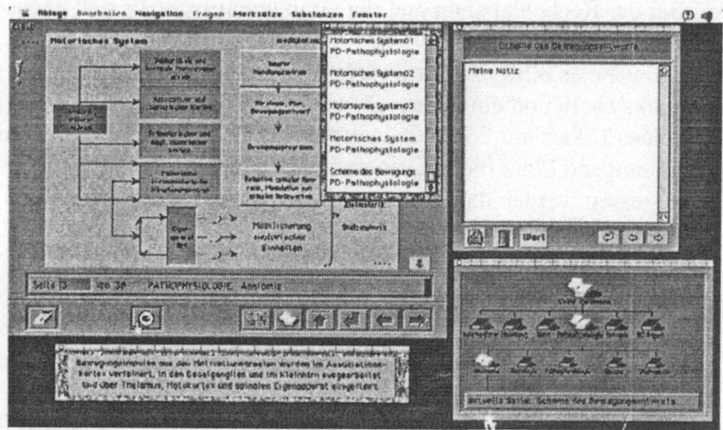

Ansicht einer Kapitelseite des Programms Parkinson. Zu sehen ist zudem das Merksatzfenster, die Programmstruktur, der rote Faden und das benutzereigene Notizbuch.

Begriff nicht klar sein, kann er ihn mit der Maus anklicken und das Programm sucht nach anderen Stellen, die noch weitere Informationen zu diesen Begriff geben. Es gibt in dem Lernprogramm Parkinson mehrere Möglichkeiten, unmittelbar auf andere Informationen zuzugreifen:

1. *Hot Words:* Der Begriff ist farblich vom restlichen Text abgegrenzt. Anklicken führt dazu, daß eine Stelle aufgesucht wird, an der der Begriff umfassend erläutert wird. Umfassend heißt, daß nicht nur Text, sondern auch Graphiken etc. (siehe unten) eingearbeitet sind.

2. *Generelle Suchfunktion:* Man möchte über einen Begriff genauer informiert werden, ohne daß dieser Begriff oder das Phänomen tatsächlich im aktuell am Bildschirm dargestellten Text vorkommt. Über ein Eingabefenster kann jeder beliebige Begriff oder jedes beliebige Phänomen eingeben werden. Das Programm sucht anschließend die Stelle, an der der Begriff oder das Phänomen umfassend erläutert wird. Dabei kann man zwischen verschiedenen Suchmodi auswählen. Einmal beschränkt man die Suche auf Stichwörter, über die im obengenannten Sinne ausführlich berichtet wird. Zum anderen kann man in einem Indexregister oder in einem Thesaurus nach Begriffen suchen, von denen man noch keine allzu genaue Vorstellung hat. Schließlich könnte man auch einfach wie in einem Textverarbeitungsprogramm eine Freitextsuche machen wollen, weil man die Stellen des Lernprogramms aufsuchen möchte, an denen das Wort vorkommt, also in welchem Zusammenhang es erwähnt wird. Auf diese Weise könnte man z.B. herausfinden, ob Kopfschmerzen bei der Parkinsonschen Erkrankung vorkommen und in welchem Zusammenhang das der Fall ist.

Sogenannte Navigationsknöpfe sind weitere Grundelemente von Lernprogrammen. Sie erlauben es z.B., eine Seite weiter zu blättern, d.h. auf den nächsten Bildschirminhalt umzuschalten. Durch diese Funktion kann das ganze Lernprogramm kontinuierlich Seite für Seite durchgearbeitet werden. Sollte man durch das oben beschriebene Suchen den Pfad des linearen Arbeitens verlassen haben, gibt es einen "Rückkehr"-Knopf, der den Studenten an den Punkt zurückbringt, an dem er den geradlinigen Lauf des Programms verlassen hat. Andere Knöpfe bringen ihn auf die erste, auf die letzte oder auf die vorhergehende Seite. Ein weiterer Knopf gewährt den Zugriff auf Hilfestellungen und Erläuterungen zur Struktur des Programms, wieder ein anderer führt in ein Verzeichnis aller bisher gelesenen Seiten, so daß man sich auch an seinem eigenen Lernweg rückorientieren kann.

Es steht also ein lineares Lernsystem zur Verfügung, das der Lernende selbst an beliebiger Stelle in ein frei assoziatives System umwandeln kann. Die vorhandenen Informationen sind dabei entweder frei oder aber in einer vom Autor empfohlenen Art und Weise (siehe Hot Words) verknüpfbar. Diese assoziative Informationsverknüpfung entspricht nach allgemeiner Ansicht eher dem natürlichen Lern-, bzw. Problemlösungsverhalten eines Menschen als ein rein lineares System, bei dem ein vorgefertigter Schritt dem anderen folgt. Darüber hinaus ist ein solches Hypertextsystem eine Datenbank, die es erlaubt, ohne starr strukturierte Datensätze und Definitionen bestimmter Felder auszukommen.

Was ist nun unter der bereits erwähnten "umfassenden" Erläuterung zu verstehen? Im Lernprogramm Parkinson bedeutet das, daß die Lerninhalte nicht auf die engen Fachgrenzen beschränkt sind. Zusätzlich zu den pharmakologischen, sind auch anatomische, physiologische, pathophysiologische und klinischen Daten eingearbeitet. Je nach Anforderung können das Texte, Zeichnungen, Photos, Röntgenbilder, Film- oder Tondokumente sein. Trägt eine Zeichnung Beschriftungen, sind durch ihr Anklicken weitere Informationen zugänglich. Im Falle einer anatomischen Abbildung wäre das eine noch detailliertere Graphik, ein histologisches Bild oder die Definition eines Begriffs. Im Falle der Beschreibung des Symptoms Tremor (Zittern) wird zunächst ein erklärender Text angeboten, dann können im Rechner gespeicherte kleine Videofilme (QuickTime) in einem Fenster beliebig oft angeschaut werden, in denen charakteristische Situationen dargestellt sind (z.B. "Pillendrehen"). Im Falle des Symptoms Sprachstörungen werden diese nicht nur beschrieben, sondern man kann sich durch Anklicken eines entsprechenden Knopfes das Interview eines Neurologen mit einem Parkinsonpatienten anhören und dabei die Sprachveränderungen selbst wahrnehmen und beurteilen. Alle klinischen Symptome werden auf diese Weise, unter Einbeziehung vieler medialer Wege - multimedial - dargestellt. Die pharmakologisch therapeutischen Möglichkeiten werden ebenfalls anschaulich vermittelt. Neben Informationen zu allen gebräuchlichen Antiparkinsonmitteln, werden schwer verständliche Vorgänge, wie z.B. die Verteilung von L-Dopa im Organismus (nur 1-3% einer Dosis erreicht das Gehirn) in Form von Trickfilmsequenzen veranschaulicht. Möchte man auf weitere Informationen über Medikamente zugreifen, gibt es eine direkte Anbindung an eine pharmakologische Datenbank - programmiert mit 4th Dimension - , bei der die üblichen logischen Suchausdrücke verwendet werden können (z.B. Antiparkinsonmittel *und* Kopfschmerz *und nicht* Ergotalkaloid). Ein wichtiger Aspekt eines Lernprogrammes ist natürlich, daß man interaktiv seinen Wissensstand überprüfen kann. Daher ist in das Programm eine Multiple-Choice Fragensammlung eingebaut, bei der die Antworten des Studenten kommentiert werden. Der Lernerfolg wird in Prozent richtig gelöster Aufgaben fortlaufend berechnet.

Das multimediale Lernprogramm "Parkinson" bietet dem Mediziner insofern mehr, als eines der üblichen Lehrbücher, weil es eindeutig die Fachgrenzen überschreitet. Schließlich geht es über das hinaus, was ein gedrucktes Buch überhaupt vermitteln kann, indem es Tonaufnahmen und bewegte Bilder (Videofilme und Trickfilme) einbezieht. Durch die Hypertext-Datenbankfunktion, sowie durch die Einbeziehung regulärer Datenbanken wird darüber hinaus die Grenze eines reinen Lernsystems überschritten. Es ist denkbar, daß ein solches stets aktuelles und stets verbesserbares System auch dem Therapeuten eine wertvolle Hilfe sein kann, einmal, um sich gegebenenfalls über grundlegende Wirk- oder Pathomechanismen zu informieren, zum anderen, um wichtige Detailinformationen zur Therapie zu erhalten.

Lernprogramme schlagen neue Wege der Wissensvermittlung ein, die aber keineswegs vom Buch oder gesprochenen Wort des akademischen Lehrers wegführen wollen. Durch die Integration vieler medialer Informationskanäle ist über das Ansprechen mehrerer Sinneskanäle eine Erhöhung der Redundanz möglich, ohne dabei den Lernenden durch Wiederholungen zu langweilen. Eher wird ein spielerisches Element in den Lernvorgang eingebracht. Intuitive Oberflächen und die Einbeziehung von Film- und Tondokumenten verändern das Bild des kalten und auf manche Menschen abstoßend und bedrohlich wirkende "Phänomens Computer". Das aktive Gestalten des Lernvorganges und das Gefühl, ein sachlich umfangreiches Informationssystem zur Verfügung zu haben, kann das Interesse an einer Thematik länger erhalten und zu einem "immer-wieder"-Benutzen anregen.

Literatur:

1. Kobal G, Lasek R, Brune K (1988) Computerized drug information system. Naunyn-Schmiedeberg's Arch Pharmacol 337 (Suppl): R110
2. Kobal G, Hummel T, Geisslinger G (1990) Teaching pharmacology with drug information systems combined with simulation models on personal computers. Naunyn-Schmiedeberg's Arch Pharmacol 341 (Suppl): R114

Lernen mit dem Hypermedia-System MEM am Beispiel der Gedächtnispsychologie

Gudrun Häfele und Ulrich Glowalla

FB Psychologie, Univ. Gießen, Otto-Behaghel-Str. 10/F, 35394 Gießen
Tel. 0641/702-5403; Fax: 0641/702-3811
{haefele, glowalla} @psychol.uni-giessen.d400.de

Als Lehrender an der Universität steht man vor zwei großen Problemen: Die Innovationszyklen des Wissens verkürzen sich ständig, so daß Wissenschaftler heute sehr umfangreiche Informationsmengen sichten und aufarbeiten müssen, um in ihrem jeweiligen Fachgebiet auf dem Laufenden zu bleiben. Das zweite Problem ergibt sich aus der totalen Überlastung der Universitäten: Auf einen Studienplatz kommen heute mehr als zwei Studenten. Das hat zur Folge, daß die traditionellen Lehrveranstaltungen überfüllt sind, wodurch eine erfolgreiche Wissensvermittlung erheblich erschwert oder gar unmöglich wird.

Wie der Einsatz moderner Informationstechnologie dazu beitragen kann, das Aufarbeiten großer Informationsmengen zu erleichtern, wird in dem Workshop Multimedia-Publishing in den Beiträgen von Michels und Glowalla behandelt. In diesem Beitrag soll aufgezeigt werden, wie durch den konsequenten Einsatz moderner Informationstechnologie trotz gestiegener Studentenzahlen eine effiziente Wissensvermittlung gewährleistet werden kann.

Ein Lernsystem, das in der universitären Ausbildung eingesetzt werden soll, muß einerseits einfach zu bedienen sein, so daß auch Studienanfänger ohne Computererfahrung dieses Lernsystem nutzen können. Andererseits muß der Kursinhalt jederzeit ohne großen Aufwand an den neuesten Erkenntnisstand angepaßt werden können. Das in der Forschungsgruppe "Elektronische Lern- und Informationssysteme" an der Universität Gießen entwickelte Hypermedia-System MEM erfüllt beide Forderungen: Kurserstellung und Überarbeitung der Kursinhalte sind jederzeit ohne großen Aufwand möglich (Glowalla, Hasebrook & Häfele, 1993).

1 Lernen mit dem Hypermedia-System MEM

Das Hypermedia-System MEM läuft auf ATARI - Computern unter den Betriebssystemen TOS und MultiTOS. Im folgenden möchten wir einen kurzen Überblick über das Lernermodul von MEM geben. MEM bietet die Funktionalität eines guten Lehrbuches: das Inhaltsverzeichnis dient als Orientierungs- und Navigationshilfe: Ausgehend vom Inhaltsverzeichnis kann man zu den Textstellen und Abbildungen des Lehrtextes gelangen. Jederzeit ist ein Glossar verfügbar, das neben Begriffserläuterungen auch Verweise auf verwandte Begriffe oder relevante Textstellen enthält, zu denen man direkt aus dem Glossar gelangen kann. Auch kann man beliebige Textstellen markieren und sich Notizen zum Text machen. MEM bietet darüber hinaus Funktionen, die in einem Lehrbuch nicht oder nur mit viel Aufwand zu realisieren sind: beispielsweise die Eingabe von Suchwörtern, das Einspielen von Ton oder animierten Bildsequenzen. MEM ist trotzdem einfach zu bedienen: Computerlaien lernen den Umgang mit MEM in etwa einer halben Stunde. Neben den Möglichkeiten, die ein gutes Lehrbuch eröffnet, bietet MEM also unterschiedliche Zusatzinformationen und verschiedene Navigationsmöglichkeiten, die es dem Lernenden erlauben, schnell bestimmte Informationen zu finden und zu bearbeiten.

Außerdem kann ein Student seinen Wissensstand jederzeit überprüfen und auftretende Wissenslücken schließen. Gerade beim Selbststudium sind Studenten oft überfordert, wenn sie entscheiden sollen, ob sie das relevante Wissen erworben haben oder noch gravierende Wissensdefizite bestehen. Deshalb sollte ein Lernsystem möglichst eine Diagnosekomponente enthalten. MEM bietet unterschiedliche Formen der Wissensdiagnose an: Der Lernende kann Multiple-Choice-Aufgaben oder JA-NEIN-Aufgaben bearbeiten und dazu verschiedene Arten von Rückmeldungen bekommen. So kann er sich beispielsweise die richtige Antwort oder die aufgabenrelevante Textstelle zeigen lassen. Dem Lernenden kann auch beliebig viel Zusatzinformation zu einer Aufgabe angeboten werden. Während er diese Informationen bearbeitet, kann er sich stets die jeweilige Aufgabe zeigen lassen. Auch Aufgaben mit offenen Antworten sind verfügbar. So kann der Lernende Lückentexte bearbeiten oder offene Fragen beantworten und seine eigenen Antworten gegebenenfalls später korrigieren. Diese Möglichkeiten erlauben dem Lernenden zu prüfen, ob er das relevante Wissen erworben hat und bieten ihm gleichzeitig die Möglichkeit, Wissenslücken gezielt zu schließen.

Das Lernen mit dem Hypermedia-System MEM ist in unsere traditionellen Lehrangebote eingebettet. Statt in die Vorlesung zu gehen, kommen die Studenten in unser Lernlabor und bearbeiten einen Teil des Lehrstoffes am Computer, und zwar eine Einführung in die Gedächtnispsychologie (Glowalla, Rinck, Häfele, Fezzardi & Hasebrook, 1993). Am Ende und gegebenenfalls auch während eines Kurses werden umfangreiche Wissensdiagnosen durchgeführt. Diese Diagnosen erfüllen zwei Aufgaben. Einerseits dienen sie den Studenten als Rückmeldung über ihren Wissensstand, andererseits können wir an Hand der Leistungen in der Wissensdiagnose die Effizienz unterschiedlicher Formen der Informationsdarstellung untersuchen, zum Beispiel den Einsatz audiovisueller Medien. Das Hypermedia-System MEM dient also nicht nur als Lernsystem, sondern auch als Forschungswerkzeug.

2 Forschen mit dem Hypermedia-System MEM

Als Kognitions- und Instruktionspsychologen beschäftigen wir uns mit der Frage, wie Menschen Informationen verarbeiten und in ihrem Gedächtnis speichern. Um den Lernprozeß möglichst genau zu erfassen, protokolliert MEM alle Benutzeraktionen und Bearbeitungszeiten während des Studierens und in der Wissensdiagnose in einem Sitzungsprotokoll, ohne daß der Lernende dadurch beeinträchtigt wird. Aus diesen Daten wird beispielsweise ersichtlich, wie lange ein Lernender bestimmte Informationen bearbeitet und welche Lehrinhalte er in welcher Reihenfolge studiert hat. Diese Protokolle bilden die Basis unserer umfangreichen Evaluationsforschung.

2.1 Umfang der bisherigen Forschung

Im Rahmen unserer Lehr- und Forschungstätigkeit war das Hypermedia-System MEM etwa 15.000 Betriebsstunden im Einsatz. Über 1000 Studenten nahmen an diesen Kursen teil. In unserem Lernlabor mit 10 Computerstationen wurden bisher 15 Kurse durchgeführt. 9 Kurse waren die bereits erwähnten Lernkurse. In den Kursen wurden unterschiedliche Fragestellungen untersucht: So interessierte uns die Effektivität verschiedener Studiertechniken, die Auswirkung unterschiedlicher Arten von Zusammenfassungen und Struktogrammen sowie die Wirkung verschiedener Medien (vgl. Glowalla, Rinck & Fezzardi, 1993; Glowalla, Rinck & Häfele, 1994).

Doch nicht nur der Erwerb neuen Wissens ist ein zentrales Element des Studierens. Gerade auch das Auffrischen zuvor erworbenen Wissens ist ein wesentlicher Bestandteil eines wissenschaftlichen Studiums wie der beruflichen Weiterbildung. Da wir immer mehr Informationen sichten und aufarbeiten müssen, wird es immer wichtiger, Techniken zu entwikkeln, die es erlauben, zuvor erarbeitetes Wissen aufzufrischen. Wie dies möglichst effizient geschehen kann, haben wir in 6 eintägigen Wiederlernkursen untersucht (vgl. Glowalla, Hasebrook, Häfele, Fezzardi & Rinck, 1992; Glowalla, Häfele, Hasebrook, Rinck & Fezzardi, 1992). Im folgenden wollen wir exemplarisch einige Ergebnisse aus einer aktuellen Wiederlernuntersuchung vorstellen.

2.2 Vier Wiederlerntechniken im Vergleich

In dieser Untersuchung wurde die Effizienz von vier verschiedenen Wiederlerntechniken überprüft. Der Kurs begann mit einer Wissensdiagnose. Anschließend konnten die Studenten dann den Lehrstoff mit den unterschiedlichen Techniken wiederlernen. Pro Kapitel erprobten sie jeweils eine Wiederlerntechnik. Am Ende des Kurses wurde erneut der Wissensstand der Studenten diagnostiziert.

Die folgenden Wiederlerntechniken wurden von den Studenten erprobt: Beim traditionellen Wiederlernen studierten die Studenten zunächst ein Kapitel des Lehrtextes und bearbeiteten anschließend Aufgaben dazu. In den drei anderen Wiederlerntechniken erhielten die Studenten sofort die erste Aufgabe und konnten sie entweder bearbeiten oder zuvor im jeweiligen Kapitel die zur Bearbeitung der Aufgabe relevante Information studieren. So wurden nacheinander alle Aufgaben zu einem Kapitel vorgegeben. Variiert wurde, wie sehr die Lernenden bei der Suche nach der aufgabenrelevanten Information unterstützt wurden und wieviel Information sie zu jeder Aufgabe studieren konnten. Beim informationssichtenden Wiederlernen sollten die Studenten die zur Bearbeitung der Aufgabe notwendigen Informationen im Hypertext selbständig suchen. Beim Wiederlernen mit Lernkarten erhielten die Studenten als Zusatzinformation zur Bearbeitung einer Aufgabe jeweils nur den Textabschnitt, in dem der relevante Sachverhalt erläutert wurde. Beim Wiederlernen mit Lernkarten und Zusatzinformationen erhielten die Studenten zu jeder Aufgabe die entsprechende Lernkarte, hatten dann jedoch die Möglichkeit, sich im Hypertext weitere Informationen zu beschaffen.

Mit allen vier Wiederlerntechniken gelang es den Studenten, ihren Wissensstand erheblich zu verbessern. Rund 65 % der Wissenslücken konnten mit allen Techniken erfolgreich geschlossen werden. Hinsichtlich des Leistungsniveaus gab es somit keinen nennenswerten Unterschied zwischen den vier Wiederlerntechniken. Aber nicht nur die erzielten Leistungen, auch die Studierzeiten müssen bei der vergleichenden Bewertung der einzelnen Techniken berücksichtigt werden. Während das traditionelle Wiederlernen für insgesamt vier Kapitel durchschnittlich 84 Minuten dauerte, beanspruchte das informationssichtende Wiederlernen schon etwas weniger Zeit (71 Minuten). Signifikant schneller lernten die Studenten mittels Lernkarten (58 Minuten) oder Lernkarten und Zusatzinformation (61 Minuten). Gemessen an dem Leistungsstand und dem Arbeitsaufwand können demnach die beiden Wiederlerntechniken mit Lernkarten empfohlen werden. Dies deckt sich mit der Bewertung der Studenten. Die Studenten sollten angeben, wie gut ihnen die jeweilige Wiederlerntechnik gefallen hat und wie effektiv sie die jeweilige Methode im Vergleich zum Lernen mit einem Lehrbuch fanden. Bei beiden Beurteilungen schnitten die Wiederlerntechniken mit Lernkarten deutlich besser ab als die anderen Methoden (vgl. Tabelle 1).

Tabelle 1 Beurteilung der Wiederlerntechniken

	Wiederlerntechniken			
	traditionell	informations-sichtend	Lernkarten	Lernkarten + Zusatzinfo
gut gefallen				
Note 1-2	12%	17%	63%	68%
Note 3-4	42%	51%	29%	24%
effektiver				
Note 1-2	20%	12%	71%	59%
Note 3-4	49%	59%	22%	39%

Beurteilung der Wiederlerntechniken durch die Studenten: Die Studenten sollten analog zu Schulnoten angeben, wie gut ihnen die jeweilige Wiederlerntechnik gefallen hat und wie effektiv sie ihnen im Vergleich zu dem Wiederlernen mit einem Lehrbuch erschien

Das Fazit aus dieser Wiederlernuntersuchung lautet also, daß die beiden Wiederlerntechniken mit Lernkarten zu empfehlen sind. Die Studenten lernten schneller als mit den anderen Techniken und sie beurteilten diese Formen des Wiederlernens sehr positiv. Es ist darüber hinaus erfreulich, daß die Studenten das Wiederlernen mit Lernkarten am Computer effektiver fanden als das Wiederholen des Lehrstoffes mit Hilfe eines Lehrbuches. Diese Ergebnisse stützen unsere Auffassung, daß computerunterstütztes Lernen zumindest als Ergänzung des traditionellen Lehrangebotes für das Universitätsstudium zu empfehlen ist.

3 Einsatzperspektiven in Lehre und Forschung

In den bisher von uns durchgeführten Untersuchungen lernten die Studenten jeweils an isolierten Computerstationen. In Zukunft werden unsere Studenten jedoch auch an vernetzten Arbeitsplätzen studieren können. Neue Formen des kooperativen Lernens können so erprobt werden. Auch hier muß wieder empirisch überprüft werden, welche Formen der Interaktion im Netz zu einer Verbesserung der Lernresultate führen.

Literatur

Glowalla, U., Häfele, G., Hasebrook, J., Rinck, M., & Fezzardi, G. (1992). Das Wiederlernen von Wissen. In U. Glowalla & E. Schoop (Hrsg.), *Hypertext und Multimedia. Neue Wege in der computerunterstützten Aus- und Weiterbildung* (S. 332-351). Heidelberg: Springer-Verlag.

Glowalla, U., Häfele. G., & Rinck, M. (1994, im Druck). Das Stellen und Beantworten von Verständnisfragen. *Zeitschrift für Pädagogische Psychologie.*

Glowalla, U., Hasebrook, J., Fezzardi, G., & Häfele, G. (1993). The Hypermedia System MEM and its application in evaluating learning and relearning in higher education. In G. Strube & K.F. Wender (Eds.), *The cognitive psychology of knowledge* (pp. 367-385). Amsterdam: Elsevier Science Publishers.

Glowalla, U., Hasebrook, J., & .Häfele, G. (1993). Implementation und Evaluation computerunterstützter Aus- und Weiterbildung mit dem Hypermedia-System MEM. In H.P. Frei & P. Schäuble (Hrsg.), *Hypermedia '93* (S. 195-207). Heidelberg: Springer-Verlag.

Glowalla, U., Hasebrook, J., Häfele, G., Fezzardi, G., & Rinck, M. (1992). Das gezielte Wiederlernen von Wissen mit Hilfe des Hypermedia-Systems MEM. In R. Cordes & N. Streitz (Hrsg.), *Hypertext und Hypermedia '92. Konzepte und Anwendungen auf dem Weg in die Praxis* (S. 45-61). Heidelberg: Springer-Verlag.

Glowalla, U., Rinck, M., & Fezzardi, G. (1993). Die Integration von Wissen über ein Sachgebiet. *Zeitschrift für Pädagogische Psychologie, 7(1)*, 11-24.

Glowalla, U., Rinck, M., Häfele, G., Fezzardi, G., & Hasebrook, J. (1993). *Einführung in die Gedächtnispsychologie*, 5. Aufl.. Gießen: Selbstverlag.

Multimedia in der metalltechnischen Ausbildung

Bericht und Demonstration eines Konzepts zum Einsatz videogestützer CBT-Programme

Horst Kramer
a.i.m. GmbH München

1. Problemstellung

Die Diskussion um den Multimedieneinsatz im Rahmen computergestützer Aus-, Fort- und Weiterbildung wird - je nach Interessenslage - unter drei Aspekten geführt:

1.) dem des didaktischen Nutzens
2.) dem der Hardwareplattform und
3.) dem des Marketings

Feldversuche, die sich mit der Effizienz videogestützer CBT-Programme beschäftigen, sind rar (vgl. Fricke, 1991 und Fischer, 1988). Untersuchungen, die die Effizienz grafischer vs videogestützter CBT-Programme, im Bereich der beruflichen Ausbildung behandeln, sind m.W. bisher nicht in Deutschland durchgeführt worden.

Gerade unter der gegenwärtigen wirtschaftlichen Situation stellt sich Anwendern und Herstellern die Frage, ob gegenwärtig in multimediale Programme und Plattformen investiert werden kann: ein Standard hat sich im Bereich digitalen Videos nach wie vor nicht durchgestetzt.

Die a.i.m. GmbH erstellt seit nunmehr drei Jahren in Kooperation mit der Mercedes Benz AG, Gaggenau, CBT-Programme für die metalltechnische Ausbildung zum Einsatz in ausbildenden Betrieben, Berufsschulen, Berfusförderungswerken etc..
Zur Einführung und Einsatz dieser Lernprogramme führte die a.i.m. mehrere Untersuchungen durch (vgl Kramer, 1993, Kramer/Schiel 1992).

Die Fragen nach Effizienz, Marketing und Hardwareplattform multimedialer computergestützter Ausbildungsprogramme blieben aber bisher ungestellt.

2. Beschreibung des Konzeptes

2.1 Lernprogramm mit und ohne Video

Ausbildung vermittelt Grundwissen und Grundfertigkeiten. Der Schwerpunkt aller bisher in der erwähnten Kooperation erstellten CBTs lag auf der Grundwissendarstellung.Wir vermuteten nun, daß Lernprogramme, die Grundfertigkeiten darstellen, im besonderen von der Einbindung von Videos profitieren könnten.
Daher beschlossen wir, ein entsprechendes Lernprogramm zu erstellen, dessen Effizienz wir mittels eines Feldtests abprüfen wollten.Die Frage der Effizienz läßt sich aber nur dann beantworten, wenn ein Vergleichsmedium, eine Kontrollgruppe zur Verfügung steht.Dies konnte im Prinzip nur ein Lernprogramm sein, daß die gleichen Inhalte gleichartig, nur eben ohne Videoanteil vermittelt - also dasselbe Lernprogramm in zwei Ausführungen.

Die Funktion des Videos ist damit festgelegt: es dient der Ergänzung, Verdeutlichung, Verstärkung

2.2 Hardware

Eine der ersten Sorgen eines Herstellers von Softwareprodukten muß der Verbreitung der Hardwareplattform gelten, die seine Software erfordert.
Gegenwärtig gilt:

1.) es gibt keinen Standard digitalen Videos
2.) Betriebe und Schulen haben keine Etats für Hardwareanschaffungen
3.) PCs und VHS-Videoplayer sind hinlänglich in den Betrieben verbreitet
(vgl. Kramer, Mayer, 1992)

Daher ist die Videoimplementation wie folgt konzipiert:

- das Programm kann analoges Video auf der Basis eines Overlayboards (ggw. Screen Maschine) und eines (S)VHS-Players einbinden oder
- es kann digitales Video im Video for Windows und Indeo-Sinne darstellen

"Video" ist eine Option des Programmes. Anwender, die die Plattformvoraussetzungen nicht erfüllen, können das Programm als rein grafische Applikation einsetzen.

3. Feldtest

Im Frühjahr 94 führen wir einen Feldtest durch, der folgende Fragen aufhellen helfen soll:

1.) Wird mit der multimedialen Applikation besser gelernt als mit der rein gra fischen?
2.) Wie ist die Akzeptanz des videogestützen Lernprogramms im Verhältnis zum grafisch gestützten CBT?
3.) Wie ist die Performance-Akzeptanz des analogen Videos? Wie ist die Per formance-Akzeptanz des digitalen Videos?
4.) Gibt es Handhabungsprobleme beim Einsatz des analogen Videos mit PC und Band?

Zur Klärung der Fragen 1-3 bilden wir drei Gruppen aus jeweils ca. 10-15 Auszubildenden:

Gruppe 1 lernt mit dem grafischen CBT (=GCBT)
Gruppe 2 lernt mit dem durch analoges Video gestützten CBT (=ACBT)
Gruppe 3 lernt mit dem durch digitales Video gestützten CBT (=DCBT)

Vor der Gruppenbildung wird ein Test zum Vorwissen und zur PC-Vertrautheit durchgeführt. Die Gruppenbildung erfolgt nach Zufallsprinzip. Die Gruppern lernen in separaten Räumlichkeiten und werden durch je einen Ausbilder und einen Mitarbeiter von a.i.m. betreut bzw. beobachtet.Art und Umfang betreuerischer Tätigkeit z.B. in technischer Hinsicht wird dokumentiert.Die Lernphase wird ca. 2 x 2 Stunden dauern und innerhalb eines Tages durchgeführt.

Am Folgetag werden die Gruppen erneut versammelt.Vormittags findet ein schriftlicher Test zu den Fachinhalten statt.Im Anschluß werden Fragebögen zur Akzeptanz der Programme ausgegeben.Am Nachmittag werden Gruppeninterviews mit den Gruppen und den Ausbildern durchgeführt.

4. Hypothesen

Einige Hypothesen sind:

1.) Wir erwarten keine signifikanten Unterschiede bezüglich des Lernerfolgs.
2.) Die Akzeptanz des ACBTs wird dann höher als das von GCBT und DCBT sein, wenn es keine technischen Handhabungsprobleme gibt.
3.) ACBT entspricht in seiner Handhabung nicht den Anforderungen werk stattnahen Lernens.
4.) Die Motivation der ACBT- und DCBT-Grupppen ist höher

5. Ausblick

Entsprechend der Ergebnisse der Untersuchung werden wir versuchen, weitere didaktische und technische Parameter zu finden, die einen effektiven Einsatz multimedialer Lernprogramme in der metalltechnischen Grundausbildung erlauben.

Die gesammelten Studien zum Einsatz von CBT in der Metalltechnik erscheinen 1994 im Eigendruck.

6. Literaturverzeichnis

Fischer, P.M./Mandl H. u.a. (1988): DFG Projekt Beeinflussung und Förderung des Wissenerwerbs mit audiovisuellen Medien, Tübingen

Fricke , R. (1991), Zur Effektivität computer- und videogestützter Lernprogramme, Bericht 1/91, in: Beiheft 2 zur Zeitschrift Empirische Pädagogik, Landau

Kramer H. (1993): CBT im Dauereinsatz - Bericht einer Befragung bei metalltechnisch ausbildenden Betrieben Sommer/Herbst 1993, Referat zur LearnTec 93, Tagungsband (noch nicht erschienen)

Kramer H./Mayer K.H.: Multimedia - Was deutsche Unternehmen davon halten und damit anfangen, München 1992, Eigendruck

Kramer H./Schiel E. (1993): Einsatz von Computerlernprogrammen in einer mehrmedialen Umgebung bei der Mercedes Benz AG, Gaggenau, Referat zum Multimediakongreß Februar 1993, Tagungsband

Schwarz, H./Kramer, H. (1991) Einsatz von computergestützen Lernporgammen in der betrieblichen Bildung, München, Eigendruck

Workshop
Multimedia Publishing

Frankfurt went electronic? — Übersicht und Bestandsaufnahme

Gerhard Rossbach
Springer-Verlag, Heidelberg
rossbach@spint.compuserve.com

Nicht erst auf der letztjährigen Buchmesse, die dem Thema der Neuen Medien einen eigenen Bereich widmete ("Frankfurt goes electronic!"), wurde deutlich, in welchem Maße neue Formen der Kommunikation und Publikation in der heutigen Medienlandschaft an Bedeutung gewinnen. Elektronisches Publizieren und Multimedia sind durchaus keine Randerscheinungen der Branche, sondern zentrale Themen in der Diskussion um verlegerische Perspektiven und Strategien.

Ich möchte versuchen, in dieser Einführung zum Workshop Multimedia-Publishing zum einen die Situation aufzuzeigen, in der sich viele Verleger heute in bezug auf Multimedia und elektronisches Publizieren befinden. Zum anderen möchte ich kurz darstellen, welche Perspektiven sich aus meiner Sicht abzeichnen.

1. Neue Medien und die Verlage

Obwohl elektronische Verlagsprodukte heute in der Produktpalette der Verlage in der Regel noch keine nennenswerte Rolle spielen, zeichnet sich doch deutlich ab, daß ihre Bedeutung in den nächsten zehn Jahren wesentlich zunehmen wird.

Diese sich abzeichnende Entwicklung wird verstärkt durch mehrere Faktoren:

- die Technologie für den Umgang mit digitalen Informationen (Texten, Bildern, Video, Audio) auf Computern, Breitbandnetzen und auf Geräten der Unterhaltungselektronik hat heute Marktreife erreicht,

- elektronische, multimediale Publikationen bieten für viele Inhalte eine neue Qualität der Darstellung und damit den Verlagen die Möglichkeit, in einem weitgehend gesättigten Markt höherwertige Produkte anzubieten,

- elektronische Publikationen bieten den Verlagen neue Chancen durch Mehrfachverwertung von bestehenden Resourcen ("Substanzen") und durch neue Produktlinien, die auf Informations- und Unterhaltungsgewohnheiten einer neuen Generation zugeschnitten sind,

- und last but not least: der Markt scheint reif für neue Produkte.

Obwohl viele Verleger die Möglichkeiten elektronischer Publikationen erkennen, herrscht doch weitgehend Unsicherheit darüber, wie der Einstieg in dieses neue Geschäftsfeld des Verlages zu geschehen hat.

Diese Unsicherheit gilt zunächst dem Produkt selbst.

Welche Inhalte sind für eine elektronische, multimediale Aufbereitung geeignet? Welchen Zusatznutzen (Zusatzreiz) bietet das elektronische Produkt gegenüber dem traditionellen Papierprodukt und wird dieser Nutzen im Markt erkannt und honoriert?

Wie groß ist der Aufwand (Investition), der sich hinter einer solchen Produktion verbirgt?

Wie groß ist im Markt die Bereitschaft, sich mit einer solchen Produktform auseinanderzusetzen, und wie groß ist die Verbreitung der technischen Ausstattung, die nötig ist, um ein solches Produkt sinnvoll zu benutzen?

Unsicherheit herrscht auch bezüglich der Technologie, die mit den neuen Produktformen auf die Verlage zukommt:

Auf welche Technologie-Plattformen soll man das elektronische Programm aufsetzen? Welche Computer (PC, Mac), welche Betriebssysteme (DOS, Windows, MacOS), welche Medienform (CD-ROM, CD-I, Netze)?

Wie stabil sind diese sogenannten Technologiestandards und wie kann ich meine Investition davor schützen, daß sie durch einen Generationswechsel der Technologie wertlos wird?

Aber auch organisatorische Probleme und Vertriebsfragen tauchen auf, die unmittelbar mit der neuen Produktform in Zusammenhang stehen:

Welche neuen Talente braucht mein Verlag in diesem neuen Geschäftsfeld und wo kann ich sie am wirkungsvollsten einsetzen? Im Lektorat / bei der Programmplanung? Im Marketing? In der Produktion?

In welchen Bereichen kann ich mir das Know/How als Dienstleistung einkaufen und wo benötige ich "residentes" Know-How?

Welches sind die Vertriebskanäle, die meine elektronischen Verlagsprodukte bestmöglich zum Kunden transportieren? Welche Rolle spielt dabei der traditionelle Buchhandel?

Die Unsicherheit geht aber auch weit über diese eher technischen und organisatorischen Fragen hinaus und berührt das Selbstverständnis der Verlage und ihrer Partner. Für viele Verlage stellt sich heute die Frage, ob man sich mit den Problemen einer elektronischen Programmerweiterung überhaupt selbst auseinandersetzen oder eher die eigenen Substanzen für eine elektronische Aufbereitung über Lizenzverkäufe an andere weitergeben sollte.

Und letztlich herrscht große Unsicherheit auch bei der Frage nach dem richtigen Zeitpunkt für den Einstieg ins elektronische Publizieren.

Viele Verleger betrachten die Diskussion mit einer gewissen Gelassenheit und ziehen es vor, in dieser Phase der Unsicherheit abzuwarten, bis der Markt sich formiert hat, die Technologie stabil ist und die großen Investitionen zur Öffnung des Marktes (von anderen) gemacht wurden. Diese Strategie sieht zwar auf den ersten Blick vernünftig aus, birgt aber meines Erachtens ganz erhebliche Gefahren in sich.

Der Aufwand der geleistet werden muß, um eine gewisse Vertrautheit mit neuen Produktformen in der Planung, im Marketing und in der Produktion zu gewinnen, wird häufig unterschätzt. Es besteht dann die Gefahr, daß der vermeintliche Quereinstieg in das elektronische Publizieren das Unternehmen überfordert. In einem sich schnell weiterentwickelnden Markt wird dies zu Wettbewerbsnachteilen führen.

2. Bestandsaufnahme

Allianzen

Es ist sicher auch im Zusammenhang mit dem elektronischen Publizieren zu sehen, daß branchenfremde Großunternehmen, aber auch einige Konzernverlage sich durch die Übernahme von oder die Allianz mit Verlagen Zugang zu neuen Verlagssubstanzen verschaffen. Oder aber, daß Verlage sich durch die Kooperation mit Partnern den Zugang zu neuen Märkten und neuen Vertriebswegen öffnen wollen. Es zeichnet sich deutlich ab, daß über das elektronische Publizieren Industriebereiche zusammenwachsen, die im traditionellen Publikationsmarkt praktisch keine Berührung hatten:

- Verlage/Medienunternehmen
- Telekommunikationsindustrie
- Unterhaltungselektronik/Computerindustrie

Allein in den letzten 18 Monaten haben sich auf diese Weise einige interessante neue Konstellationen ergeben: Paramount übernimmt die Verlage Simon&Schuster, Prentice Hall, MacMillan und Markt&Technik — und ist mittlerweile selbst im Begriff von Viacom, einem Unternehmen der Kommunikationsindustrie, übernommen zu werden; Sony übernimmt Columbia Pictures, Matsushita den Musikverlag MCA; Reed International übernimmt Elsevier; AT&T kooperiert mit Springer-Verlag im Red Sage Projekt.

Für die Verlage wird es in dieser frühen Phase der Marktentwicklung darauf ankommen, gerade in bezug auf mögliche Partnerschaften die Optionen sorgfältig zu prüfen. Dies gilt für die Rolle des eigenen Verlags als Lizenzgeber oder Lizenznehmer, aber auch für Partnerschaften, die mit dem Ziel geschlossen werden, abseits der traditionellen Produktions- und Vertriebswege mit neuen Partnern neue Technologien einzusetzen und neue Vertriebswege für elektronische Pubikationen zu testen. Die Bandbreite der sich anbietenden Partner ist groß und geht sicher weit über den Buchhandel hinaus.

Marktvorbereitung

Die Zahl der elektronischen Publikationen ist in den letzten 12 Monaten erheblich gewachsen. Insbesondere im Segment *Nachschlagewerke/Wörterbücher* haben elektronische Produkte bereits einen substantiellen Anteil am Geschäft. Dies ist keine Überraschung, da hier der Kundennutzen (schnelle Suche, Kapazität des Mediums) der elektronischen Produktform deutlich ist. Das gleiche gilt für interaktive Spiele.

In gewissem Umfang entwickelt sich auch im Wissenschaftsbereich ein Markt für elektronische und multimediale Produkte, wobei hier sehr deutlich der Trend zu erkennen ist, elektronische Zusatzprodukte auf Diskette oder CD-ROM mit dem Primärprodukt Buch zu kombinieren.

Dieser ersten Generation von elektronischen Publikationen kommt eine besondere Bedeutung zu: von ihr wird abhängen, ob der Markt, also Leser und Handel, die Vorteile multimedialer und elektronischer Publikation erkennen und honorieren.

Ziel unseres Workshops ist es daher, Beispiele gelungener und innovativer Publikationsprojekte zu präsentieren und in der Diskussion mit den Verlegern die Konzeption und Realisierung dieser Projekte zu verdeutlichen. Wir möchten damit bei den Verlegern einerseits das Interesse für das elektronische Publizieren wecken, andererseits aber auch konkret zeigen, wie elektronische Publikationsprojekte in der Praxis aussehen.

Die Bedeutung der elektronischen Zeitschrift für einen Fachverlag

Ulrike Schumm[1] und Klaus Hengster[2]

[1] Bertelsmann Zentrale Informationsverarbeitung, Postfach 180, 33311 Gütersloh
[2] Heinrich Vogel Fachzeitschriften GmbH,
Verlagsgruppe Bertelsmann International, Neumarkter Str. 18, 81664 München

Zusammenfassung: Die folgende Ausführung beschreibt die Positionierung, die Voraussetzungen und Perspektiven der Verlage im Markt des elektronischen Publizierens. Dabei wird der Weg aufgezeigt, den ein Verlag eingeschlagen hat, um zu erforschen, ob sich der Einstieg in den digitalen Markt lohnt.

1. Positionierung der Verlage im elektronischen Informationsmarkt

Noch ist das traditionelle papierbasierende Verlegen relativ profitabel. Viele Verleger zögern nicht nur deshalb, in den elektronischen Informationsmarkt einzusteigen, denn überdies scheinen die Risiken des elektronischen Publizierens für einen Verlag groß zu sein: Ist in der jeweiligen Zielgruppe überhaupt ein "Leserbedarf" für elektronische Informationen vorhanden? Bietet die elektronische Aufbereitung dem "Leser" einen Zusatznutzen zum Printmedium? Sind die Hard- und Software-Voraussetzungen bei den potentiellen Anwendern ausreichend? Wie groß ist der Aufwand der Aufbereitung der elektronischen Daten im Verlag? Wie wird der Verlag und die Zielgruppe mit den neuen, ungewohnten Arbeitstechniken umgehen können? usw. In vielen Verlagen sind diese Fragen bisher noch nicht beantwortet worden. Aus diesen Gründen befinden sich Überlegungen hinsichtlich eines Einstiegs in den elektronischen Informationsmarkt in den meisten Verlagen noch in einem frühen Anfangsstadium, in dem sich das Profil der zu vermarktenden Produkte erst langsam abzeichnet.

2. Voraussetzungen der Verlage für das elektronische Publizieren

Auch wenn durch neue technologische Voraussetzungen das Verbreiten von Informationen weniger denn je nur der Verlagsbranche vorbehalten ist, haben Verlage eine gute Ausgangsposition im elektronischen Publizieren. Sie haben ideale Voraussetzungen, ihre Position in diesem Markt zu verteidigen und sich gegenüber Dritten zu behaupten. Wie sehen diese Voraussetzungen für Verlage nun konkret aus?

- Verlage haben einen entscheidenden Vorsprung: Sie haben eine angestammte Autorenschaft und verfügen so über die Nutzungsrechte von Text-, häufig auch von Bildsubstanzen. Die künftigen elektronischen Publikationen können nur auf der Basis von Urheberrechten hergestellt werden, die schon jetzt von den traditionellen Medien genutzt werden.

- Ein Verlag kann seine angestammten Markt- und Leserbeziehungen nutzen, um den "Leserbedarf" für elektronische Informationen herauszufiltern.
- Verlage können weiterhin ihre Vertriebskanäle für das Verbreiten von elektronischen Medien nutzen.
- Verlage verfügen über das notwendige Marketing-Knowhow, um die Marktdurchdringung ihrer elektronischen Publikationen zu steigern.

3. Konzeption einer elektronischen Fachzeitschrift bei der Heinrich Vogel Fachzeitschriften GmbH

Leider können keine allgemeingültigen Kriterien entworfen werden, nach denen ein Verlag seine Position in diesem Markt festlegen kann und dann entscheiden könnte, ob es sich lohnt, digitale Daten zu vertreiben. Um hier aber doch eine Hilfestellung zu leisten, kann der Weg aufgezeigt werden, den ein Verlag eingeschlagen hat, um zu erforschen, ob sich der Einstieg in den digitalen Markt lohnt. Dabei wird deutlich, daß ein Verlag die oben beschriebenen Kompetenzen und Stärken direkt nutzen kann. Im folgenden wird ein Projekt herangezogen, welches bei der Heinrich Vogel Fachzeitschriften GmbH/ Verlagsgruppe Bertelsmann International in Zusammenarbeit mit der Bertelsmann Zentralen Informationsverarbeitung verwirklicht wurde. Im Rahmen einer Diplomarbeit wurde die Konzeption und Aufbereitung einer elektronischen Fachzeitschrift durchgeführt und die Bedeutung dieses "Informationsprogramms" für den Verlag und für die Zielgruppe beleuchtet. Zielgruppe ist in diesem Beispiel der Abonnentenstamm einer technisch-wissenschaftlichen Anwender-Fachzeitschrift, die monatlich in einer Auflage von 10.000 Exemplaren erscheint. (JOT-Journal für Oberflächentechnik).

3.1. Die Ausgangssituation im Markt

Im Beispiel Heinrich Vogel Fachzeitschriften GmbH waren die engen Kontakte von einer technisch-wissenschaftlichen Redaktion zum Markt, zum Fachpublikum, zu Forschungsinstituten, Verbänden und Behörden gute Voraussetzungen, um in einer Marktanalyse den "Leserbedarf" für ein digitales Informationsprogramm zu ermitteln. Das Programm kann teilweise sogar in gemeinsamer Zusammenarbeit mit den potentiellen Nutzern entwickelt werden.

3.1.1. Gegebene Voraussetzungen in der Zielgruppe (Abonnenten der JOT)

Auf der Basis dieser detaillierten Marktanalyse (Mündliche Interviews, schriftliche Leserumfrage in der Zielgruppe) konnte der Verlag im Beispiel JOT folgende Erkenntnisse ziehen:

- Die spezifische Zielgruppe der Zeitschrift JOT hat einen Bedarf nach elektronischen Informationen, sieht den Einsatz des Computers bei der Informationsgewinnung aber vor allem in der themengesteuerten Recherche und einem gezielten, schnellen Zugriff auf diese Daten. Der Bedarf nach multimedialen Inhalten ist deshalb vorerst zweitrangig.

- In Zusammenarbeit mit der Zielgruppe wurden die Inhalte herausgefiltert, bei denen ein selektiver Zugriff auf Daten wünschenswert und sinnvoll ist:
  - ✓ Informationen, auf die über mehrere Auswahlkriterien zugegriffen werden kann, z.B. ein Hersteller- oder Produktverzeichnis.
  - ✓ Alle Fachbeiträge der Zeitschrift, so daß in die Vergangenheit recherchiert werden kann.
  - ✓ *Need-to-Knows*, z.B. Gesetze, Genehmigungspflichten für Anlagen, Maschinen und Verfahren, usw.
- In der Marktanalyse wurde ermittelt, für welche Computer das Programm konzipiert sein muß, in diesem Beispiel für die Windows-Plattform, denn 88% der befragten Leser nutzen diese Oberfläche.
- Aufgrund der Umfragen kann die Wahl des geeigneten Datenträgers für den Vertrieb der Informationen getroffen werden. Hier muß als Datenträger vorerst auch die Diskette gewählt werden, da bisher nur 33% der befragten Unternehmen der Zielgruppe über ein CD-ROM-Laufwerk verfügen.

3.2. Die Ausgangssituation im Verlag

Im nächsten Schritt wurde untersucht, wie der Verlag die relevanten Informationen elektronisch aufzubereiten könnte. An dieser Stelle muß der Verlag die Entscheidung treffen, ob es sich lohnt, in den elektronischen Markt zu investieren und abwägen: Wie groß ist der erforderliche Aufwand zur Aufbereitung dieser Informationen, wie hoch sind die damit verbundenen Kosten? Ist der Bedarf beim potentiellen Nutzer groß genug, um diesen Aufwand und die damit verbundenen Kosten zu rechtfertigen?

3.2.1. Voraussetzungen für das elektronische Publizieren bei der Heinrich Vogel Fachzeitschriften GmbH

- Die Zeitschriftenherstellung wurde vor einiger Zeit auf Desk Top Publishing umgestellt, so daß z.B. die Fachbeiträge der Zeitschrift JOT in QuarkXpress vorliegen. Da in der Zielgruppe u.a. die Recherche nach diesen Fachbeiträgen gefordert wurde, sind also genau die geforderten Informationen auch bereits in einem gängigen digitalen Format vorhanden. Überdies verfügt der Verlag hier auch noch über die Nutzungsrechte; es entstehen daher keine zusätzlichen Lizenzkosten.
- Die Textdaten des Verlags sollen für den Leser besser nutzbar gemacht werden. Der Leser wird z.B. durch Stichworteingabe nach Fachbeiträgen bzw. Abstracts suchen und sich diese ausdrucken können. Diese Aufbereitung muß nicht sehr aufwendig sein, wenn eine Entwicklungssoftware (Adobe Akrobat) gewählt wird, die es ermöglicht, die Textformate des Verlags (QuarkXpress) direkt und ohne umständliche Konvertierung in ein Informationsprogramm für den Leser zu transferieren.

- Durch die Umstrukturierungen im Zuge der Einführung von Desk Top Publishing hat sich im Verlag ein zunehmendes Knowhow und Verständnis für die EDV-Technologie entwickelt. Da die Aufbereitung mit einem unkomplizierten Entwicklungstool möglich ist, können verlagsinterne Mitarbeiter an der Aufbereitung beteiligt werden.
- Beim Verkauf von elektronischen Publikationen können die bereits ausgebauten Vertriebsschienen genutzt werden. So kann z.B. die Applikation als Diskette zur Zeitschrift vertrieben werden.

4 . Perspektiven und Ausblicke: *Think big, start small*

Start small: Wie die Umfragen unter den Lesern der JOT gezeigt haben, sind auch Texte wertvolle Substanzen im Hinblick auf das elektronische Publizieren. Verlage verfügen somit über ein großes Informationspotential, das in vielen Fällen dem Leser durch eine elektronische Aufbereitung noch besser nutzbar gemacht werden kann. In einem ersten Schritt ist es daher erforderlich, daß Verlage ihr vorhandenes Potential an Texten und sonstigen Substanzen strukturieren und in einheitlichen Datenformaten digitalisieren. Als entscheidende Voraussetzung für das elektronische Publizieren muß also ein "digitales Archiv" entstehen. Die Datenformate müssen dabei auf den Markt abgestimmt sein und jederzeit zugänglich gemacht werden können.

Think big: Ist dieses elektronische Archiv entsprechend strukturiert und der schnelle Zugriff auf einzelne Segmente sichergestellt, können jederzeit Daten aus dieser digitalen Dokumentensammlung selektiert werden: Zu beliebigen Themen und in wunschgemäßem Umfang. Diese Informationen können auf verschiedenste Datenträger projiziert werden, auf Papier, Diskette, CD-ROM, Magnetband, usw. Es ist auch denkbar, daß sich externe Nutzer in dieses elektronische Archiv "einklinken", um Fachinformationen zu bestimmten Themen abzurufen. Das Archiv kann weiterhin innerhalb des Verlages genutzt werden: In der Redaktion zur Recherche oder bei entsprechender Vernetzung zum Transfer von Dokumenten zwischen Herstellung/Grafik und Redaktion. Künftig können multimediale Informationsprogramme für ganz spezifische Leserbedürfnisse erstellt werden. Der Verlag kann seine digitalen Textsubstanzen einer Multimedia-Agentur zur Aufbereitung überlassen oder sich Partner mit ergänzenden Substanzen suchen, wie etwa Bildagenturen oder Videogesellschaften, und in Kooperationen multimediale Informationsprogramme entwickeln. Für Verlage ist die Situation im elektronischen Informationsmarkt deshalb so aussichtsreich, weil digitale Textsubstanzen immer zur sinnvollen Ergänzung von anderen multimedialen Inhalten gefragt sein werden.

Elektronische Nachschlagewerke

Dr. Hans-Werner Scholz
Langenscheidt KG

1. Einleitung

Im Rahmen dieses Vortrages möchte ich Ihnen nähere Informationen über die Entwicklung elektronischer Verlagsprodukte in der Langenscheidt Verlagsgruppe geben. Ausgangspunkt für elektronische Produkte sind in der Regel erfolgreiche Printprodukte des Verlages. Aus diesem Grunde möchte ich Ihnen die Produktstrategie des Hauses bei PC-Software und Sprachcomputern anhand des Taschenwörterbuchs Englisch darstellen.

Dieses zweisprachige (Englisch-Deutsch, Deutsch-Englisch) Wörterbuch ist die inhaltliche Basis für drei neue elektronische Produkte, die ich Ihnen heute vorstellen möchte.

Hierzu zählen: das neueste elektronische Wörterbuch, der alpha 120, die 8-cm-CD-ROM-Version im Rahmen des EB-Standards und die PC-Software-Version im Rahmen der "PC-Bibliothek".

2. Marketingüberlegungen für elektronische Versionen des Taschenwörterbuchs Englisch

Die erste Auflage dieses Wörterbuchs erschien 1884. Die Äußerung: "Ich habe einen Langenscheidt" bedeutet häufig, daß man dieses Standardwörterbuch sein eigen nennt.

Anfang der 90er Jahre erfuhr das Buch eine völlige inhaltliche Neubearbeitung und formale Umgestaltung. Durch neue Schriftarten wurde das Taschenwörterbuch Englisch übersichtlicher und damit noch benutzerfreundlicher gestaltet. Bei jedem englischen Stichwort wird die internationale Lautschrift angegeben. Der Komplettband umfaßt über 120.000 Stichwörter und Wendungen und ist einer der Bestseller innerhalb seiner Produktgruppe auf dem deutschsprachigen Markt.

Mit diesem Wörterbuch sprechen wir Zielgruppen an, die es in der Schule, im Beruf oder zur Weiterbuldung benutzen wollen- sei es zuhause oder im Büro oder unterwegs auf der Reise.

Die weite Verbreitung des Titels ist eine ausgezeichnete Ausgangssituation für die Entwicklung elektronischer Versionen. Für die Festlegung der detaillierten Produktspezifikationen sind zwei unterschiedliche Nutzungsarten ausschlaggebend. Einmal die Nutzung auf der Reise, sei es privat oder geschäftlich, und zweitens die Nutzung im Büro oder zuhause. Für die portable Version sind nun zwei Ansätze denkbar:

- Die Unterstützung existierender HW-Plattformen, wie z. B. den Sony Electronic Book Standard, durch eine IC-Card/PCMCIA-Card-Versionen für handhelds von Organizerproduzenten.

- Die Entwicklung eines maßgeschneiderten electronic handheld. Diese Variante ist mit deutlich höherem Risiko verbunden und damit nur in Ausnahmefällen empfehlenswert.

Für die Nutzung im Büro und/oder zuhause kommen im wesentlichen nur SW-Produkte, sei es floppy-disk- und CD-ROM-Versionen in Frage, die auf weit verbreiteten Betriebssystemen, wie MS-DOS, Windows und Apple/Macintosh laufen.

Ich möchte nun ausführen, wie wir elektronische Versionen des Taschenwörterbuch Englisch für die Plattformen

- electronic handheld
- Multi-CD-ROM
- Windows-PC

konzipiert haben.

3. Alpha 120

1983 brachte Langenscheidt den ersten Wörterbuch-Computer heraus und war damit der Pionier in diesem neuen Markt. 6 Jahre später erschien der Alpha 40, ein verbessertes Modell mit 40.000 Stichwörtern. In der Zwischenzeit hat sich ein stark expandierender Markt mit wachsender Konkurrenz entwickelt.

Um unsere Marktposition auch zukünftig zu festigen, haben wir uns für das neue Produkt folgende Vorgaben gegeben:

1. Das Design des neuen Gerätes muß stylistisch überzeugen und die Basis für eine eigenständige Produktlinie sein können.

Dieses Kriterium führte dazu, daß frogdesign - ein führendes Beratungsunternehmen in diesem Bereich - mit der Designentwicklung beauftragt wurde.

2. Die zweite wesentliche Vorgabe betrifft die Datenbank. Zum ersten Mal wird mit dem Langenscheidt Taschenwörterbuch Englisch ein bekanntes und umfangreiches Wörterbuch originalgetreu auf einen Sprachcomputer übertragen. Um die übersichtliche Gestaltung der Einträge des Printproduktes auf einem 160 x 80-Pixel-Display zu gewährleisten, sind 4 unterschiedliche proportionale Schriftfonts entwickelt worden. Da die synthetische Sprachausgabe unsere Qualitätsanforderungen noch nicht erfüllt, haben wir statt dessen die internationale Lautschrift integriert. Die Suche nach Einträgen wird durch Teilsuche, Jokersuche und Querverweise unterstützt. Der Alpha 120 besitzt ein integriertes Benutzerwörterbuch, in dem zusätzliche Vokabeln gespeichert werden können.

3. Die dritte Gruppe der Produktspezifikationen betrifft Zusatzfunktionen, die ein Handheldbenutzer aus unserer Sicht erwartet. Das sind Terminplaner, Adreßbuch, Weltzeituhr, Taschenrechner und Sprachenspiele.

Der Alpha 120 wird seit Ende des letzten Jahres ausgeliefert und wir hoffen, daß wir unsere Absatzerfolge mit den Vorgängermodellen wiederholen können.

4. Multi-CD-ROM

Wie Sie wissen, gehört Langenscheidt zu den Wegbereitern des EBXA-Standards von Sony in Deutschland. Mit Hilfe des bekannten standardisierten Sachverfahrens werden die aus unserer Sicht wesentlichen Zugriffsmöglichkeiten erfüllt. Die 8-cm-CD-ROM bietet für die meisten unserer Nachschlagewerke genügend Speicherplatz für Ton-, Graphik- und Bildergänzungen. Daher bietet die Langenscheidt Verlagsgruppe insgesamt 9 Titel unter diesem Format an, unter anderem auch eine Version des Taschenwörterbuch Englisch.

Diese Titel sind bisher jedoch nur auf den recht teueren Electronic Book Playern abspielbar. Der große wirtschaftliche Erfolg blieb aus. Nur ca. 20.000 Geräte konnten in Deutschland verkauft werden.

Da wir an dieses Konzept glauben, haben wir nach Wegen gesucht, diese Plattform für den Anwender interessanter zu machen. Gemeinsam mit Sony Deutschland, dem Publisher v. Rheinbaben & Busch und einem Softwarehaus glauben wir einen Weg gefunden zu haben.

Mit Hilfe einer Retrievalsoftware auf den 8-cm-CD-ROMs werden die Electronic Books auf den Plattformen PC Windows und Sony Data Discman und demnächst auch Apple Macintosh abspielbar. Daher erhöht sich unsere potentielle Zielgruppe von 20.000 auf rund 400.000 CD-ROM-Laufwerksbesitzer in Deutschland. Bei rund 20.000 CD-ROM-Laufwerken, die monatlich verkauft werden, wächst die installierte Basis erheblich.

Für dieses neue Format bietet sich die Bezeichnung "Multi-CD-ROM" an:

- Multi-Plattform durch IBM-kompatibel, Sony, Apple
- Multimedia durch Text, Graphik, Ton, Musik
- CD-ROM als klaren Hinweis, daß es sich um Produkte handelt, die kom patibel zum CD-ROM-Standard sind

Die "Multi-CD-ROM" bietet durch ihre Vielseitigkeit einen echten Zusatznutzen. Im Büro/ zuhause hat man volle PC-Funktionalität und Komfort. Anstelle eines kleineren Displays hat man den großen Bildschirm zur Verfügung. Einträge können in die Textverarbeitung übernommen und ausgedruckt werden. Dazu kommt der Vorteil des portablen Einsatzes auf Reisen und im Beruf durch den Data Discman. Wir glauben, daß die "Multi-CD-ROM" zukunftssicher ist. In Zukunft werden immer mehr tragbare Computer mit 8-cm-CD-ROM-Laufwerken ausgerüstet sein, z. B. Panasonic Notebook Computer CF-V21P mit integriertem CD-ROM-Laufwerk. Zudem besteht die Möglichkeit, Bilder und Graphiken sowohl in einfacher Schwarz-Weiß-Darstellung auf dem Data Discman als auch in hochauflösender Farbdarstellung auf dem PC doppelt abzulegen. Somit ist es für uns selbstverständlich, das Taschenwörterbuch Englisch nun auch unter dem "Multi-CD-ROM"-Format auf den Markt zu bringen. Als Zusatzfunktion integrieren wir hier ca. 3000 gesprochene Stichwörter zur Überprüfung der richtigen Aussprache.

5. PC-Bibliothek

Lassen Sie mich nun zur dritten elektronischen Version unseres Taschenwörterbuch Englisch kommen, das Wörterbuch im Rahmen der PC-Bibliothek. Um das Produktkonzept besser verstehen zu können, möchte ich Ihnen die Philosophie dieser neuen Produktlinie der Langenscheidt Verlagsgruppe darstellen. Die PC-Bibliothek wurde so konzipiert, daß die Bedienung dem Verwenden gedruckter Nachschlagewerke möglichst ähnlich ist. Es gibt eine Bibliothek, in der sich ein oder mehrere Bücher befinden. Bücher, die zum Arbeiten benötigt werden, lassen sich auf den Schreibtisch holen und bearbeiten. Mit einer Reihe komfortabler Suchalgorithmen können die Einträge exakt gefunden werden.

Darüberhinaus haben wir ein aus unserer Sicht wichtiges zusätzliches Feature realisiert. Sie können gleichzeitig mehrere Bücher durchsuchen, falls Sie bereits eine umfangreiche Bibliothek elektronischer Nachschlagewerke besitzen. Zur Markteinführung im Oktober sind wir mit insgesamt 6 Titeln aus den Verlagen Meyer, Duden und Langenscheidt gestartet. Weitere Titel sind gerade erschienen.

Weiterhin sieht dieses Produktkonzept vor, daß man den gesuchten Eintrag auch in anderen Anwendungen weiter bearbeitet werden kann.

Mit dieser vielfältigen Produktspezifikation wollen wir auch professionelle Anwender ansprechen, die jetzt schon gewohnt sind, mit Standardwerken aus unserer Gruppe zu arbeiten. Daher glauben wir, daß gerade die Taschenwörterbuch Englisch-Version in dieser Produktlinie ihre Anwender finden wird. Die ersten Verkaufszahlen bestätigen uns bereits in unserer Konzeption.

6. Ausblick

Wie Sie erfahren haben, konzentrieren sich die derzeitigen electronic publishing Aktivitäten in unserem Hause darauf, unsere Standardwerke auf unterschiedlichen Plattformen elektronisch verfügbar zu machen. Dabei verzichten wir in dieser Phase darauf, unsere Substanzen mit Ton- und Bildmaterial anzureichern. Wir glauben, daß die Vorteile der elektronischen Informationsaufbereitung die elektronischen Versionen unserer Standardwerke schon hinreichend attraktiv machen. Dennoch glauben wir, daß sinnvolle mediale Ergänzungen unsere Nachschlagewerke weiter aufwerten werden. So wird sicherlich eine CD-ROM-Version des Taschenwörterbuch Englisch mit digitaler Sprachausgabe der Stichwörter seine Käufer finden. Dieses schrittweise Vorgehen in der multimedialen Aufbereitung wird unsere mittelfristigen Aktivitäten im electronic publishing bestimmen. Damit halten wir die Investitionsmittel in einem vertretbaren Umfang, denn auch in unserer Verlagsgruppe wird das Geld vorerst noch mit Printmedien verdient.

Multimedia-Unterstützung in der Technischen Dokumentation

Andreas Kindt[1] und Robert Sie[2]

[1]DeTeBerkom GmbH, Voltastr. 5, D-13355 Berlin
[2]Grundfos A/S, DK-8850 Bjerringbro

1. Multimediale Technische Dokumentation

Technische Dokumentation ist ein wichtiger Bestandteil von Produkten, der wesentlich zum fehlerfreien und optimalen Gebrauch beiträgt. Technische Dokumentation informiert, erklärt, trainiert und warnt. Sie unterstützt bei der Planung, der Produktion, dem Verkauf, der Inbetriebnahme, dem Gebrauch, bei der Wartung und zunehmend auch bei einer umweltgerechten Entsorgung von technischen Geräten.

Die Einbeziehung von multimedialen Informationstypen wie Animationen, Audio und Video in die Dokumentation bis hin zu einer integrierten Multimedia-Dokumentation kann den Nutzen der Dokumentation wesentlich erhöhen. Sie stellt aber auch eine neue Herausforderung an die technischen und organisatorischen Bedingungen für die Erstellung, Produktion, Verteilung und Gebrauch der Dokumentation dar.

Dieser Beitrag adressiert genau diese zwei unterschiedlichen Bereiche. Der erste Teil beschäftigt sich mit den Fragestellungen, die durch die Erfordernisse einer termin- und kostengerechten Erstellung und Produktion von Multimedia-TechDok aufgeworfen werden. Aus dem RACE-Projekt DIDOS wird ein Ansatz für eine verteilte telekommunikationsgestützte Dienstleistungsumgebung dargestellt. Die Möglichkeiten, die multimediale Dokumentation in Inhalt und Form bietet, werden anhand praktischer Live-Präsentationen im Anschluß an den Vortrag im zweiten Teil dieses Beitrages aufgezeigt.

2. Herstellung multimedialer Technischer Dokumentation

Die Herstellung von Technischer Dokumentation läßt sich unabhängig vom Präsentationsmedium in einem siebenstufigen Prozeß abbilden. Die einzelnen Stufen sind miteinander verkettet und teilweise über Korrekturschleifen rückgekoppelt.

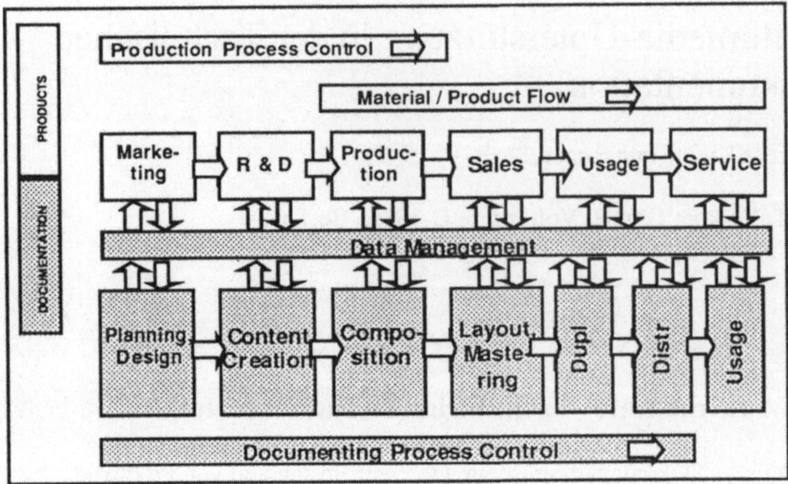

Abb.1: Erstellungsprozeß für Technische Dokumentation

Die Herstellung der traditionellen Print-Dokumentation unterteilt sich in die Druckvorstufe und die Druckweiterverarbeitung sowie in weitere Teilprozesse innerhalb dieser beiden Stufen. Es haben sich im Laufe der Zeit klare Schnittstellen herausgebildet, die die Übergabe von einer Stufe zur nächsten und damit oftmals auch von einem Betrieb zum nächsten beschreiben. Durch Electronic Publishing wurde bereits wesentlich an einer durchgängigen Gestaltung dieses Prozesses gearbeitet. Die Erstellung von multimedialer Dokumentation erfordert nun ihrerseits eine wesentlich stärkere Integration und Kopplung aller Stufen als dieses bisher im traditionellen Druck der Fall war. Der Redakteur benötigt einen sehr engen Zugriff auf alle Ressourcen (Texte, Bilder, Video, Audio etc.), auf die Produktionsmittel und die beteiligten Akteure. Die streng arbeitsteilige Organisation des Prozesses ist damit nicht mehr möglich.

Nun wird Technische Dokumentation in der Regel unter Einbeziehung zahlreicher externer Dienstleister erstellt, die bestimmte Teilaufgaben wie z.B. Übersetzung, Aufbereitung, Druck u.a. abwickeln. Eine flexible Einbindung dieser Dienstleister ist notwendig, um termin- und kostengerecht zu produzieren.

Wesentliche Aspekte für die Integration externer Services sind:

- Einbindung von Spezialdienstleistungen für bestimmte Dokumentationen.
- Abfangen von eigener Kapazitätsüberlastung durch Auslagerung von Jobs auf externe Dienstleister.
- Flexible und fallbezogene Eigen-/Fremd-Produktionsentscheidung als Voraussetzung für dynamisches Outsourcing.

- Wenige Zugangspunkte zu vielen Dienstleistern und einfache (standardisierte) Zugangsmechanismen.
- Erzielung von Economies of Scope und Economies of Integration seitens der Dienstleister durch die flexible Bündelung der Angebote mehrerer Anbieter

3. DIDOS Service-Center-Konzept

Diese Anforderungen an verteilte Dienstleistungsszenarien bilden die Grundlage für das Anwendungs-Projekt DIDOS (Distributed Documenting Services), welches im Rahmen des RACE-Programmes (Research and Technology Development in Advanced Communications Technologies) der Europäischen Union durchgeführt und gefördert wird.

Der Schwerpunkt des Projektes ist die Konzeption, Umsetzung und Erprobung neuer Verfahren und Prozesse für eine verteilte telekommunikationsgestützte Erstellung von Technischer Dokumentation. Dabei wird mit dem DIDOS Service-Center-Konzept eine offene Plattform definiert, die Standards, Schnittstellen, Protokolle, Datenformate, Systeme, Kommunikationsnetze und -dienste sowie auch organisatorische und rechtliche Vereinbarungen und Regeln enthält.

Im Projekt sind 11 Partner und zwei Subcontractor aus insgesamt sechs Europäischen Ländern vertreten. Diese setzen sich aus drei Gruppen zusammen, den Herstellern von Technischer Dokumentation (Intracom GR, Grundfos DK, Digital Equipment F, Crosfield UK), den Dienstleistern (Pira International UK, Danish Technological Institute DK, Bertelsmann D, Courseware Scandinavia DK) sowie den Systemintegratoren und unterstützenden Partnern (National Technical University of Athens GR, Abo Akademi FI, Tekom D, Fogra D). Die Leitung des Projektes wird von der DeTeBerkom GmbH, einer Tochtergesellschaft der Telekom wahrgenommen.

Das Service-Center-Konzept wird im Projekt in drei Anwendungsversuchen erprobt. Die ersten beiden Anwendungspiloten beschäftigen sich mit den Authoring- und Composing-Stufen bei der Erstellung von Technischer Dokumentation sowie mit Printing-On-Demand-Anwendungen. Der dritte Anwendungspilot ist auf den Bereich Multimedia Technische Dokumentation spezialisiert und zeigt Ansätze für eine Migration von bestehenden Szenarien, die ausnahmslos auf papierorientierter Dokumentation basieren, hin zur Integration von multimedialer Dokumentation. Besonderes Augenmerk wird dabei auf eine nahtlose Überführungsstrategie gelegt, die nach Möglichkeit keine hohen Neuinvestitionen und / oder Umstrukturierungen der vorhandenen Produktdatenbanken und Dokumentationssystemen erfordert.

Dieser dritte Anwendungspilot in DIDOS realisiert das Service-Center-Konzept in einer verteilten Umgebung für die Produktion und Verteilung von multimedialer Technischer Dokumentation. Spezielle Merkmale sind:

- Bereitstellung eines kompletten Angebotes von Multimedia-Services über Öffentliche Kommunikationsnetze.
- Applikation des Service-Center-Konzeptes im Multimedia-Bereich für eine Migration von rein papierbasierter Dokumentation zu einer Integration von multimedialer Dokumentation.
- Sicherstellung flexibler und konfigurierbarer Services, die dynamisch an kurz- und langfristige Anforderungen angepaßt werden können.
- Aufbau eines integrierten Workflows über geographische und kulturelle Grenzen hinweg. Enge Verzahnung von Dokumentationsherstellern und Dienstleistern über Telekommunikationsnetze.
- Berücksichtigung von Copyrights und Vertraulichkeitsaspekten beim Einsatz von gemeinsam genutzten Ressourcen.

Vom Business-Modell her ist Multimedia TechDok keine Single-Shot-Produktion sondern als kontinuierlicher und zyklischer Prozeß anzusehen. Trotz der zahlreichen computergestützten Produktionsmittel wird im verteilten Erstellungsprozeß für multimediale Technische Dokumentation ein hoher Anteil von menschlicher Interaktion und interpersoneller Kommunikation benötigt. Für die Gestaltung des Prozesses kommt es darauf an, geeignete Service-Cluster inkl. der Kommunikationstools zu beschreiben, die an einem (logischen) Ort zusammengeführt werden. Der Produktionsprozeß wurde in diesem Piloten in fünf Service-Cluster unterteilt. Diese Cluster sind:

- Pre-Production: Design des Multimedia-Master-Templates und spezifischer weiterer Templates. Für eine Prototyp-Aufbereitung wird relativ wenig Inhalt aber eine enge Kommunikation zwischen den Beteiligten benötigt.

- Content-Acquisition: Diese ist integriert in den täglichen Update der Produktions-Datenbanken und kann teilweise von externer Dienstleistern durchgeführt werden.

- Master Document Production: In dieser Phase werden Verbindungen zwischen den gesammelten Inhalten einerseits und der interaktiven Applikation andererseits angelegt. Das Resultat ist das Multimedia-Master-Dokument. Besonders kritisch sind in dieser Phase alle Proofing-Aktivitäten, da ein möglichst realistischer Eindruck vom endgültigen Produkt vermittelt werden soll und so alle Interaktionen und auch Videosequenzen hohe Anforderungen an die Kommunikationsverbindung zwischen den Beteiligten stellen.

- Post-Production: Das Multimedia-Master-Dokument wird in Bezug auf die gewählte Distributions-Plattform (z.B. Online, CD-ROM, CD-I etc.) optimiert.

- Replication and Distribution: Wird die Multimedia-Dokumentation auf ein Remote-Medium wie z.B. CD-ROM verlegt, erfolgt ein Premastering mit anschließendem Test und danach das eigentliche Mastering und die Vervielfältigung. Eine Online-Dokumentation wird dagegen auf einer Datenbank installiert und den Benutzern über Kommunikationsnetze zur Verfügung gestellt.

Im DIDOS-Projekt nutzen die beiden Anwender Digital Equipment und Grundfos Dienstleistungen, die von Pira, Bertelsmann, DTI und Courseware Scandinavia angeboten werden. Die Prototypen nutzen zur Zeit TCP/IP-Verbindungen auf der Basis von ISDN einschließlich n x 64 kbit/s- bis zu 2 Mbit/s-Primärmultiplex -Verbindungen. Weitere Komponenten sind SMALL (Service Management and Adminstration Link Layer), eine Shell aus Modulen und Services (incl. E-Mail, File Transfer, File Sharing, FTP, NFS), ein Multimedia Object Management System (basierend auf Sybase), Lotus Notes sowie weitere Workflow-Support-Applikationen und Conferencing Tools.

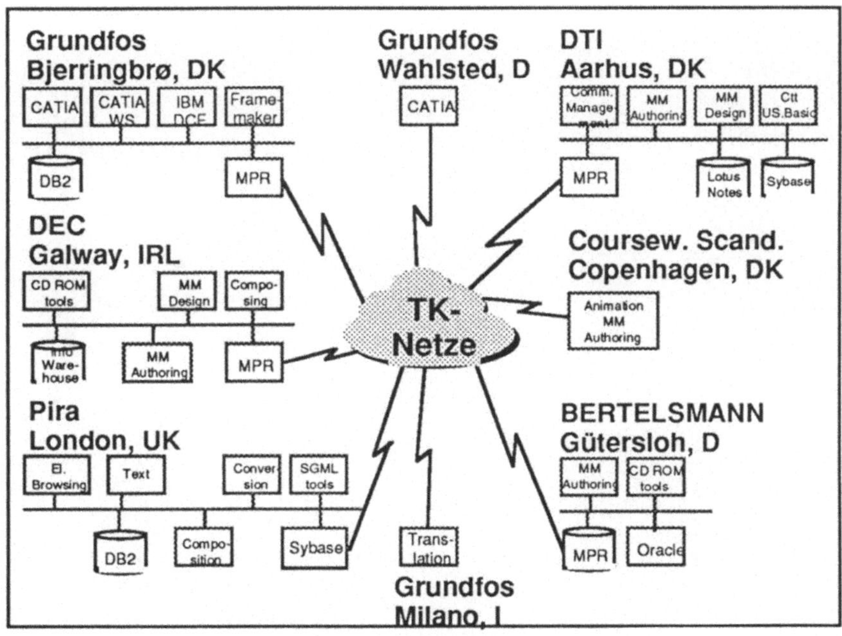

Abb. 2: Szenario DIDOS Applikationspilot 3

4. Ausblick

Eine multimediale Aufbereitung kann in vielen Bereichen die Attraktivität und den Nutzen von Technischer Dokumentation wesentlich erhöhen. Die Live-Präsentation wird anschauliche Beispiele dafür geben.

Damit jedoch, und das ist kein spezifischer Effekt der Technischen Dokumentation, steigen die Anforderungen und Aufwände für die Aufbereitung und Produktion einhergehend mit der Notwendigkeit neuer Verfahren und Paradigmen für die Herstellung und Nutzung.

Es muß daher für jeden Anwendungsbereich eine geeignete businessorientierte Strategie für die Bedarfsanalyse, Produktion und Vermarktung entwickelt werden. Das Service-Center-Konzept aus DIDOS ist ein Dienstleistungskonzept, welches die Bereiche Produktion und Distribution abdeckt.

RightPages – Die Bibliothek auf dem Schreibtisch

Reinhold Michels

SPRINGER-VERLAG, D-69121 Heidelberg, Tiergartenstraße 17
e-mail: michels@vax.ntp.springer.de

Zusammenfassung. *RightPages™ System* basiert auf der gleichnamigen, von AT&T entwickelten Software, die es gestattet, durch eine grafische Oberfläche und Mausbedienung über inhaltliche Bestandteile (Ebenen) wie das *Titelblatt* eines Zeitschriftenheftes, in das *Inhaltsverzeichnis* und von dort in den gewünschten *Artikel* zu gelangen. Das System bietet dem Benutzer die Möglichkeit, Schlagworte oder eigene Interessenprofile zu definieren, die dann von *RightPages™* in jeder enthaltenen Informationseinheit (Heft, Artikel, Zusammenfassung), nach Treffern (hits) abgeprüft werden. Beim nächsten Login sind die Treffer in den verschiedenen Ebenen am Bildschirm markiert.

1. Einleitung

Durch die rasante Zunahme wissenschaftlicher Publikationen in Fachzeitschriften ist es für die meisten Wissenschaftler und Bibliotheksbenutzer nahezu unmöglich geworden, die jeweils neueste Literatur ihrer Arbeitsbereiche komplett und aktuell zu verfolgen – und wenn, dann nur mit einem hohen Zeitaufwand. So wuchs in den Jahren zwischen 1969 und 1989 allein im technischen Bereich die Anzahl an Veröffentlichungen um 64 %.

Anfang 1993 begann unter dem Projektnamen *Red Sage* die Zusammenarbeit zwischen dem wissenschaftlichen *Springer-Verlag,* New York, *AT&T Bell Laboratories,* Murray Hill und der *University of California*, San Francisco (UCSF).

Weitere Verlage werden sich an dem Projekt beteiligen; so haben z. B. *Williams & Wilkins, John Wily and Sons, Oxford University Press* und *British Medical Association* (British Medical Journal) ihre Teilnahme zugesagt. Weitere Verlage sind interessiert.

Ziel des Projektes ist der Aufbau einer neuartigen elektronischen Bibliothek, die möglichst mit der Printversion zeitgleiche elektronische Distribution über ein LAN (Local Area Network) sowie konkrete Aussagen in technischer, kommerzieller und sozio-kultureller Hinsicht zu erhalten.

2. Das Projekt

Von seiten des Verlags werden Text- und Bilddaten aus den Bereichen Radiologie und Molekularbiologie von mehr als 25 Zeitschriften in ca. 260 Heften mit rund 30.000 Druckseiten pro Jahr gestellt. Das von AT&T ursprünglich für den eigenen Bibliotheksbetrieb entwickelte Programmpaket *RightPages*™ ist das Kernstück des Projekts.

UCSF bringt neben der Infrastruktur (Campus-Netzwerk und Fileserver) die Anwender (Studenten und Fakultätsangehörige) in das Projekt ein. Parallel werden an der UCSF Schnittstellen zu anderen Datenbanken wie *Dialog* und *Medline* für den Benutzer im *RightPages*™ *System* entwickelt. Zu einem späteren Zeitpunkt (ca. Mitte/Ende 1994) ist geplant, das Projekt auf weitere UC Fakultäten und eine andere Universität auszudehnen.

2.1 Das Programm

RightPages™ *System* weist nachfolgend beschriebene Leistungsmerkmale auf:

- Es speichert Zeitschriften, Inhaltsverzeichnisse und Artikelseiten als Seitenscans im Bildformat TIFF.
- Es benutzt entweder gelieferte Layoutinformationen (PostScript), ASCII und/

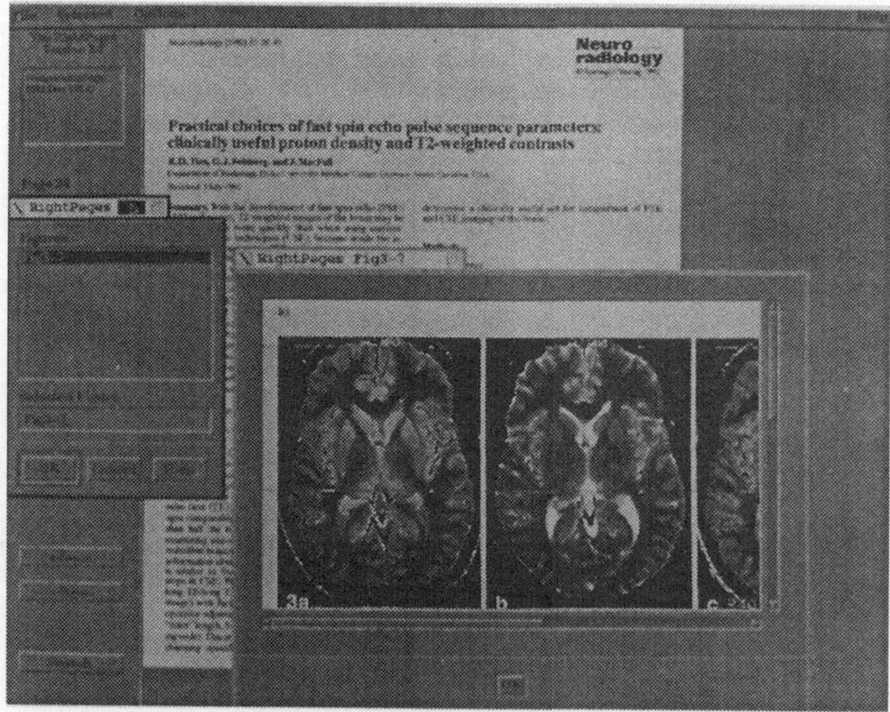

Abb. 1. Das *RightPages*™ *System* am Bildschirm.

oder SGML Volltexte, oder extrahiert die ASCII Texte aus den TIFF Dateien durch OCR (Optical Character Recognition).

- Es sucht in den Zeitschriftenfiles mit vorgegebenen Schlagwörtern/Interessenprofilen nach Treffern.
- Es informiert den Benutzer über die gefundenen Treffer (Alert Funktion).
- Es erstellt für den Systembetreiber Statistiken über Abrufhäufigkeiten, Zeitintervalle der Abrufe und Nutzerprofile; diese können zu internen Kostenzuordnungen herangezogen werden.
- Es bietet dem Benutzer die Möglichkeit, den Artikel entweder elektronisch am Bildschirm (s. Abb. 1) oder als Papierversion zu lesen. Oder anders ausgedrückt: der Benutzer muß nicht mehr das Gedruckte suchen, sondern das Gedruckte kommt zum Leser.

Das *RightPages™ System* speichert die gescannten Seiten als TIFF Daten und als elektronisches Volltext-Dokument (ASCII und/oder SGML) seitenweise auf einem zentralen UNIX Server. Benutzer können das System von verschiedenen Plattformen aus (Sun, Macintosh und bis Ende 1994 auch PCs unter Windows) ansprechen. Die Architektur des *RightPages™ System* ist in Abb. 2 dargestellt.

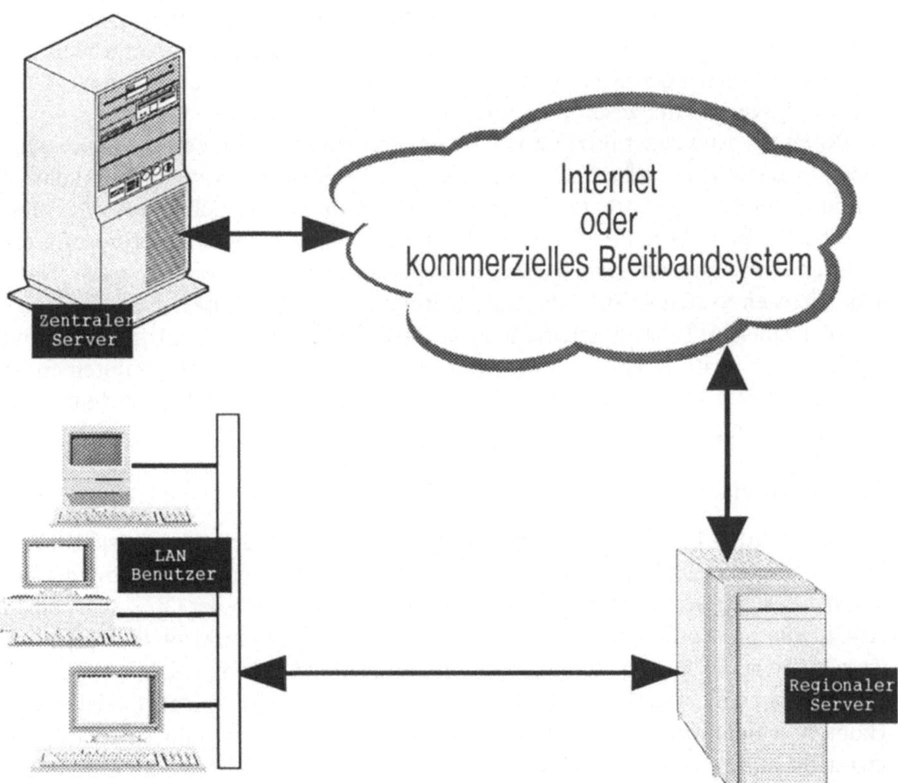

Abb. 2. Die Architektur des *RightPages™ System.*

2.2 Arbeitsweise

Nachdem sich der Benutzer in das System mit seinem persönlichen Password angemeldet hat, erscheinen die Umschläge der im Projekt enthaltenen Zeitschriften als Icons am Bildschirm vergleichbar mit einem Zeitschriftendisplay in der Bibliothek. Durch einen Mausklick auf ein Journal sieht der Benutzer, welche Heftnummern im System enthalten sind. Ein weiterer Mausklick auf die gewünschte Ausgabe, und das entsprechende Inhaltsverzeichnis erscheint analog der Printausgabe auf dem Bildschirm.

Ist in dem gewählten Heft ein für den Benutzer interessanter Artikel, so genügt ein weiterer Mausklick auf die Stelle im Inhaltsverzeichnis, und die erste Seite des gewünschten Artikels erscheint in der Darstellung identisch zu der gedruckten Ausgabe am Bildschirm. Nun kann der Benutzer entscheiden, ob er von dem Beitrag zentral einen Papierausdruck anfordert oder ob er sich diesen auf einem in der Nähe befindlichen Laserprinter (evtl. in einer schlechteren Auflösung) selbst erstellen will. Dieser Ausdruck kann von der Qualität her natürlich nur zum Textstudium dienen. Zur Begutachtung der medizinischen Abbildungen muß jedoch das gedruckte Heft oder die Bildschirmdarstellung herangezogen werden.

Eine Hyperlink Funktion zeigt sofort nach dem Mausklick auf einen Abbildungshinweis im Text die Seite mit der entsprechenden Abbildung am Bildschirm. Alle Abbildungen (ob Stich oder Halbton) können separat vergrößert begutachtet werden (Zoom-Funktion). Neben der Beitragsauswahl können Hefte auch seitenweise durchgescrollt werden.

Damit der Anwender die Flut von neuen Publikationen aus seinem Interessengebiet entsprechend eingrenzen kann, bietet das System die Möglichkeit, anhand definierbarer Nutzerprofile (z. B. Zeitschriftentitel und/oder Schlüsselwörter) nur nach bestimmten Artikeln zu suchen. Paßt ein Artikel zu einem Nutzerprofil, erhält der Anwender umgehend eine Benachrichtigung per *electonic mail.* Nach dem nächsten Systemaufruf erscheint als Referenz auf den Artikel das Umschlag-Icon der Zeitschrift farbig hinterlegt. Ein Mausklick auf das Zeitschriften-Icon und der Benutzer ist im Inhaltsverzeichnis, in dem der gefundene Beitrag durch einen Rahmen optisch hervorgehoben ist. Ein weiterer Mausklick, und der Artikel wird am Bildschirm gezeigt.

2.3 Technische Vorgehensweise

Phase I (Start 1. Febr. 1993). Zu Beginn des Projektes werden alle Zeitschriften – ähnlich wie im ADONIS-Projekt – mit 300 dpi Auflösung im Strichmodus gescannt. Aus den Seitenscans im TIFF-Format extrahiert dann der OCR-Lauf einen ASCII-File pro Seite. Diese Volltextdatei, die für den Benutzer nicht zugänglich ist, vergleicht das System dann mit dem individuellen Nutzerprofil.

Damit in der ersten Phase des Projekts der Benutzer auch die Möglichkeit hat, Halbtonabbildungen wissenschaftlich beurteilen zu können, was im Strichscanmodus nicht gut möglich ist, werden von einer Radiologiezeitschrift die Halbtonabbildungen separat in 8 bit (= 256 Graustufen) und 150 dpi Auflösung (= 60 Punkte pro cm) gescannt.

Der Nachteil dieser Vorgehensweise liegt eindeutig im Zeitversatz, da die Scans vom gedruckten Heft gefertigt werden.

In **Phase II** (Beginn Mitte 94) werden, wo lieferantenbedingt möglich, die Seitenscans durch Text–Bild integrierte PostScript Lieferungen ersetzt. Dazu sind umfangreiche Tests und Absprachen mit Lieferanten erforderlich. Aus diesen PS-Dateien, erzeugt mit den unterschiedlichsten Satz- und DTP Systemen, werden die integrierten Bilddaten für die separate Betrachtung am Bildschirm extrahiert. Der OCR-Scan mit dem Ergebnis eines „dirty-ASCII“ wird durch ein Programm ersetzt, das aus den unterschiedlich strukturierten PS Dateien einen ohne Lesefehler durchsetzten Text, dann auch im *extended ASCII* möglich, erzeugt.

Zum Schluß noch einige kritische Anmerkungen. Waren die von den Satzlieferanten benutzten Systeme den Verlagen in der Vergangenheit relativ gleichgültig („Hauptsache die Satzqualität stimmt“) ist es zukünftig sicherlich von Vorteil, auch über die Satzanlagen und deren technische Möglichkeiten Bescheid zu wissen. Im Hinblick auf mögliche Zweit- oder Mehrfachverwertungen der Daten (Satzstruktur, SGML Volltexte, PS-Dateien) müssen gegebenenfalls bei starren, unflexiblen Satzanlagen Aufträge anderweitig vergeben werden.

Satzsysteme, die nicht einen Ganzseitenumbruch ermöglichen oder nicht postScript- und bildintegrationsfähig sind, werden in naher Zukunft durch DTP Systeme ersetzt oder nur noch für Nischenaufträge herangezogen werden können. Auch die druckereiseitig „gestrickten“ und auf Kundenwünsche ausgerichteten Sonderzeichenfonts und Zusatzprogramme laufen dieser Entwicklung entgegen.

Systeme, die mit *Standards* arbeiten werden in Zukunft gefragt sein.

Elektronische Lehrbücher als Schnittstelle zwischen Verleger, Autor und Leser

Ulrich Glowalla

FB Psychologie, Univ. Gießen, Otto-Behaghel-Str. 10/F, 35394 Gießen
Tel. 0641/702-5403; Fax: 0641/702-3811
glowalla@psychol.uni-giessen.d400.de

1 Argumente für den baldigen Einstieg in das elektronische Publizieren

Namhafte Experten empfehlen Verlegern den baldigen Einstieg in das elektronische Publizieren. Thomas Laukamm (in diesem Band) stützt sich dabei auf Ergebnisse einer Studie aus dem Jahre 1992. Im Auftrag der Europäischen Kommission hat seine Firma *Consulting Trust* untersucht, welche Chancen das elektronische Publizieren Verlagen bietet. Gerhard Rossbach (in diesem Band) empfiehlt den Einstieg auf der Basis langjähriger systematischer Marktbeobachtungen des *Springer-Verlages*. Meines Erachtens sind drei Befunde beider Experten von zentraler Bedeutung für ihre Empfehlung:

- Die Weiterentwicklung der Informationstechnologie hat dazu geführt, daß heute digitale Informationen auf Computern, Breitbandnetzen und Geräten der Unterhaltungselektronik relativ einfach zu handhaben sind oder zumindest bald sein werden. Es ist heute mögliche, statische Medien wie Text und Bild sowie dynamische Medien wie Audio und Video integriert zu nutzen. Solche multimedialen, elektronischen Publikationen stellen hochwertige Produkte dar, die einen mit Printmedien weitgehend gesättigten Markt neu beleben werden.
- Im Zuge des Wandels von der Industrie- zur Informationsgesellschaft wachsen traditionell branchenfremde Industriebereiche zusammen. Verlage, Medienkonzerne, Telekommunikation, Unterhaltungselektronik und Computerindustrie werden eine gigantische Informationsindustrie bilden. Wenn Verleger nicht bald beginnen, die Marktchancen elektronischer Publikationen zu nutzen, werden sie dieses Geschäft an andere Anbieter der Informationsindustrie verlieren.

- Damit die Verlage eine Chance haben, auf dem Gebiet des elektronischen Publizierens erfolgreich zu operieren, muß eine Lernzeit von fünf bis sieben Jahren veranschlagt werden. Um im Jahre 2000 erfolgreich am Markt etabliert zu sein, sollte deshalb heute mit der Produktion elektronischer Publikationen begonnen werden.

2 Einstieg der Verlage in das elektronische Publizieren

In der Tat gibt es auch Verlage, die ihre Aktivitäten auf dem Gebiet des elektronischen Publizierens forcieren. Als Beispiele aus dem deutschsprachigen Raum verweise ich auf Bertelsmann Electronic Publishing und Langenscheidt (vgl. hierzu den Beitrag von Hans-Werner Scholz, in diesem Band). In beiden Häusern handelt es sich allerdings nahezu ausschließlich um Titel aus dem Segment *Nachschlagewerke/Wörterbücher*. Das ist insofern nicht überraschend, als bei diesen Produkten der Nutzen für den Kunden auf der Hand liegt. Lexika auf CD-ROM haben eine immense Kapazität und erlauben im Vergleich zu Printmedien einen wesentlich schnelleren Zugriff auf gesuchte Informationen.

Auch einige Wissenschaftsverlage haben den Einstieg in das elektronische Publizieren bereits vollzogen. An erster Stelle möchte ich hier auf das Projekt *RightPages* verweisen, eine gemeinsame Initiative des Springer-Verlages, den Bell Laboratories von AT&T und der University of California in San Francisco (vgl. den Beitrag von Reinhold Michels, in diesem Band). In RightPages werden die einschlägigen Zeitschriften der Radiologie und Molekularbiologie auf einem zentralen Server elektronisch gespeichert. Die teilnehmenden Wissenschaftler erhalten auf der Grundlage des von ihnen definierten Interessenprofils per *electronic mail* Hinweise auf für sie relevante neue Publikationen. Es ist zu erwarten, daß solche Möglichkeiten Wissenschaftlern helfen werden, mit der immer noch wachsenden Informationsflut effizient umzugehen: Möglichst nichts Relevantes zu verpassen, ohne zu viel Irrelevantes sichten zu müssen.

Im Segment Lehrbücher gibt es leider nur wenige einschlägige Verlagsprojekte. Ich verweise hier auf zwei Beispiele, über die auf dem 94er Multimedia-Kongreß in Heidelberg berichtet wird: das Simulationsprogramm *SimNerv* (Bob, in diesem Band) des Georg Thieme Verlages und die CD-ROM zu Pharmakologie (Kobal & Kobal, in diesem Band) des Springer-Verlages.

Trotz dieser ermutigenden Beispiele bleibt festzuhalten, daß viele Verlage hinsichtlich des elektronischen Publizierens zurückhaltend und abwartend agieren. Das gilt gerade auch für Wissenschaftsverlage, die über ihre Lehr- und Fachbücher sowie eine immer größer werdende Zahl von wissenschaftlichen Zeitschriften ganz erheblich zum Funktionieren des akademischen Betriebes beitragen. Vor dem Hintergrund der Ausbildungssituation an den bundesdeutschen Hochschulen erscheint diese Zurückhaltung nicht angemessen. Die Überlastung der Universitäten führt dazu, daß alternative Methoden der Wissensvermittlung und -vertiefung erprobt werden müssen, um zumindest ansatzweise der Probleme Herr zu werden, die sich aus dem klassischen Frontalunterricht in überfüllten Vorlesungen und Seminaren ergeben. In dieser Situation bietet sich eigenverantwortliches Lernen im angeleiteten Selbststudium als vergleichsweise wirtschaftliche und erfolgversprechende Alternative an.

3 Potentiale elektronischer Publikationen im Bildungsbereich

Der gezielte Einsatz gut gestalteter elektronischer Publikationen kann zur effizienten und kostengünstigen Wissensvermittlung beitragen. Viele Unternehmen haben die Potentiale elektronischer Publikationen für den Bildungsbereich längst erkannt und sind dabei, diese Erkenntnisse konsequent umzusetzen. Ich verweise hier auf die Initiativen CLIP des Postdienstes (vgl. Hundt, 1992) und FUNLINE (vgl. Bache, in diesem Band) der Telekom. Durch den konsequenten und flächendeckenden Einsatz moderner Informationstechnologien und elektronischer Lehrmittel gelingt es der Deutschen Bundespost, eine hohe Qualität ihrer Bildungsmaßnahmen zu bewahren, Zehntausende von Mitarbeitern in wenigen Monaten zu schulen und gleichzeitig dramatische Einsparungen hinsichtlich der Kosten von Bildungsmaßnahmen zu erzielen (vgl. Fricke, 1991). Interessant ist in diesem Zusammenhang, daß IBM Deutschland beabsichtigt, in den nächsten Jahren den Anteil elektronischer Bildungsmaßnahmen von 20% auf 80% zu erhöhen.

Da öffentliche Bildungsträger den verstärkten Einsatz moderner Informationstechnologien zur Lösung der universitären Bildungskrise nicht forciert haben, ist die Entwicklung elektronischer Publikationen für den universitären Ausbildungsbereich der Initiative einiger engagierter Dozenten zu verdanken. So wurde an der Universität Würzburg ein Hypermedia-System namens HERMES für die Betriebswirtschaftslehre entwickelt (vgl. Schoop, 1992). Auch in der Medizin befinden sich Lernsysteme für ganz unterschiedliche Inhalte im Einsatz (vgl. beispielsweise Eitel, Kuprion, Prenzel, Bräth, Schweiberer & Mandl, 1992; Kuhn, Rössner, Reichert, Schwegler, Wechsler, Janowitz, Swobdnik & Ditschuneit, 1992). Für die Gedächtnispsychologie habe ich mit meinen Mitarbeitern ein elektronisches Lehrbuch verfaßt (Glowalla, Rinck, Häfele, Fezzardi & Hasebrook, 1993), das wir seit 1989 eingebettet in unsere traditionellen Lehrangebote einsetzen.

Ausgehend von Einsatzerfahrungen mit unserem elektronischen Lehrbuch werde ich nun ein Konzept erläutern, das Möglichkeiten einer kontinuierlichen Qualitätssicherung und -verbesserung von Lehrmitteln aufzeigt. Ich werde dann verdeutlichen, daß von dieser Arbeit alle Beteiligten, also Verleger, Autoren und Leser, profitieren können. Schließlich werde ich aufzeigen, daß Verlegern eine zentrale Rolle als Schnittstelle zwischen Autoren und Lesern zukommen kann, wenn sie hier konsequent und schnell die Initiative ergreifen.

4 Ein elektronisches Lehrbuch: Einsatzerfahrungen und Forschungsergebnisse

Bisher wurde unser elektronisches Lehrbuch zur Gedächtnispsychologie in insgesamt 15 Kursen mit über 1000 Studenten eingesetzt. Das Lehrbuch umfaßt etwa 60 Buchseiten und ist unser erstes Lehrbuch, das die Studenten mit unserem Hypermedia-System MEM bearbeiten konnten. Der Beitrag von Häfele und Glowalla (in diesem Band) erläutert das Lernen mit MEM genauer. Das Hypermedia-System selbst wird in der Arbeit von Glowalla, Hasebrook und Häfele (1993) ausführlich dargestellt. Für die weitere Diskussion ist hier lediglich von Belang, daß MEM alle Benutzeraktionen und Bearbeitungszeiten während des Studierens und in der Wissensdiagnose in einem Sitzungsprotokoll erfaßt, ohne die Lernenden dadurch in irgendeiner Weise zu beeinträchtigen. Selbstverständlich wußten alle Studenten, daß ihr Studierverhalten aufgezeichnet wurde. Inzwischen war unser elektronisches Lehrbuch etwa 15.000 Betriebsstunden im Einsatz. Die Analyse des umfangreichen Datenmaterials hat zu einer ganzen Reihe interessanter Ergebnisse geführt, von denen ich hier beispielhaft nur einige wenige nennen kann.

Nutzung von Zusatzinformationen. Ebenso wie das bei guten Lehrbüchern seit mehreren Jahren der Fall ist, enthält auch unser elektronisches Lehrbuch ein recht vollständiges Glossar. Arbeiten die Studenten mit unserem elektronischen Lehrbuch und haben Probleme, einen Begriff zu verstehen, dann brauchen sie nur mit der Maus diesen Begriff anzuklicken und erhalten sofort in einem Zusatzfenster die entsprechende Erläuterung. Allein diese sehr einfache Möglichkeit, Begriffserklärungen im Glossar zu studieren, führt zu einer deutlich höheren Nutzung des Angebotes.

Medieneinsatz. Das zweite Beispiel betrifft die Visualisierung von Forschungsergebnissen mit statistischen Graphen. Entsprechende Evaluationen im Rahmen unserer Lernkurse haben gezeigt, daß gerade Studenten im Grundstudium ohne eine begleitende Verbalisierung der in einer Abbildung geschilderten Daten kaum von dieser Visualisierung profitieren. Erst die Kombination von Visualisierung und entsprechender sprachlicher Erläuterung führt zu der gewünschten Verbesserung hinsichtlich des Verstehens und Behaltens.

Qualität der Wissensvermittlung und -diagnose. Obwohl wir den Text und die verschiedenen Aufgaben der Wissensdiagnose sorgfältig formuliert hatten, war doch festzustellen, daß die Lösung bestimmter Aufgaben nahezu allen Studenten Schwierigkeiten bereitete. Dies sagt wenig über die Qualifikation der Studenten aus, sondern weist darauf hin, daß entweder die Aufgabe oder die Erläuterung aufgabenrelevanter Sachverhalte mangelhaft ist. Um genau herauszufinden, worin das jeweilige Problem besteht, ist die Protokollierung des Studierverlaufs besonders hilfreich. Werden Textpassagen, Graphiken oder Animationen wiederholt und lange studiert oder werden an bestimmten Stellen angebotene Hilfefunktionen sehr häufig genutzt, dann liegt dies nur selten daran, daß die vermittelten Sachverhalte tatsächlich schwer zu verstehen sind. Viel wahrscheinlicher ist, daß die angebotenen Erläuterungen verbesserungsbedürftig sind. An Hand der Daten zum Studierverlauf war es möglich, die Qualität unseres Bildungsangebotes im Verlauf der letzten Jahre deutlich zu verbessern. Die aktuelle Version des elektronischen Lehrbuches ist um zahlreiche Studierhilfen und Möglichkeiten der Selbstdiagnose von Wissen erweitert worden.

5 Vorteile für Autoren, Leser und Verleger

Die Beispiele zwei und drei zeigen, daß man als Autor besonders dann von dem Schreiben elektronischer Publikationen profitieren kann, wenn diese Publikationen in der konkreten Ausbildungssituation evaluiert werden. Nach meinem Eindruck habe ich als Autor auf keine andere Weise die Möglichkeit, so umfassend und differenziert über die Qualität meines Lehrbuches informiert zu werden.

Aber auch die Leser profitieren vom Einsatz elektronischer Lehrbücher. Wir haben Vergleichsstudien durchgeführt, die zeigen, daß Lernende nach dem Studieren mit dem Hypermedia-System MEM über mehr Wissen verfügten als Studenten, die die Vorlesung besuchten oder das gedruckte Lehrbuch bearbeiteten. Im Gegensatz zu Thomas Laukamm (in diesem Band) vertrete ich deshalb die Ansicht, daß die Umsetzung eines Lehrbuches in ein interaktiv nutzbares, elektronisches Medium auch dann lohnenswert ist, wenn die klassischen Printmedien Text, Bild und Graphik erst allmählich um audiovisuelle Medien ergänzt werden. Nicht nur die guten Lernergebnisse unserer Studenten belegen das. Ein wichtiger Indikator ist in meinen Augen auch die regelmäßige und kontinuierliche Teilnahme der Studenten an unseren Lernkursen. Mit einer Abbrecherquote unter 5% schneiden die computerunterstützten Lehrveranstaltungen im Vergleich zu traditionellen Veranstaltungen sehr gut ab.

Als letztes möchte ich auf die Vorteile elektronischer Publikationen für Verleger eingehen. An erster Stelle möchte ich hier die Aussicht auf qualitativ hochwertige Publikationen nennen, die man erhält, wenn man das im vierten Abschnitt erläuterte Konzept zur Evaluation von Lehrmitteln umsetzt. Obgleich Elemente dieses Verfahrens wie beispielsweise Akzeptanzerhebungen sicherlich auch bei Printmedien eingesetzt werden können, kann das umfassende Konzept nur auf elektronische Medien angewendet werden. Die systematische Evaluation elektronischer Lehrmittel erhöht die Chancen, höherwertige Produkte zu erhalten, was wiederum Vorteile am Markt schaffen wird. Dieser Aspekt ist bei elektronischen Publikationen besonders wichtig, da hier die Produktionskosten zumindest bei der Erstauflage heute noch deutlich über denen von Printmedien liegen.

Der zweite Vorteil besteht darin, daß Verleger bereits mittelfristig wissenschaftlich fundierte Erkenntnisse über den Einsatz verschiedener Medien und Medienkombinationen erhalten. Obgleich praktisch alle Hard- und Softwareanbieter die nahezu unbegrenzten Möglichkeiten der multimedialen Informationsdarbietung anpreisen, herrscht bei vielen Verlegern große Unsicherheit darüber, welche Inhalte sich für eine multimediale, elektronische Aufarbeitung eignen (vgl. Rossbach, in diesem Band). Sie fragen meiner Meinung nach völlig zu Recht, welchen zusätzlichen Nutzen das elektronische Produkt im Vergleich zum traditionellen Printprodukt bietet. Ohne Zweifel haben Wahrnehmungs-, Lern- und Medienpsychologen manche Vorzüge multimedialen Lernens nachgewiesen. Mehrmodal dargebotenes Lehrmaterial kann die Aufmerksamkeit erhöhen und die Motivation steigern. Auch können ergänzend zu Texten angebotene Visualisierungen zu einer tieferen kognitiven Verarbeitung führen und Behaltensleistungen erhöhen. Die heute technisch realisierbaren dynamischen Medien und Medienkombinationen sind aber weitgehend unerforscht. Auf jeden Fall kann man auf der Basis gut gesicherter psychologischer Forschungsergebnisse leicht zeigen, daß die immer wieder gerne aufgestellte Behauptung, daß ein Bild mehr als tausend Worte sage, in dieser Allgemeinheit sicherlich falsch ist. Ich verweise hier nur auf das in Abschnitt 4 geschilderte Ergebnis unserer Evaluationsforschung hinsichtlich der Visualisierung von Untersuchungsergebnissen mit statistischen Graphen. Wiederum im Rahmen lehrbegleitender Evaluationsforschung kann der mögliche, zusätzliche Nutzen multimedialer Informationsdarbietung nach und nach recht genau bestimmt werden, so daß Kosten wirksam kontrolliert und erfolgversprechende Investitionen gezielt getätigt werden können.

Als dritten Vorteil elektronischer Publikationen für Verleger sehe ich die Ergänzung der teilweise regen Zusammenarbeit zwischen Verlegern und ihren Autoren um eine sachbezogene, differenzierte Kommunikation mit den Lesern. Amerikanische Wissenschaftsverlage unternehmen schon seit vielen Jahren große Anstrengungen, um die traditionell einseitige Kommunikation zwischen Verlag und Lesern aufzuheben. In der 10. Auflage der bei Harcourt Brace Jovanovich verlegten *Introduction to Psychology*, eines der erfolgreichsten Lehrbücher weltweit, danken Autoren und Verlag rund 180 Dozenten und ihren Studenten für zahlreiche Verbesserungsvorschläge, die sich aus der Anwendung des Buches in der Lehre ergaben. Auch im deutschen Sprachraum bemühen sich einige Verlage um die Kommunikation mit ihren Lesern. Seit mehreren Jahren legt beispielsweise der Springer-Verlag seinen Lehrbüchern Antwortkarten bei, auf denen interessierte Leser ihre Eindrücke zum Buch angeben können. Der Rücklauf der Karten liegt mit 20% bis 30% erfreulich hoch, so daß statistische Auswertungen im Bereich des Möglichen liegen. Die rund 10 Fragen zum Lehrbuch können allerdings nur einen groben Eindruck vermitteln. Wird beispielsweise nach der Nützlichkeit von Kapitelzusammenfassungen gefragt, dann kann ich auf Grund unserer Evaluationsforschung sagen, daß diese Bewertung erheblich von Art und Positionierung der Zusammenfassung abhängt. Solche differenzierten Erkenntnisse, die für Verleger und Autoren handlungsrelevant werden können, können freilich nicht aus der Analyse global erhobener Akzeptanz- und Nutzungsdaten gewonnen werden. Eine längerfristig anhaltende Motivation von Lesern, Lehrmittel zu kommentieren, hängt aber entscheidend davon ab, wie rasch und umfassend brauchbare Verbesserungsvorschläge von den Produzenten der Lehrmittel umgesetzt werden.

6 Fazit und Ausblick

In Abschnitt 5 habe ich Vorteile genannt, die elektronische Publikationen für Autoren, Leser und Verleger mit sich bringen. Den Vorteilen für Verleger habe ich besonders breiten Raum geschenkt, da hier nach meinem Eindruck die meiste Überzeugungsarbeit geleistet werden muß. Alle Kolleginnen und Kollegen, die geeignete elektronische Medien in der Lehre einsetzen, und auch ihre Studentinnen und Studenten sind ohnehin von den Vorzügen dieser neuen Medien überzeugt; schließlich erfahren sie den vielfältigen Nutzen tagtäglich in der Ausbildungspraxis.

Den letzten Abschnitt meines Beitrages möchte ich dazu nutzen, um zumindest zwei Bedenken auszuräumen, die sicherlich gegen mein Plädoyer für lehrbegleitende Evaluationsforschung vorgebracht werden. Der erste und wohl auch gewichtigste Einwand betrifft die vermeintlich hohen Kosten, die mit der Durchführung dieser recht aufwendigen Forschung verbunden sind. Dieser Einschätzung würde ich sofort zustimmen, wenn daran gedacht wäre, diese Forschung von Meinungsforschungsinstituten und Unternehmensberatern zu marktüblichen Preisen durchführen zu lassen. Meine Vorschläge gehen aber dahin, diese Qualitätssicherung und -verbesserung in Form von Kooperationsprojekten von Verlagen und Universitäten durchzuführen. Da der Nutzen qualitativ hochwertiger Lehrmittel für Dozenten und Studenten auf der Hand liegt, werden viele Kollegen und Studenten bereit sein, diese Evaluationsforschung sozusagen zum Selbstkostenpreis mitzutragen, was in vielen rein universitären Projekten bisher auch der Fall ist.

Der zweite Einwand betrifft die Vorstellung, daß lehrbegleitende Evaluationsforschung sehr umfangreich sein muß, damit verläßliche Ergebnisse erzielt werden können. Nach unseren Erfahrungen reichen jedoch Teilnehmerzahlen von 60 bis 80 Studenten pro Lernkurs und drei bis vier Vergleichsstudien in den meisten Fällen aus. Weitere Evaluationen stehen lediglich bei festgestellten gravierenden Mängeln oder substantiellen Modifikationen vorhandener Lehrmittel an. Freilich sollten entsprechende Evaluationen in möglichst vielen unterschiedlichen Disziplinen durchgeführt werden, um fachspezifische Besonderheiten erkennen und angemessen berücksichtigen zu können.

So wie Thomas Laukamm (in diesem Band) auf Grund der Ergebnisse seiner EG-Studie prognostiziert, daß elektronisches Publizieren insgesamt notfalls ohne die Verlage stattfinden wird, gehe ich davon aus, daß speziell elektronische Lehrbücher notfalls ohne die Verlage produziert und eingesetzt werden. Die offensichtlichen und nachweisbaren Vorteile interaktiver, elektronischer Medien werden dann dazu führen, daß auch gut am Markt etablierte Printprodukte erheblich an Bedeutung verlieren werden.

Eine solche Entwicklung würde ich aus drei Gründen bedauern: Namhafte Wissenschaftsverlage verfügen über immenses verlegerisches Know-how, eine fächerübergreifende Sicht und durch die von ihnen verlegten wissenschaftlichen Zeitschriften über das Potential, in einer elektronisch vernetzten Welt die künstliche Trennung zwischen Lernen und Arbeiten in der Universität der Zukunft aufzuheben. Nach meinem Eindruck können Verleger, Autoren und Leser vom Einstieg in die Produktion elektronischer Lehrbücher nur gewinnen. Deshalb sind hier die Wissenschaftsverlage gefordert, gemeinsam mit engagierten Dozenten die Entwicklung elektronischer Lehrbücher zu forcieren.

Danksagung

Gudrun Häfele hat frühere Versionen dieses Aufsatzes konstruktiv kritisiert und mir viele wertvolle Anregungen gegeben, die maßgeblich zu einer Präzisierung meiner Gedanken beigetragen haben. Hierfür danke ich ihr ganz herzlich.

Literatur

Bache, J. (1994). Einsatz elektronischer Medien in der beruflichen Weiterbildung am Beispiel von Telekom Funline. *Im vorliegenden Band.*

Bob, A. (1994). Stellenwert elektronischer Simulationsprogramme in der Lehre am Beispiel von SimNerv. *Im vorliegenden Band.*

Eitel, F., Kuprion, J., Prenzel, M., Bräth, A., Schweiberer, L., & Mandl, H. (1992). Interaktives, rechnergestütztes Lernprogramm "Bauchschmerz": Entwicklung - Implementierung - Evaluation. In U. Glowalla & E. Schoop (Hrsg.), *Hypertext und Multimedia. Neue Wege in der computerunterstützten Aus- und Weiterbildung* (S. 216-229). Heidelberg: Springer-Verlag.

Fricke, R. (1991). Zur Effektivität computer- und videounterstützter Lernprogramme. In R.S. Jäger, R. Arbinger, M. Bannert, U. Lissmann, M. Deutsch & K. Konrad (Hrsg.), *Computerunterstütztes Lernen.* (Beiheft 2 zur Zeitschrift Empirische Pädagogik). Landau: Empirische Pädagogik.

Glowalla, U., Hasebrook, J., & Häfele, G. (1993). Implementation und Evaluation computerunterstützter Aus- und Weiterbildung mit dem Hypermedia-System MEM. In H.P. Frei & P. Schäuble (Hrsg.), *Hypermedia '93* (S. 195-207). Heidelberg: Springer-Verlag.

Glowalla, U., Rinck, M., Häfele, G., Fezzardi, G., & Hasebrook, J. (1993). *Einführung in die Gedächtnispsychologie,* 5. Aufl.. Gießen: Selbstverlag.

Häfele, G., & Glowalla, U. (1994). Lernen mit dem Hypermedia-System MEM am Beispiel der Gedächtnispsychologie. *Im vorliegenden Band.*

Hundt, R. (1992). CBT am Lernort Betrieb am Beispiel der Deutschen Bundespost POSTDIENST. In U. Glowalla & E. Schoop (Hrsg.), *Hypertext und Multimedia. Neue Wege in der computerunterstützten Aus- und Weiterbildung* (S. 191-195). Heidelberg: Springer-Verlag.

Kobal, G., & Kobal, S. (1994). Multimediale Ausbildung in der Medizin am Beispiel der Pharmakologie. *Im vorliegenden Band.*

Kuhn, K., Rössner, D., Reichert, M., Schwegler, V., Wechsler, J.G., Janowitz, P., Swobodnik, W., & Ditschuneit, H. (1992). Ein elektronisches Tutorsystem zur Aus- und Weiterbildung für die medizinische Ultraschalluntersuchung. In U. Glowalla & E. Schoop (Hrsg.), *Hypertext und Multimedia. Neue Wege in der computerunterstützten Aus- und Weiterbildung* (S. 207-215). Heidelberg: Springer-Verlag.

Laukamm, T. (1994). Einstieg in Elektronisches Publizieren. *Im vorliegenden Band.*

Michels, R. (1994). RightPages - Bibliothek auf dem Schreibtisch. *Im vorliegenden Band.*

Rossbach, G. (1994). Frankfurt went electronic? - Übersicht und Bestandsaufnahme. *Im vorliegenden Band.*

Scholz, H.W. (1994). Elektronische Nachschlagewerke. *Im vorliegenden Band.*

Schoop, E. (1992). Benutzernavigation im Hypermedia Lehr-/Lernsystem HERMES. In U. Glowalla & E. Schoop (Hrsg.), *Hypertext und Multimedia. Neue Wege in der computerunterstützten Aus- und Weiterbildung* (S. 149-166). Heidelberg: Springer-Verlag.

Workshop

Multimedia für die Finanzdienstleistungsbranche

Workshop "Multimedia für die Finanzdienstleistungsbranche"

G. R. Hofmann

KPMG Unternehmensberatung GmbH
Olof-Palme-Str. 31, 60439 Frankfurt am Main

1 Fünf Beobachtungen und Erläuterungen -- Zur Einführung in das Thema des Workshops

I

Die Unternehmen der Finanzdienstleistungsbranche sind aufgrund des immateriellen Charakters des Geldes besonders prädestiniert für die Nutzung von informationstechnischer (IT-) Infrastruktur.

Die historische Entwicklung der Geldfunktion, vom Tauschmittel über dessen Normierung zu (Münz- und Noten-) Währungseinheiten, schließlich zum Buchgeld und Giralgeld führten zu einer immer stärkeren Entmaterialisierung des Geldes: Heute besteht Geld fast nur noch aus "Geld-Information". Man bezahlt (im Prinzip) mit *bits*, welche in relativ abstrakter Form auf Kreditkarten, auf elektronisch geführten Konten und in elektronisch modellierten Tresoren gespeichert sind.

Die Entmaterialisierung des Geldes, durch welche die Buchführung der Geldwerte nicht mehr als manuelle, materialgebundene Tätigkeit (Öffnen und Verschließen der Kassenschränke, Verwahren der Noten, Münzen und Edelmetalle, etc.), sondern als Abstraktum erscheint, welches per IT "automatisiert" werden kann, haben die Finanzdienstleistungsbranche zu einem geradezu idealen Markt für die IT-Industrie werden lassen -- welche in der Finanzdienstleistungsbranche seit Jahren ihre treuesten Kunden hat (bzw. hatte).

II

Auch für die Finanzdienstleister werden multimediale Technologien -- als *feature* der operationalen IT-Infrastruktur von Banken und Versicherungen -- investitionsrelevant.

Neue Technologien sind einer der volkswirtschaftlichen Randparameter, welche nicht nur die Unternehmen der Finanzdienstleistungsbranche *sine ira et studio* zu beachten haben (andere, ebenfalls "voreingestellte", Randparameter für das unternehmerische Wirtschaften sind etwa Steuern, Personalkosten, Verordnungen und Gesetze, Ausbildungsstand der (Hoch-) Schulabgänger, geldpolitische Rahmenbedingungen, etc.). Idealistische, akademische, oder gar technologieverliebte Geisteshaltungen sind für die Beurteilung Neuer Technologien fehl am Platz -- und daher in der Branche eher selten anzutreffen.

Es besteht in der Regel kein "Technologiepositivismus" in der Finanzdienstleistungsbranche; aber dennoch gibt es in vielen Banken und Versicherungen -- in denen um die Wichtigkeit der Neuen Technologien, speziell im Bereich der Informationstechnologie, für das Unternehmen weiß -- eigene Abteilungen und/ oder Referate für Neue Technologien, welche (mehr oder weniger) systematisch den Markt für technologische Neuerungen beobachten: Es gilt, möglichst keine technologie-induzierten potentiellen Wettbewerbsvorteile im Finanzdienstleistungsmarkt für das eigene Unternehmen zu verpassen! -- Beantwortet werden muß jeweils die zentrale Frage: Wo, wann, und in welcher Form soll das Unternehmen in Neue Technologien investieren?

Einer der Zwecke dieses Workshops ist daher auch, in einer Forums-Situation den gegenseitigen "Blick" schärfen zu helfen, wohin der *common sense* der multimedialen Applikationen in der Finanzdienstleiistungsbranche tendiert.

III

Die Anfänge der Entwicklung der multimedialen Technologien in der Mitte der 1980er Jahre waren für das operationale Geschäft der Finanzdienstleistungsbranche faktisch (noch) nicht brauchbar.

Die frühe Forschung im Multimedia-Bereich konzentrierte sich auf das Problem der integrierten Handhabung und Darstellung verschiedener Datentypen: Ein erstes hehres technologisches Ziel war, zum Beispiel, die integrierte Darstellung eines Echtzeit-Videos in einer Windows-Umgebung; zum Video hinzu kam Audio, die Möglichkeit der Massendatenhaltung auf optischen Speichermedien (CD-ROMs), die Breitband-Kommunikation, Bildtelefon, *multimedia mail*, *multimedia collaboration*, etc.: Es entstand gegen Ende der 1980er Jahre eben jener Technologie-Mix, der heute gemeinhin mit dem *terminus technicus* "Multimedia" assoziiert wird.

Die Integration von Multimedia *features* geschah meistens auf der Basis von (UNIX-) *workstations*. Aber Maschinen dieser Preisklasse waren (sie sind es durchaus nicht mehr unbedingt) oftmals für den normalen Büroarbeitsplatz (in einer privaten Verwaltung) nicht brauchbar, weil sie sich als zu teuer darstellten:

Nutzenanalysen ließen einen zu langfristigen Amortisierungshorizont erwarten, die zu erwartenden monetären Ergebnisse aufgrund des Einsatzes von multimedialen Technologien waren zu schlecht. Damit ergab sich -- selbst in der eher innovationsfreudigen Finanzdienstleistungsbranche -- ein spezifisches Technologietransferproblem.

IV

Der Großteil der Anwendungen multimedialer Technologie in der Finanzdienstleistungsbranche ist im kundenorientierten *front end* der Unternehmen plaziert.

Die Kernfrage für den Einsatz von Multimedia-Technologien heißt stets: Wo trägt "Multimedia" zu einem positiven Betriebsergebnis bei? -- Wohl am ehesten da, wo das "Geschäft gemacht" wird, das bedeutet: Am *point of sales* (POS). Von daher sind Multimedia *features* am ehesten bei Selbstbedienungsautomaten, oder beim *home banking* und *telebanking*, etc., anzutreffen -- die Beiträge des Workshops bestätigen dies: Fast alle vorgestellten Anwendungen sind nicht Technologie-, sondern POS- und Design-getriebene Anwendungen.

Zudem gilt, daß multimediale Innendienstanwendungen (wie *multimedia mail*, *multimedia collaboration*, *workflow systems*) in den privaten Verwaltungen relativ schwer durchsetzbar sind, weil die mit der Einführung dieser Anwendungen verbundenen Umorganisationen im Unternehmen oft interne Gegner haben (als Ausfluß der typischen Trägheit von Verwaltungen gegenüber organisatorischen Änderungen). Hingegen sind Änderungen der Produkt- und Vertriebsformen -- als direkt geschäftsfördernd -- weit unkritischer, und daher eher durchsetzbar und realisierbar.

Ergo konzentriert sich in diesen *front end* -Bereichen das "multimediale" Innovations- und Investitionspotential der Unternehmen der Finanzdienstleistungsbranche.

V

Die Fragestellungen bezüglich der Nutzungserwartung an multimediale Systeme führen zu spezifischen Marketing- und Technologietransferproblemen.

Als Zielkonflikt beim Anwender, und damit als ein wesentliches Marketingproblem für "Multimedia", erscheint die hohe Standardisierungserwartung der Anwender und Kunden in Richtung Offener Systeme, welcher aber -- im Sinne eines Alleinstellungsmerkmals gegenüber der Konkurrenz -- die Präferenz für proprietäre und geschlossene Systeme entgegensteht, welche *highly customized* spezielle Entwurfs- und Kundenarchitekturen darstellen.

Zudem ist das Branchenverständnis der Hersteller multimedialer Technologien noch nicht sehr weit ausgeprägt: Generische Multimedia-Architekturen sind nicht sehr oft praktisch verwendbar, da ein zum Teil anderes Anforderungsprofil bei (forschungs- und entwicklungsorientierten) Funktionsmustern und Prototypen als bei "richtigen" operationalen Systemen besteht.

Die Beiträge zum Workshop zeigen, daß sich der wesentliche Nutzen der multimedialen Applikationen nur realisieren läßt, wenn die Einführung der Technologien mit entsprechenden organisatorischen Änderungen im Unternehmen einhergeht.

Im Rahmen der Absicherung der zu tätigenden Investitionen möchte man in der Regel keine multimediale Technologie beschaffen, welche bezüglich der technischen Ausgestaltung nur eine kurzlebige Erscheinung auf dem Markt ist; sei es, weil die Herstellerfirma eine unklare Produktpolitik verfolgt, oder aber aufgrund ihrer Marktposition nicht als vertrauenswürdig anzusehen ist.

Die technische Unterstützung und Wartung (*technical system support*), sowie die "Richtigkeit" der Investitionsentscheidung für das multimediale Endgerät, muß vom Gerätehersteller und/oder vom Diensteanbieter langfristig gesichert werden. Die zeitliche Gestaltung von "Langfristigkeit" der Investitionssicherung hängt ab von Faktoren wie dem Amortisierungszeitraum der Investition, oder auch von rechtlichen Rahmenbedingungen (z.B. Aufbewahrungsfristen für Geschäftsbriefe und Buchführungsunterlagen nach dem GmbHG oder AktG), und ähnlichem mehr.

2 Überleitung und Dank

Die Vorträge des Workshops illustrieren die dargelegten Beobachtungen. Es ist insbesondere begrüßenswert, daß mit den Beiträgen des Workshops ein gelungener Querschnitt durch die derzeit aktuellen "Multimediaprobleme" der Branche gegeben werden kann.

Den Vortragenden und beitragenden Autoren des Workshops sei an dieser Stelle für die Erstellung der Beiträge und für ihr persönliches Engagement, welches zum Gelingen des Workshops beigetragen hat, herzlichst gedankt.

Szenarien für den Einsatz Multimedialer Teledienste in der Finanzwirtschaft

Johannes Ewers,

DeTeBerkom GmbH, Voltastr. 5, 13355 Berlin

1 Einleitung

Multimedia wird auf der einen Seite enthusiastisch gefeiert als neue Anwendungs-Superlative (und Goldesel) der Informationstechnik. Auf der anderen Seite wird MM als große Seifenblase angesehen, die kurz davor ist zu platzen. Das gleiche gilt für ATM, die Kommunikationstechnik, die häufig im Zusammenhang mit Multimedia genannt wird.

Ein Blick in die Vergangenheit zeigt, daß es schon eine ganze Reihe von derartig hoch gelobten und später tief gestützten Anwendungen gegeben hat. Beispiele hierfür sind : Papierloses Büro, Bildverarbeitung und Künstliche Intelligenz. Auch die Zukunft anderer Techniken wie beispielsweise Pen Computing und Personal Digital Assistent ist noch ungewiß.

Betrachtet man diese innovativen Techniken jedoch genauer, so steckt hinter der Marktschreierei häufig ein solider Kern, der einfach Zeit (und Geld) zur Entwicklung braucht. Multimedia sollte deshalb nicht mit der rosaroten Brille der Marketingstrategen oder der schwarzen Brille der Pessimisten gesehen werden, sondern nüchtern als technische Entwicklung, deren Zeit gekommen ist und die in sinnvolle Anwendungen umgesetzt werden muß.

Umfragen verschiedener Prognoseinstitute sehen auf jeden Fall in den nächsten Jahren große Wachstumschancen im Multimediabereich.

2 Anwendungsbereiche

Die Stärke von Multimedia liegt in der hohen Qualität des Informationsaustauschs durch den gleichzeitigen, koordinierten Einsatz von Ton, Sprache, Bild, Film und Grafik. Die jeweils optimale Form einer Darstellung kann gewählt werden, um einen Effekt (informieren, beeindrucken, überzeugen) zu erreichen. Anwendungen im Finanzdienstleistungsbereich sind deshalb dort zu suchen, wo eine Präsentation von Bedeutung ist oder wo Informationen gebündelt abgerufen werden müssen. Der hohe technische Aufwand wird durch den größeren Erfolg der Präsentation, des höheren Umsatzes oder der schnelleren Wirkung wettgemacht.

MM-Anwendungen sind im wesentlichen (wenn man die Unterhaltung einmal ausnimmt) in 4 Bereichen zu finden

- Präsentation
- Interaktive Informations- und Verkaufssysteme (POI, POS)
- Interaktive Schulungssysteme (CBT)
- Kommunikation

Besonders interessante Anwendungen ergeben sich bei der Kombination von Telekommunikation und Multimedia. Ziel ist es dabei, räumliche Trennungen zu überwinden. Dabei geht man von der Idee aus, daß immer mehr Firmen oder Behörden an weit verteilten Standorten angesiedelt sind, trotzdem aber gemeinsam handeln und miteinander arbeiten müssen. Die Kommunikationsbarriere, die sich durch die Entfernung der Partner aufbaut, soll durch neuartige, multimediale Technologie (Videokonferenz am Arbeitsplatz, Joint Viewing, Joint Editing) durchbrochen werden.

Der Einsatz ist jedoch noch stark durch das Angebot der Technologiehersteller und nicht durch die Nachfrage der Anwender geprägt.

2.1 Anwendernutzen als Richtungsweiser

Der Einsatz wird nicht von der Technologie bestimmt, sondern von der Akzeptanz durch den Anwender und durch den erkennbaren Nutzen. Aus Umfragen ist bekannt, daß Anwender auch in wirtschaftlich kritischen Zeiten bereit sind, in neue Technologien zu investieren, wenn Kosten und Nutzen klar definiert werden können. Multimedia-Anwendungen müssen hier noch einiges aufholen, um den Nutzen klar zu beschreiben. Ursachen für dieses Defizit sind :

- mangelndes Wissen der Anwender
- irreführende Informationen der Anbieter
- ein unübersehbares und verwirrendes Angebot der Hersteller
- konkurrierende Standards, Formate und Plattformen
- schwierige Bedienung und hoher Schulungsaufwand
- Einbettung in ein komplexes, organisatorisches Umfeld
- Kompetenzstreit zwischen DV- , TK- und Fachbereichen

Häufig ist es auch so, daß der effiziente Einsatz von innovativen Multimediatechniken erst im Anschluß an eine Umstrukturierung der Firmenorganisation oder beim Erschließen neuer Arbeitsfelder möglich ist.

Pilotprojekte und Erprobungen mit umfangreicher Anwenderbeteiligung sind eine wichtige Möglichkeit zur Aufklärung und objektiven Information.

2.2 Anbieter und Anwender zusammenbringen

Die Vermittlung der neuen technischen Möglichkeiten an die Nutzer und die Weitergabe der Anwenderanforderungen an die Entwickler ist eine bisher ungelöste Aufgabe, die auf beiden Seiten Unsicherheit schafft. Aus dieser Unsicherheit heraus resultieren Probleme aller Anwender und Anbieter, wenn es um die weitere Zukunftsplanung geht. Das betrifft nicht nur die direkten

Hersteller, sondern auch die Infrastrukturbetreiber, die für den Aufbau der notwendigen Breitbandnetze verantwortlich sind.

Die Telekom hat deshalb vor einigen Jahren das Forschungsprogramm BERKOM in Berlin gestartet, mit dem den Unsicherheiten der technischen Entwicklung des Breitband-ISDN begegnet werden soll. Im Rahmen dieses Programms werden sowohl die technischen Anforderungen als auch die Probleme der Anwender intensiv untersucht.

In mehreren Jahren sind hier in Zusammenarbeit mit Technologieanbietern und -anwendern eine große Zahl von Projekten im nationalen und internationalen Rahmen durchgeführt worden. Es werden dabei viele Anwendungssektoren wie Medizin, Druck- und Verlagswesen, Produktmarketing, Schulung, Fabrik und Bürokommunikation abgedeckt. Der Einsatz von Multimedia-Elementen ist ein wesentliches Merkmal vieler dieser Projekte.

3 Anwendungsszenarien

Basierend auf einer Studie, die in Zusammenarbeit mit der KPMG Unternehmensberatung im Rahmen von BERKOM erstellt wurde, sollen Anwendungsszenarien für die Finanzdienstleistungsbranche gezeigt werde.

3.1 Multimediale Konferenz

Wichtige Entscheidungen werden in einer Konferenze von Entscheidungsträgern und beteiligten Fachkräften vorbereitet. So wird die Gewährung von Krediten in signifikanter Höhe von Kreditausschußsitzungen beurteilt.
Derartige Sitzungen bringen immer einen erheblichen Aufwand für alle Beteiligten in Bezug auf Zeit, Abstimmungsproblemen und verminderter Verfügbarkeit für andere Aufgaben mit sich. Multimediale Kommunikation kann den Aufwand auf die eigentliche, für die Sitzung notwendige Zeit, reduzieren. Die Technik ermöglicht häufigere (ad hoc) Sitzungen und damit flexiblere und schnellere Reaktion auf Kundenwünsche.

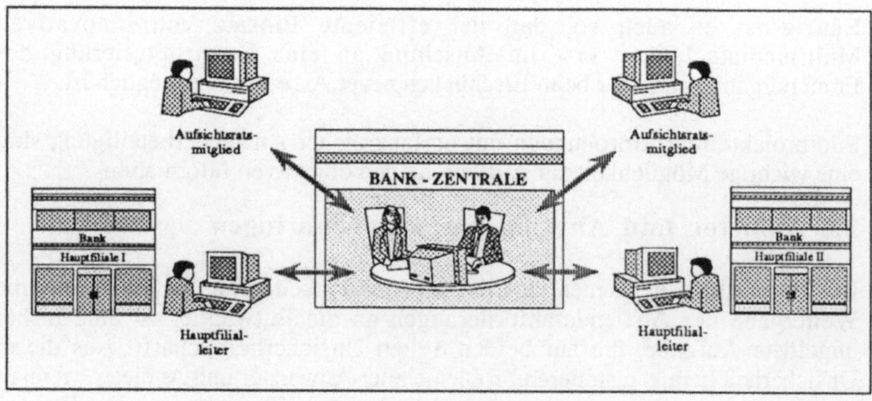

Gleichzeitig wird durch die Einschaltung einer kompetenten Fachgruppe die Qualität der Entscheidungen verbessert. Nachteilig ist sicherlich, daß der Gewinn an Effizienz mit einem Verlust des gediegenen Konferenzambientes verbunden ist.

3.2 Multimedia Sachbearbeitung

Ziel ist es, dem Sachbearbeiter/Kundenberater am Büroarbeitsplatz mit einer multimedialen Arbeitsstation Zugriff auf alle Arten von Information und Kommunikation in einem Unternehmen zu geben. Das beginnt bei den üblichen Tätigkeiten wie Textverarbeitung und Kalkulation und umfaßt Fernsprechen, Faxen und E-Mail.

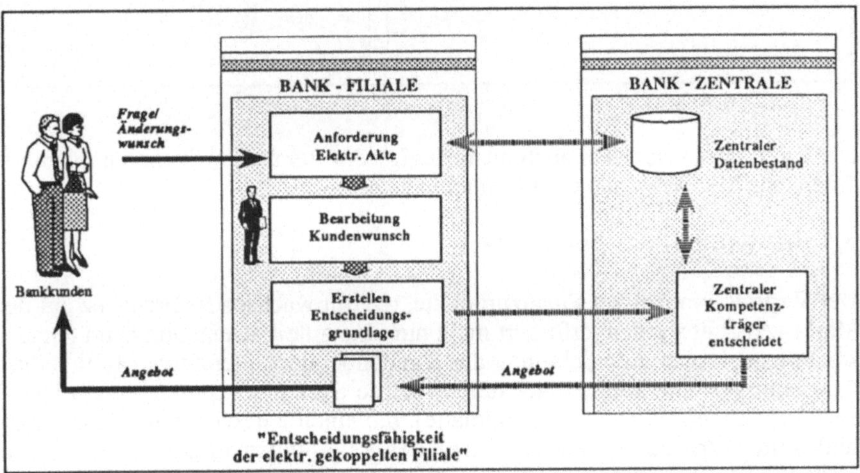

Der Zugriff auf beliebige Dokumente, Kundenakten, gemeinsames Bearbeiten und Videokonferenzen mit mehreren Teilnehmern runden die Möglichkeiten ab. Der Sachbearbeiter in der Filiale kann somit einen umfassenderen, schnelleren

3.3 Multimediale Vertriebsunterstützung

Der Vertrieb komplexer Finanzprodukte erfordert erfahrene und kompetente Berater, die eher in der Zentrale als in vielen Filialen zu finden sind. Trotzdem soll den Kunden in den Filialen die Beratung durch den Spezialisten in der Zentrale angeboten werden. Dies geschieht durch ein Multimedia-Terminal, das eine hochwertige Bild- und Sprachkommunikation zwischen Kunde und Berater herstellt. Gleichzeitig erlaubt das Terminal die Präsentation von unterstützendem Informations- und Werbematerial.

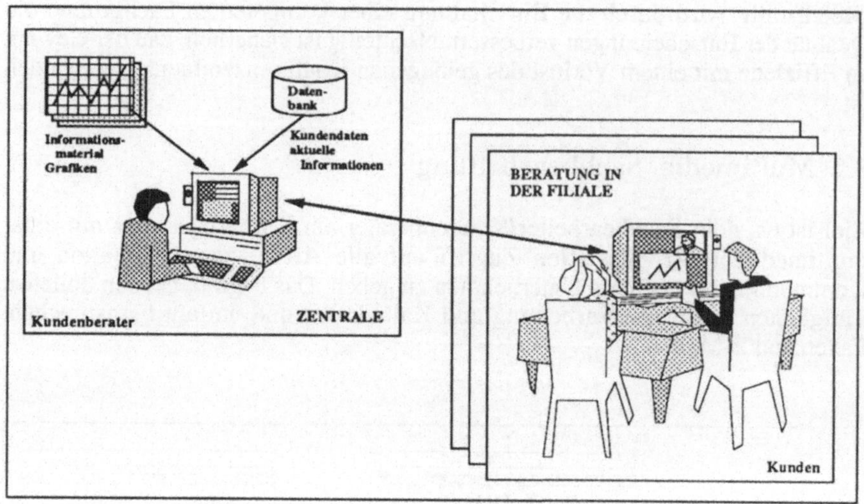

Der Kunde kann sich aber auch unabhängig vom Berater am Terminal interaktiv durch eine MM-Präsentation informieren.

3.4 Multimediale Schulung

Der Vertrieb innovativer Finanzprodukte, die mit wachsender Frequenz auf den Markt gebracht werden, erfordert nicht nur eine gute Präsentation beim Kunden sondern auch eine gute Schulung der Kundenberater. Interaktive Multimediale Schulungssysteme können hier helfen. Diese Systeme basieren jedoch häufig auf Datenträgern (CD-ROM, Bildplatte), die einen langwierigen, aufwendigen und teuren Prozeß zur Aufbereitung des Schulungsmaterials voraussetzen. Virtuelle Schulungsgruppen, die auf dem bewährten Prinzip des Seminars mit einem Dozenten basieren, können eine Alternative sein. Die multimediale Arbeits- und Konferenzstation wird hierbei zum Schulungsplatz. Mehrere Stationen sind auch über weite Entfernungen mit der Station eines Dozenten verbunden. Analog zum Kundengespräch wird ein Beratertraining durchgeführt. Vorhandenes Informationsmaterial kann eingesetzt werden. Reisen und Anfahrten entfallen. Die Schulungskosten werden minimiert.

4 Anforderungen an die Kommunikationstechnik

Multimedia-Kommunikation stellt große Anforderungen an das zugrundeliegende Übertragungsnetz. Dabei kann zwischen dem Austausch von Multimedia-Dokumenten und der kontinuierlichen Übertragung von Sprach- und Videodaten unterschieden werden. Beiden Formen der Kommunikation ist eines gemeinsam: sie übertragen große Datenmengen, die eher im Megabyte- als im Kilobyte-Bereich liegen. Multimedia-Kommunikation verlangt also nach Netzen mit hoher Übertragungsrate. Die ATM (Asynchroner Transfer Mode)-Technologie und das darauf aufbauende, geplante Breitband-ISDN der Telekom werden diese Anforderungen erfüllen.

5 Schluß

Multimedia-Anwendungen brauchen Zeit zur Entwicklung und werden sich nicht von heute auf morgen durchsetzen. Die Euphorie der ersten Stunde wird sich legen und einer ruhigeren Phase Platz machen. Der Ausbau oder die Ablösung bestehender Netze bietet die Chance, MM-Anwendungen zu berücksichtigen. Der Trend zu niedrigeren Preisen bei höherer Leistung wird die Entscheidung für den Einsatz erleichtern.
Hersteller und Anwender, die sich frühzeitig mit den Chancen, aber auch den Risiken dieser neuen Technologien auseinandersetzen, haben die Möglichkeit, ihre Marktpotentiale zu stärken. Etwas Geduld und Ausdauer sind allerdings notwendig.

5.1 Was sollen Hersteller tun ?

Hersteller, die vom Multimedia-Kommunikationsmarkt profitieren wollen, müssen einen langen Atem haben. Der Markt befindet sich in einer Aufbruchphase, die durch viele unkoordinierte Nischenlösungen gekennzeichnet ist. Konkurrierende Hersteller kämpfen mit ihren speziellen Protokollen, Schnittstellen und Produkten um die ersten Anwender. Die komplexe Technik erfordert hohe Einsätze bei der Entwicklung, sowohl auf der Seite von Multimedia als auch bei den Netzwerken.
Allen Herstellern ist anzuraten, sich in Arbeitsgruppen (s. ATM Forum) zusammenzuschließen, um gemeinsame Strategien und Verfahren zu verabreden. Nur so kann eine breite Anwendungsplattform geschaffen werden, die am Ende allen nutzt. DeTeBerkom bietet dazu mit ihren Multimedia-Teleservice-Arbeitskreisen eine Anregung.

5.2 Was sollen Anwender tun ?

Anwender sollten sich nicht durch die Versprechungen der Hersteller blenden oder abschrecken lassen, sondern nüchtern überlegen, wie sie Multimedia-Kommunikation in ihrem Unternehmen einsetzen können. Zeitkritische, komplexe Vorgänge, die eine enge Abstimmung erfordern, sind ein erster Anwendungsbereich; hochwertige Präsentationen und Schulungen ein weiterer.
Anwender müssen aber darauf achten, daß sie offene, zukunftsweisende Lösungen wählen, die sie nicht in die Abhängigkeit einzelner Hersteller bringen.

Das multimediale Außendienstsystem ASSECURANZIA

R. Thome

Lehrstuhl für BWL und Wirtschaftsinformatik der Universität Würzburg
Neubaustraße 66, 97070 Würzburg

1 Zielsetzung

Bestehende Versicherungsagentursysteme bieten dem Versicherungsagenten meist nur konventionelle Möglichkeiten zur Ablage, Recherche und Aufbereitung komplexer, oft unstrukturierter Informationen. Die Bedienung und Informationsdarstellung solcher Systeme ist allenfalls einem geübten Anwender und keinesfalls dem Kunden als Gesprächspartner des Versicherungsagenten verständlich. In der Beratung ist dieser bisher folglich auf seine eigenen Erfahrungen und auf passendes Prospektmaterial angewiesen. Nur in wenigen Fällen werden daher Computersysteme zur Kundenberatung eingesetzt.

Mit Assecuranzia wird eine Lösung vorgestellt, die durch Integration neuer Softwaretechnologien in einem System Wege zur Überwindung der Probleme bei der Informationsverarbeitung im Versicherungsaußendienst aufzeigt.

2 Benutzerfreundlichkeit und Informationsdarstellung

"Assecuranzia" ist in diesem Programm auch der Name für die ständig bereitstehende Assistentin des Anwenders. Mit dieser Unterstützung wird im Vergleich zu klassischen Lösungen eine Hilfe dargestellt, die sehr persönlich eingreift, wenn der Benutzer sie benötigt. Damit wird die Distanz zwischen Mensch und Maschine abgebaut.

Zur Steigerung der allgemein schwachen Akzeptanz von Computern im Außendienst ist das System durchgehend mit einer selbsterklärenden, leicht zu bedienenden, graphischen Benutzeroberfläche ausgestattet. Vielfältige, graphisch orientierte, multimediale Gestaltungsmöglichkeiten wurden dabei mit dem Ziel eingesetzt, die Arbeit des Versicherungsagenten bestmöglich zu unterstützen.

Das System wurde in sieben verschiedene Arbeitsbereiche gegliedert, die nach einem einheitlichen Schema aufgebaut sind. Funktionen, die der Anwender in mehreren Bereichen benötigt, findet er in Pull-Down-Menüs. Der Aufbau der Menüs muß also nicht den einzelnen Bereichen angepaßt werden. Diese bewußt einfache Menüstruktur prägt sich nach kurzer Zeit ein und schafft Sicherheit im Umgang mit dem System. Bereichsspezifische und besonders wichtige Funktionen sind als Tastenfelder dargestellt. Durch einfachen Mausklick auf das entsprechende Tastenfeld wird die entsprechende Programmfunktion ausgeführt. Jedes Tastenfeld trägt ein Symbol, das die dahinterliegende Programmfunktion verdeutlicht. Solche bildhaften Darstellungen zeigen dem Benutzer unmittelbar, welche Funktionen ihm vom System zur Verfügung gestellt werden. In kürzester Zeit assoziiert und memoriert er das jeweilige Symbol mit der dahinter liegenden abstrakten Programmfunktion.

3 Zugriffsmöglichkeiten

Um einen flexiblen, intuitiven Informationszugriff zu gewährleisten, wurden in Assecuranzia neue Möglichkeiten des Datenzugriffs realisiert. So befinden sich in der Darstellung eines Versicherungsvertrags der Name und das Bild des Versicherten. Der Anwender erhält dann durch Mausklick auf diesen Namen alle wichtigen Informationen zur Person. Dieser Datenzugriff in der Struktur von Hypertext ermöglicht es dem Anwender, in der dem Menschen eigenen, eher assoziativen, nicht linearen Weise mit den Informationen umzugehen.

Komplexe Suchabfragen nach bestimmten Informationen sind jedoch in Hypertextsystemen nur schwer möglich. Assecuranzia verknüpft die Vorteile des assoziativen Informationszugriffs von Hypertextsystemen mit den Vorteilen eines relationalen Datenbanksystems. Unterstützt durch die graphische Oberfläche wird dem Anwender die einfache Formulierung komplexer Anfragen an dieses Datenbanksystem möglich.

4 Moving Map

Dem neuartigen universellen Navigationswerkzeug Moving Map liegt die Idee der Orientierung durch das optische und räumliche Gedächtnis zugrunde.

Durch eine Übersichts- und eine Ausschnittkarte hat der Benutzer immer einen Überblick und die Details im Blickfeld.

In der Übersichtskarte kann er sehr schnell große Sprünge vornehmen, wobei es ihm gleichzeitig möglich ist, sich sich in der Ausschnittskarte zu informieren. Die Navigation vermittelt dem Benutzer die Vorstellung, er würde sich im Bild bewegen. Dabei wird die Auswahl bzw. Bewegung jeweils auf der Ausschnittskarte nachgezogen.

Neben diesen Möglichkeiten der Navigation wird dem Benutzer ein "user interface customizing" ermöglicht, d.h. er ist in der Lage, die Moving Map nach eigenem Gusto zu gestalten.

5 Expertensystem

Das Expertensystem beinhaltet Verarbeitungswissen in Form von Regeln, in denen festgelegt ist, wie Daten verarbeitet werden und welche Schlußfolgerungen aus ihnen gezogen werden können, so daß es möglich ist, sich z.B. im Verlauf eines Kundengesprächs flexibel auf unterschiedliche Situationen einzustellen.
Daher eignet sich ein Expertensystem besonders gut für den Einsatz als Bera-

tungs- und Unterstützungkomponente eines Außendienstmitarbeiters. Schon in der Datenbank vorhandene Fakten nutzt das Expertensystem und baut sie sinnvoll in den Verarbeitungsprozeß ein. Informationen, die beim Beratungsprozeß für das System noch nicht vorliegen, werden erfragt und in der Datenbank abgespeichert.

Unter Einsatz eines Expertensystems wird z.B. bei der Unfallversicherung auf Basis der erfragten Kundendaten eine differenziertere Klassifizierung des Versicherten in Gefahrengruppen möglich, als sie momentan üblich ist.

In Assecuranzia ist ein solches System für eine detaillierte Risikoprüfung eingesetzt. Dabei werden allgemeine Kundendaten über eine Maske eingegeben und dann der Analyseprozeß gestartet. Bei Anfragen des Expertensystems bekommt der Anwender die größtmögliche Unterstützung durch die graphische Benutzeroberfläche. Nach Analyse der beruflichen Tätigkeit, des Freizeitverhaltens und des Gesundheitszustandes des zu Versichernden liefert das System entsprechende Tarife für einen Grundbetrag an Versicherungssumme. Das Ergebnis wird dann in der Datenbank abgespeichert.

Der Einsatz eines Expertensystems ist auch im Hinblick einer Komplettberatung für den individuellen Versicherungsschutz des Kunden sinnvoll.

6 Multimedia

" Ein Bild sagt mehr als tausend Worte!" - Unter diesem Motto soll eine Akzeptanzsteigerung von computerunterstützten Systemen im Versicherungsaußendienst erreicht werden. Multimedial präsentierte Informationen werden von den angesprochenen Personen leichter verstanden und auch behalten.

Erst die neuen Möglichkeiten der Hard- und Softwaretechnologie erlauben eine digitale Verarbeitung von Bild-und Tondaten im persönlichen Computer eines Aussendienstmitarbeiters.

Wichtig ist die Interaktivität bei Multimediaeinbindungen. Dem Benutzer wird es so ermöglicht, in den Ablauf einzugreifen. Er kann selbst entscheiden, ob er die multimedialen Zusatzinformationen wünscht oder nicht.

Das Beratungsgespräch beginnt mit einer Firmenpräsentation in Form einer kurzen Videosequenz. Assecuranzia - die kreative Agentur stellt ihr Angebotsspektrum vor. Gerade im Außendienst kann Video erklären, darstellen und verkaufen helfen. Die Einspielung hat eine Eisbrecherfunktion. Die visuelle Kommunikation bietet bei weitem mehr als nur Information in Texten und Worten.

Die Technologie macht es im weiteren auch möglich, auf Mausklick zu jedem Kunden eine digitalisierte Fotographie einzublenden. Ein Bild erweckt oftmals mehr Assoziationen als nur der Name.

Mit Hilfe von Videoaufnahmen einer realen Person wird ein menschlicher Ansprechpartner im System implementiert. Dieser oben beschriebene User Agent, mit Namen Assecuranzia ermöglicht dem Anwender eine völlig neuartige Form der Kommunikation mit dem System.

Multimediale Anwendungen eignen sich jedoch nicht nur für Präsentationssysteme. Weitere Nutzungsbereiche von Multimedia sind die Unterstützung von Schulungen des Außendienstes und Lern- und Lehrsoftware für rechnergestützte Selbstlernarbeitsplätze. Gerade im Ausbildungsbereich hat die Visualisierung komplexer Zusammenhänge große Bedeutung.

Es ist erwiesen, daß Lernen immer dann die höchste Effektivität erzielt, wenn mehrere Kanäle der menschlichen Wahrnehmung angesprochen werden. Text, Graphik, Ton, Animationen und Bildfolgen erzielen eine effektivere Vermittlung von Informationen und sichern die Lernmotivation.

Assecuranzia zeigt, wie komplexe Versicherungsfragen in einem Selbstlehr-/-Lernsystem multimedial vermittelt werden können und wie ein Schulungsleiter bei der Erklärung komplexe Zusammenhänge zu unterstützen ist.

7 Datenbank

Alle Informationsfelder des Assecuranzia Systems werden in einer relationalen Datenbank in 3. Normalform verwaltet. Damit kann von jeder Anwendung auf alle gesammelten Unterlagen in der aktuellsten Form zugegriffen werden. Die Datenbank ist SQL-fähig, aber ein "Selector" genanntes Auswahlverfahren erlaubt dem Anwender auf einfachste Weise Auswahlkriterien zur Bildung von interessanten Teilmengen zu formulieren.

Eine Verbindung zum Austausch von Daten mit anderen Datenbanken ist möglich.

8 Objektorientierung

Um den Aufwand für Pflege und Weiterentwicklung bei größtmöglicher Individualisierungsfähigkeit von Assecuranzia niedrig zu halten, wurden die Prinzipien der Objektorientierung beachtet. Damit sind die Voraussetzungen gegeben für die Vererbung von Methoden und Attributen, die in Verbindung mit Polymorphismus eine Programmgestaltung erlauben, deren Module dynamisch auf die Datenanforderungen reagieren. Damit bieten sich entscheidende Vorteile für die laufende Um- und Neugestaltung von maschinell zu entwickelnden und zu verwaltenden Angeboten und Vertragsstrukturen.

Multimedia-Applikationen als Bestandteil der Bürokommunikation im Versicherungswesen

Dr. Dirk Nouvortne
Gerling Konzern

1 Die "neue" Bürokommunikation - Groupware vs. Workflow

Die Bestimmung von Anwendungsszenarien wird gegenwärtig durch die Diskussion zwischen "Work-flow"- und "Groupware"-Ansatz beeinflußt. Während "Workflow" ein Konzept ist, in dem ein Arbeitsprozeß durchgehend operationalisiert und wohl-strukturiert durch Technik determiniert ist, steht "Groupware" für einen Ansatz, in dem technische Systeme im Sinne von "Tools" verstanden werden, die in einem schlecht strukturierten, fallbezogenen Arbeitsprozeß für reine Unterstützungsaufgaben herangezogen werden. Die multimedialen Anwendungen, die hier im Mittelpunkt der Betrachtung stehen, sind vor allem dem Groupware-Ansatz entlehnt.

2 Applikationsbeispiele im Versicherungswesen

2.1 Standbildübertragung in der Kraftfahrt-Schadenbegutachtung und im Risk Consulting

Ein erstes Beispiel für den Einsatz moderner Telekommunikations- und Multimediatechnologie im Versicherungswesen ist die Standbildübertragung in der Kraftfahrtversicherung und im Risk-Consulting. Der Nutzen liegt hier - neben der qualitativen Verbesserung von Entscheidungen durch Einbezug zusätzlichen Expertenwissens - in der Verbesserung der Arbeitsproduktivität und der Beschleunigung des Arbeitsprozesses.

Verschiedene Versicherungsunternehmen verfügen über einen Stab von angestellten Gutachtern, die im Rahmen der Unfallregulierung Sachverständigengutachten erstellen. Größere Versicherer haben solche Gutachter in mehreren Orten Deutschlands. Vor allem in der Regulierung von "Kleinschäden" an Autos erschließt sich mit Hilfe der Multimediatechnologie ein großes Rationalisierungspotential. Durch den Einsatz von Standbildübertragungssystemen ist es möglich, in sogenannten "Drive-In Stationen" beschädigte Autos zu fotografieren, um sie direkt zu einer zentralen Sachverständigenabteilung zur Begutachtung weiterzuleiten. Von hier aus kann dann - auf der Basis des hochwertigen Bildmaterials - eine zentrale Begutachtung eingeleitet werden.

Dezentrale Sachverständigenabteilungen lassen sich personell zurückstufen. Da die Begutachtung weitgehend zeitnah erfolgen kann, trägt dieser Ablauf wesentlich zur Kundenfreundlichkeit bei.

Auch im Rahmen einer Beratung hinsichtlich Schadenverhütung, wie generell überall dort, wo es zu zeitkritischen Aktivitäten kommt und mit Bildmaterial gearbeitet wird, sind Bildkommunikationssysteme ein wertvolles Hilfsmittel; besonders, wenn ein Ingenieur im Rahmen einer Revisionsuntersuchung technischer Anlagen schnell befinden muß, ob eine Anlage bei sich abzeichnenden Mängeln in Betrieb bleiben kann oder nicht. Da seine Entscheidung eine große Tragweite hat, die zudem noch unter Zeitdruck erfolgen muß, ist das Urteil von weiteren Experten, ggf. anderer Disziplinen, hilfreich. Auch hier sind Standbildübertragungssysteme von großem Nutzen. Interessant ist hier auch der Einbezug mobiler Funknetze. So gibt es zwischenzeitlich Systeme, die es erlauben, Bildmaterial mit Hilfe eines Autotelefons direkt zu versenden.

2.2 Bilddatenbanken in der Kunst- und Technischen Versicherung

Im Gerling Konzern wurde ein erstes Multimedia-Projekt gestartet, in dem vor allem die Sachbearbeitung von Versicherungssparten unterstützt werden soll, die intensiv mit Bildmaterial arbeiten. Dies sind vor allem die Industriesparten

- Technische Versicherungen,
- Feuer,
- Transport,

aber auch Privatversicherungssparten wie die Kunstversicherung.

Beabsichtigt ist dabei ein weiterer Schritt in Richtung gesamtvorgangsbezogener Sachbearbeitung, in dem Vertriebsmitarbeiter, Underwriter aber auch Schadeningenieure in die Lage versetzt werden, von entsprechenden Terminals aus schnell auf Bildmaterial zuzugreifen, bzw. das Bildmaterial unter Einsatz eines DTP-Systems zu einem Bild/Text-Dokument zusammenzuführen und in hoher Druckqualität Kunden zuzusenden.

Der betriebswirtschaftliche Nutzen liegt bei dieser Anwendung vor allem

- im Zeitgewinn und in der Bestandstransparenz,
- im verbesserten äußeren Erscheinungsbild/Qualität der Druckerzeugnisse,
- in der Unterstützung der Akquisition und
- in der qualitativen Anreicherung des Underwritings.

2.3 Die Videokonferenz als Instrument zur Unterstützung des Vertriebs und der Innendiensttätigkeit

Mit dem europäischen Binnenmarkt und der zunehmenden Internationaliserung von Unternehmen ergibt sich ein Trend zur stärkeren Dezentralisierung bei gleichzeitiger Erhöhung des Bedarfs an Kommunikation und an Unterstützung der Arbeit in kooperierenden Gruppen und Unternehmen. In diesem Zusammenhang erlangen Groupware-Applikationen ihre Bedeutung.

Im Rahmen von "Computer Supported Cooperative Work" (CSCW) geht es nicht nur um erheblich breitere Kommunikationsflüsse, sondern auch um neue Formen des zeitgleichen (synchronen) und zeitversetzten (asynchronen) Arbeitens im Team. Wird CSCW als Multiuser-Szenario für das synchrone Arbeiten verstanden, so besteht ein großer Bedarf an Lösungen, die auch Kontrollmechanismen für das gemeinsame Sehen (Joint Viewing) und das gemeinsame Verändern von Objekten auf dem Bildschirm (Joint Editing) beinhalten.

Zeige- und Einwirkungsmöglichkeiten werden unter dem Begriff des "remote pointing" und "remote manipulation" gefaßt und sind im Rahmen von CSCW-Applikationen wesentliche Funktionen. Organisatorisch interessant ist, daß die Kommunikationspartner einen *gemeinsamen - virtuellen - Arbeitsraum* teilen. Die räumliche Distanz wird durch die Technologie aufgehoben und erschließt neue organisatorische Gestaltungsfreiräume. Der Nutzen liegt in der gemeinsamen Arbeit an einem *Objekt* und nicht in der visuellen Wahrnehmung des Kommunikationspartners.

Der Nutzen von CSCW-Applikationen wird in der zeitgleichen Bearbeitung von Dokumenten deutlich. So werden alle Dokumentbestandteile, die sich in einem grafischen Fenster am PC befinden auch dem Kommunikationspartner zur Verfügung gestellt. Sie werden "gespiegelt". Beide Kommunikationpartner sind in der Lage, Änderungen vorzunehmen und diese via der bestehenden Verbindung zu diskutieren.

Im Rahmen dieses virtuellen Arbeitsraumes kann jeder Teilnehmer in der Videokonferenz Texte, Images oder Videoclips von Remote Datenbanken wiederherstellen, neues Material erstellen und es mit alten Beständen mischen. Sobald dieser Arbeitsprozeß beendet ist, kann jeder Teilnehmer das Arbeitsergebnis mit Sprachannotationen und Videosegmenten via Electronic Mail auch an Dritte (asynchron) versenden.

Die Möglichkeiten, die das ISDN zusammen mit den Bild-Kompressionsstandards bieten, sind zur Zeit Bestandteil eines Videokonferenz/CSCW-Projekts im Gerling Konzern. In den Bildtelefonverbund sollen zunächst alle größeren Niederlassungen des Hauses schrittweise einbezogen werden. Interessant ist dabei die Vielfalt einzubeziehender Systeme wie

- Videokonferenzeinrichtungen,
- Bildtelefon und
- Desk Top.

Wichtig ist, daß dabei ausschließlich Systeme mit dem Standard H. 320 eingesetzt werden, um so zu einem "offenen" Videokonferenznetz zu kommen. So ist es möglich, daß neben der Vielfalt an Endgeräten ggf. auch Kunden via Bildtelefon und ISDN einbezogen werden können.

2.4 POS - Der Versicherungsautomat

Die Banken haben schon seit Jahren den Nutzen von Selbstbedienungsterminals im Rahmen ihrer Abläufe erkannt. Gerade für einfache Geschäftsvorfalle erweist sich diese Art der Kundenbetreuung als sehr effektiv und wirtschaftlich. Trotzdem stagniert der Einsatz solcher Bedienterminals. Schon seit längerer Zeit wird diese Technologie im Bankengewerbe, vor allem für die Geldausgabe und den Druck von Auszügen, eingesetzt. Weitergehende Einsatzschwerpunkte sind aus dem Experimentierstadium noch nicht zu erkennen.

Auch im Versicherungswesen wird diese Vertriebsform seit neuestem diskutiert. Dabei ist man sich im klaren, daß bei dem relativ komplizierten Produkt "Versicherung" die Mensch/Machine-Schnittstelle aktiver zu gestalten ist als im Bankgeschäft. Weitergehende Analysen haben darüber hinaus zu der Erkenntnis geführt, daß eben diese Mensch/Maschine Schnittstelle auch bezogen auf die Zielgruppe unterschiedlich zu gestalten ist. Der Absatz einer Krankenversicherung an einen Geschäftsmann ist anders zu gestalten als die Ansprache eines Studenten.

Wesentlich zum Erfolg dieses Vertriebswegs ist damit die zielgruppenbezogene Ausgestaltung der Mensch/Maschine-Schnittstelle, die so gestaltet sein muß, daß die "Message" optimal zum Kunden kommt. Hier kommt der multimedialen Gestaltung große Bedeutung zu. Grafikanimation verbunden mit Audio- und Bewegtbildsequenzen sollen auf einem Touch-Screen Display dazu beitragen, Versicherungsprodukte zu vertreiben. Künstlerisches know how ist hier eher gefragt als Softwaretechnik. Analogien zu modernen Computerspielen, Werbe- oder Videoclips sind gegeben. Sollte dann einmal ein Kunde nicht weiter wissen, wird in späteren Implementierungsstufen die Option geplant, via Bildtelefon zu einem Kundendienstler durchzuschalten.

Auch die Art des Terminals und die Umgebung sind auf die verschiedenen Zielgruppen hin auszugestalten. Auch ist es fraglich, ein Universalterminal für alle verschiedenen Produkte zu installieren. Vielmehr sollte versucht werden, Warteschlagen zu vermeiden. Als Zugangssystem erweist sich immer mehr eine Karte als adäquates Medium.

Der Einsatz von Bedienterminals mit multimedialer Schnittstelle vollzieht sich aber nicht in einem luftleeren Raum. Mit der Installation ist eine organisatorische Reorganisation zwingend erforderlich. Beispiel ist die Schaffung eines Kundenservicezentrums auf die ein Kunde via Bildtelefon zugreifen kann, wenn ihm die Bedienung Probleme bereitet.

3. Ausblick: Bewegtbildkommunikation als Business TV

Bei Verbreitung von ATM/IBFN, in das auch die Kabelverteildienste eingehen und in dem Standard-Schnittstellen für den Dienstzugang vorhanden sind, ist es für das Versicherungswesen vorstellbar, zu festgelegten "Sendezeiten" Features etwa über Umweltrisiken und Schadenverhütungsmaßnahmen in der Chemischen Industrie zu senden. Hier wird ein fester "Empfangsverteiler" angegeben, etwa die Kunden der "Chemischen Industrie", die dann ihrerseits das "Programm des Versicherers" empfangen. Diese, als Business TV bezeichnete Anwendung, setzt aber besonderes know how voraus, daß eigentlich bis heute lediglich dem Mediengewerbe vorbehalten ist. Schließlich ist jeder "Experte " im Konsumieren von Fernsehen, so daß es eine schlechte Investition wäre, wenn solche Produktionen laienhaft erstellt würden.

POI/POS in der Finanzwirtschaft:

Kundenselbstbedienung an interaktiven Multimediaterminals im Spannungsfeld zwischen Kundenorientierung und Rationalisierung

Eckhard Reimann
Marketing Manager Branch Automation, Geschäftsbereich Kreditwirtschaft und Versicherungen, Unisys Deutschland GmbH, Sulzbach/Taunus

1 "Wind of Change" im deutschen Bankenmarkt

Der Markt für Finanzdienstleistungen in Deutschland gerät immer stärker unter Druck; dieser "Wind of Change" (um es mit einem bekannten Popsong zu umschreiben) wird sich durch zahlreiche Faktoren noch erheblich verstärken.
In zunehmendem Maße drängen auf der Angebotsseite neue Mitbewerber wie Versicherungen, Bausparkassen (Near-Banks) und die Postbank sowie Non-Banks wie Automobilhersteller und Handelsunternehmen in den Markt. Dies wird verstärkt durch die Öffnung des Europäischen Binnenmarktes ab 1.1.1993. Dabei werden preiswerte und attraktive Produkte und Dienstleistungen britischer, französischer oder belgischer Anbieter eine große Konkurrenz für die deutschen Anbieter darstellen. Steigende Lohn- und Lohnnebenkosten bei sich verringernden Arbeitszeiten verteuern die Erbringung der Bankdienstleistungen.
Aber auch auf der Nachfrageseite verstärkt sich der Druck auf die Banken; denn zunehmend erfahrenere und anspruchsvollere Kunden fordern neue Antworten hinsichtlich Produkte, Beratung, Preis-Nutzen-Nachweis. Die Kundenpräferenzen verändern sich, die Konditionensensibilität steigt, die Bankloyalität sinkt in zunehmendem Maße. Das alles hat zur Folge, daß mittlerweile in allen Instituten ganz massiv nach neuen Akquisitions- und Vertriebsstrategien im Privatkundengeschäft nachgedacht wird.
Bei der Wahl des Kreditinstitutes dominieren mit über 60% der Befragten günstige Konditionen und freundliche Bedienung, was auf den ersten Blick möglicherweise gegen die Einführung von multifunktionellen Selbstbedienungsmedien spricht. Andererseits sind mit über 45% der Nennungen schnellere Abwicklung und qualifizierte Beratung zwei Punkte genannt, die durch die Selbstbedienung in den Kreditinstituten unterstützt werden kann. Umfragen haben nämlich auch gezeigt, daß die Zufriedenheit der Kunden sich auch in der Korrelation zwischen Erfahrung am Schalter und der Bewertung der Automatisierung bemerkbar macht. Der Anteil der Kunden, der besonderen Wert auf hohen technischen Standard seiner Bank legt, hat sich seit Mitte der achtziger Jahre verdoppelt. Es sind besonders die attraktiven Privatkunden, die Wert auf gute, technische Ausstattung legen.

2 Kundenselbstbedienung zur Rationalisierung des Zahlungsverkehrs

Die Einführung von multifunktionellen SB-Terminals kann jedoch nur dann sinnvolle Ergebnisse hervorbringen, wenn ihr Einsatz geplant, mit der Vertriebs- und Unternehmensstrategie abgestimmt und mit Zielen versehen wird.
Liegt der Schwerpunkt der Ziele allein in der rentableren Gestaltung des häufig defizitären Zahlungsverkehrs, werden bisher nicht am SB-Terminal verfügbare Produkte und Dienstleistungen wie Überweisung und Dauerauftrag sowie die Ausgabe und Entgegennahme von Schecks eingeführt. Die Sicherstellung der Nutzungsberechtigung, Korrektheit des Ablaufes sowie eine möglichst schnelle Bedienung stehen hier im Vordergrund; denn kurze Bedienzeiten vermeiden größere Warteschlangen und ermöglichen höhere Postenzahlen pro Zeiteinheit. Die Abläufe des Zahlungsverkehrs unterliegen selten Änderungen, sodaß sich ein geringer Programmpflegeaufwand ergibt. Kosten-/Nutzenauswertungen lassen sich verhältnismäßig einfach erstellen.

3 Kundenselbstbedienung als zusätzlicher Vertriebsweg

Anders verhält es sich, wenn SB-Terminals dazu eingesetzt werden sollen, um Finanzdienstleistungen vorzustellen und zu verkaufen (cross-selling). Die Einbettung der SB-Terminals in die Beratungs- und Verkaufszonen, indem Berater und Kunde sie gemeinsam nutzen, machen diese SB-Terminals, vor allem wenn sie durch Multimedia-Anwendungen entsprechend attraktiv gestaltet sind, zu wirklichen Marketing- und Verkaufsinstrumenten. Sie ermöglichen, daß Verkaufsbotschaften die Kunden und Interessenten einheitlich und wirkungsvoll erreichen. Kundenselbstbedienungsterminals in diesem Sinne sind mehr als bloß ein zusätzlicher Service in der Automatengalerie, sondern sie tragen dazu bei, den Auf- und Ausbau des Images/der Corporate Identity des Institutes zu unterstützen, einen neuen Vertriebsweg mit hoher Breitenwirkung und geringen Streuverlusten aufzubauen, personalisierte, ja individuelle Kundenakquisition zu betreiben, neue Kunden, Kundengruppen und Zielmärkte zu gewinnen, die Wünsche und Anforderungen der Kunden zu erkennen und letztlich als aktives Werbemedium zu fungieren. Dies geht auch aus der vor einigen Jahren von Unisys beim Battelle-Institut in Auftrag gegebenen Untersuchung bei über 260 europäischen Banken hervor. Kosteneinsparungseffekte spielten dabei für die angesprochenen Bankinstitute eine untergeordnete Rolle.
Aus einer im Sommer 1993 durchgeführten Umfrage bei 80 Banken und Sparkassen in der Bundesrepublik Deutschland hat Theda von Kraewel im Rahmen ihrer Diplomarbeit herausgefunden, daß besonders die Ausweitung der Geschäftszeiten, die Erhaltung und der Ausbau der Wettbewerbsposition, die Erhöhung des Images / der Corporate Identity, der Einsatz des SB-Terminals als Marketinginstrument, die Entlastung des Personals von Routinetätigkeiten, die Senkung der Kosten und die weitere Rationalisierung sowie der Einsatz der Selbstbedienung als neuer Vertriebsweg als maßgebliche Ziele für die Einführung von Kundenselbstbedienungstechni-

ken gesehen werden. Dem Einsatz solcher Multimedia-Terminals zur Unterstützung der Privatkundenberater wie in der Schweiz bei der Zuger Kantonalbank wird dagegen in Deutschland zur Zeit erstaunlicherweise nur geringe Bedeutung beigemessen.

4 Erfolgskriterien bezüglich Hardware, Umgebung und Anwendungen

Die Akzeptanz solcher SB-Terminals hängt maßgeblich vom Design der Anwendung, der Benutzeroberfläche sowie der Ergonomie (kundenfreundliche Gestaltung) des Kiosk-Systems ab. Beim Gehäuse des SB-Terminals muß vor allem im Bankbereich, wo der Kunde persönliche Daten und Informationen aufruft, darauf geachtet werden, daß zwischen Animation (Eyecatcher) und Diskretion ein gesunder Mittelweg gefunden wird. Herkömmliche Tastaturen sind, wo irgend möglich, durch Touch Screens (berührungsempfindliche Bildschirme) zu ersetzen, weil sie den Eingabe-/Ausgabe-Dialog ohne Kommunikationsbruch am effektivsten gewährleisten können. Es muß ferner großer Wert auf die Gestaltung, das Ambiente der SB-Zone gelegt werden. Der Kunde muß sich in der Geschäftsstelle wohlfühlen, die Banken sollten ihm den Aufenthalt möglichst angenehm gestalten, damit er das Gefühl hat, ein gern gesehener Gast zu sein und die SB-Geräte gerne und häufig benutzt; hier wurde in jüngster Zeit der Begriff "Erlebnisbanking" kreiert, der dieses Erfordernis besonders deutlich beschreibt.
Die bisherige Zurückhaltung oder Skepsis gegenüber der Kundenselbstbedienung im deutschen Markt für Finanzdienstleistungen basiert im wesentlichen darauf, daß die bislang durchgeführten Projekte nicht die Kriterien berücksichtigt haben, die zur Akzeptanz jedoch unbedingt erforderlich sind. Vielfach sind "billige" (quick and dirty) Lösungen im Einsatz bzw. in Vorbereitung; über die mangelnde und gar fehlende Akzeptanz seitens der Kunden hätte man sich eigentlich nicht wundern dürfen, wenn man die Anforderungen an Anwendungen, Systeme und deren Umgebung beachtet hätte. Nun gibt es allerdings noch wenig Erkenntnisse über die Akzeptanz von Multimedia-Terminals. Die Forschungsstelle Interaktive Absatzsysteme (FIA) an der Bergischen Universität-Gesamthochschule Wuppertal hat eine solche Akzeptanzanalyse bei Mitarbeitern und Kunden für das bei Karstadt im Einsatz befindliche Pilotprojekt MusicMaster, das von Pixelpark entwickelt wurde, durchgeführt. Eine weitere Untersuchung über die Akzeptanz eines interaktiven Multimediaterminals hat das Deutsche Museum durchgeführt. Diese beiden Studien geben sehr wertvolle Erkenntnisse wider, lassen sich doch entscheidende Fehler bei der Durchführung solcher Multimedia-SB-Projekte in Zukunft vermeiden.

Und letztlich ist es im Zusammenhang mit multimedialen Informations- und Beratungssystemen unerläßlich, daß der begonnene Mensch-Maschine-Dialog mit dem Kunden in geeigneter Form weitergeführt wird, da der Kunde die Bereitschaft gezeigt hat, sich über ein spezielles Themengebiet zu informieren und die Bankmitarbeiter den Kunden gezielter ansprechen können. Darüber hinaus wird der Erfolg der SB-Geräte neben dem Kundenverhalten im wesentlichen auch von der Verhaltensweise der Mitarbeiter des Bankinstitutes bestimmt. Ein hervorragendes Beispiel zeigt hier die Zuger Kantonalbank.

5 Einsatz von Multimedia-POI/POS bei der Zuger Kantonalbank

Die schwierigste und auf jeden Fall wichtigste Herausforderung an die Gestaltung von Multimedia-Selbstbedienungsprojekten ist die exakte Definition der Kundenbedürfnisse und eine entsprechende Umsetzung in die Bedürfnisbefriedigungskette des potentiellen Benutzers. Wenn es nicht gelingt, diese Kette bei allen Info-Elementen des SB-Multimedia/ Marketingterminals zu schließen, ist die Information in den Sand gesetzt. Sehr gut gelungen ist dies bei der Zuger Kantonalbank. Ihr neues, am 17. Okt. 1992 eingeführtes Geschäftsstellenkonzept FUTURA 2000 wurde von ihrer Marketingabteilung ganz bewußt und zielgerichtet auf die Bedürfnisse der strategischen Kunden ausgerichtet mit der Zielsetzung: mehr Kundennähe und Kostensenkung/-straffung. Das Konzept wurde besonders von der Erkenntnis beeinflußt, daß Selbstbedienung an sich kein eigentliches Kundenbedürfnis ist, sondern daß das eigentliche Bedürfnis des Privatkunden darin liegt, von der Bank ein momentanes Problem gelöst zu bekommen. Daher galt es, bei der Forderung der Selbstbedienung die bisherigen Gewohnheiten der Kunden (Bedienung am Schalter) zu beachten. Zum einen hat man vier unterschiedliche Geschäftsstellen-Typen entsprechend im jeweiligen Marktgebiet vorhandenen Kundenstrukturen gebildet. Zum anderen wurden/werden diese neuen Geschäftsstellen ganz auf die Beratung ihrer Kunden ausgerichtet.

So verfügt der Geschäftsstellentyp FUTURA I (Privatkunden) nur noch über einen einzigen Verkaufsraum ohne sichtbare Kasse bzw. Schalter. Der Kunde fühlt sich nicht in einer "kalten" Selbstbedienungs- oder Automatenzone, obwohl er sich zeitlich dort am meisten aufhält. Die Beratung der Kunden erfolgt an den eigens entworfenen Arbeits- und Beratungs-"Inseln", die jeweils von zwei Seiten her zugänglich sind und bei aller einladenden Offenheit dennoch Diskretion garantieren. Das konsequente Ausrichten auf die Beratungs- und Verkaufsaufgaben positioniert damit die Zuger Kantonalbank als kundennahe Bank. Sie vermittelt ihren Kunden das Gefühl einer verkaufsfreundlichen sowie angenehmen Atmosphäre. Das aktive, offene und auf die Kunden zugehende Verhalten der Privatkundenberater bildet einen integrierten Bestandteil des Konzepts.

Das interaktive Multimedia-Kundeninformationssystem "InfoVision"wurde auf dem Unisys ST1000-SB-Terminal von FalcoMedia, Baar/Schweiz entwickelt. "InfoVision" dient sowohl als Informations-Selbstbedienung als auch vor allem als Hilfsmittel für die Kundenberatung. Der Privatkundenberater kann über den Selbstbedienungsteil hinaus ein zusätzliches Beratungsmodul aufrufen und hat somit die Möglichkeit, den Kunden am SB-Terminal multimedial zu informieren. Dank informativer Videos kann der Kunde auf ein bestimmtes Thema eingestimmt werden. Nach einer Analyse der individuellen Kundenbedürfnisse, welche durch einfaches Berühren verschiedener Auswahlmöglichkeiten am Bildschirm ermittelt werden, erfolgt vom System eine Empfehlung, welche der eines Fachexperten entspricht. So

werden z.B. in der Anlageberatung durch einfaches Fragen nach Investitionshöhe, Risikobereitschaft und Anlagepräferenzen Anlagevorschläge aufbereitet. Dank Simulationsmöglichkeiten, Grafiken und Vergleichen kann der Berater sehr tief auf die individuellen Bedürfnisse des Kunden eingehen. Dadurch ermöglicht das System auch einem Nicht-Anlagefachmann eine schnelle, effiziente und kompetente Fachberatung.
"InfoVision" moderiert und erläutert sämtliche Bankdienstleistungen sehr unterhaltsam mittels Touch Screen - und zwar mit Videos, Texttafeln, Bildern, Grafiken und Animationen. Eine Immobilien-Drehscheibe mit einer umfassenden Objektauswahl sowie Finanzierungsmöglichkeiten gehört ebenso dazu wie Informationen über das kulturelle Programm in und um Zug. Der Datenaustausch erfolgt über das interne Netzwerk. Täglich werden aktuelle Daten übermittelt, wie z.B. die von der Immobilienabteilung erfaßten Bilder, Grundrißpläne und Beschreibungen der Objekte, die auf dem Server abgelegt werden und den einzelnen Informationssystemen zur Verfügung stehen. Das System selber sammelt Kundeninformationen wie Adressen und alle individuell gemachten Angaben und übermittelt diese wiederum dem Server zur Nachbearbeitung durch die einzelnen Fachabteilungen. Konsequenterweise haben die FUTURA-Geschäftsstellen kundenfreundliche Öffnungszeiten: sie sind täglich von 5.00 bis 22.00 Uhr geöffnet. Die Privatkundenberater haben flexible Arbeitszeiten, die sich nach den Kundenfrequenzen richten. Wenn der Kunde einen Berater erwartet, sollte dieser auch anwesend sein. Das Beratungsbedürfnis des Kunden steht eindeutig im Vordergrund und darf nicht eingeschränkt werden. Das Konzept FUTURA 2000 der Zuger Kantonalbank ist derzeit wohl dasjenige Konzept im gesamten Bankenwesen, das die Kundenselbstbedienung an interaktiven Multimediaterminals im Spannungsfeld zwischen Kundenorientierung und Rationalisierung am konsequentesten und radikalsten gelöst hat. Nach Albert Röthlein, Vizedirektor der Zuger Kantonalbank, wird dieses Konzept von den Kunden begeistert akzeptiert. Dieses Prinzip wird - wenn auch nicht ganz so weitgehend - nun auch von der HSB-Bank in den neuen Bundesländern verfolgt.

6 Weitere Beispiele kundenspezifischer Selbstbedienung

Zu ähnlichen Ergebnissen wie bei FUTURA 2000 und "InfoVision" kommt die von MetaLog GmbH für das European Design Network E.D.E.N entwickelte Studie für ein interaktives Kundensystem bei Banken.
Ein weiteren interessanten Vorschlag hinsichtlich kundenorientierter Gestaltung der Beratungsprogramme an den SB-Terminals hat Jens-Uwe Fimmen gemacht: da der Kunde über seine Karte kundenindividuell oder kundengruppenindividuell identifiziert werden kann, könnte natürlich auch individuell auf seine Bedürfnisse bzw. des ihn beinhaltenden Kundengruppensegments durch eine auf ihn zugeschnittene Programmabfolge und -darstellung eingegangen werden; denn die über die Kunden bekannten Daten lassen eine differenzierte Betreuung zu.
Auch das von L&E design Interactive Communication entwickelte Präsentationsprogramm für den Allfinanzbereich "UNIVERSAL-BANK" benutzt den zielgrup-

penspezifischen Ansatz. So ist z.B. der Teil "Young Service" als Bereich für die Jugendlichen bewußt etwas flippiger und farbiger gestaltet.
Im Sommer 1993 wurden im Rahmen einer umfangreichen Studie bei Banken und Sparkassen Anforderungen an SB-Terminals als auch beabsichtigte Prioritäten hinsichtlich der Anwendungen untersucht. Als Ergebnis dieser Studie stellt sich heraus, daß zunächst Rationalisierungsüberlegungen die höchste Priorität beim Einsatz von Multimedia-Terminals, von Kundenterminals haben, so werden Überweisungen, Kontoinformationen, Daueraufträge und Scheckbestellungen von 92 bis 74% der Bankinstitute als wichtigstes Einsatzgebiet genannt. Aber auch Immobilien-Angebote, Geldanlage-Modellberechnungen, Mitteilungen des Kunden an die Bank stehen mit 81 bis 74% sehr hoch im Kurs. Bankfremde Dienstleistungen wie Veranstaltungskalender und Reiseservice werden nicht sehr hoch bewertet. Auch dem Jugendmarkt durch das Angebot von Bewerbungs- und Berufstips wird noch nicht ausreichend Aufmerksamkeit geschenkt.

7 Kundenselbstbedienung als Teil der Unternehmensstrategie

Obwohl bei der Realisierung die technischen Anforderungen, die Herausforderungen an die Informatiker, sehr hoch sind, müssen solche Selbstbedienungs-Multimedia-Projekte unbedingt unter die Leitung des Marketing gestellt werden, weil interaktive Systeme aus der Marketingkonzeption abzuleiten sind und ganz klar der Kommunikations- und Distributionsstrategie entspringen müssen. Es ist wesentlich, daß dabei immer wieder die Frage nach dem Gewinn für den Kunden in den Vordergrund zu stellen ist. Damit der Gefahr der Abnahme persönlicher Kundenkontakte entgegengewirkt werden kann, muß die Automation durch eine simultane Strategie der Kundenbindung mit aktiver Kontaktpflege ergänzt werden. Es sollten wirklich nur Inhalte vermittelt werden, die dem Kunden eine echte und individuelle Information vermitteln, gfs wie oben erläutert in kundengruppenspezifisch differenzierten Programmabläufen/-menüs. Weil eine Selbstbedienungslösung immer einer unternehmerischen Strategie entspringt, ist sie unbedingt auf die Verhältnisse des jeweiligen Instituts auszurichten.
Mit der Digitalisierung audiovisueller Informationen werden Fernsehen (interaktives Fernsehen), Telefon (Bildtelefon), Print-Medien (elektronische Zeitungen) etc. immer mehr verschmelzen. Die Multimedia-Fähigkeit wird sich voraussichtlich bis zur Jahrtausendwende zum Standard der Computertechnik entwickeln. Da für den weiteren Erfolg der SB-Strategie im Bankenbereich eine konsequente Ausrichtung an die Kundenbedürfnisse und Marktentwicklungen erforderlich ist, werden multimediale SB-Geräte gfs unter Einbeziehung von Desktop Video Conferencing in Zukunft zur Standardausstattung einer Bankstelle gehören. In welchem Ausmaß die verschiedenen Datentypen integriert sein werden, wird im wesentlichen durch Kosten-/Nutzen-Analysen bestimmt. Die Realisierung der o.g. Erfolgskriterien wird wiederum insbesondere die Kundenakzeptanz und folglich auch den wirtschaftlichen Nutzen für die Banken beeinflussen. Während Informations- und Beratungssysteme ohne multimediale Fähigkeiten nicht denkbar sind, werden sie bei Transaktionsmo-

dulen, wie z.B. Überweisungen, lediglich unterstützende Hilfsfunktionen übernehmen. Die Laptops der Außendienstmitarbeiter werden ebenfalls wesentliche Teile der verkaufsunterstützenden Multimedia-Anwendungen übernehmen und somit die Bankinformationen in gleichbleibende Form und Qualität an den Kunden herantragen. Der Einsatz von Multimedia-SB-Terminals im Finanzdienstleistungsbereich ist heute keine Frage des "Ob" mehr, entscheidend beim Einsatz ist vielmehr das "Wie". Denn nur dasjenige Institut wird erfolgreich im Markt bestehen, das schnell und flexibel auf die Herausforderungen des Marktes und auf die sich ändernden Bedürfnisse der Kunden reagiert. Denn wer zu spät kommt, den straft der Markt, um es in Abwandlung der weltgeschichtlich bedeutsamen Worte von Gorbatschow bewußt provokativ zu formulieren.

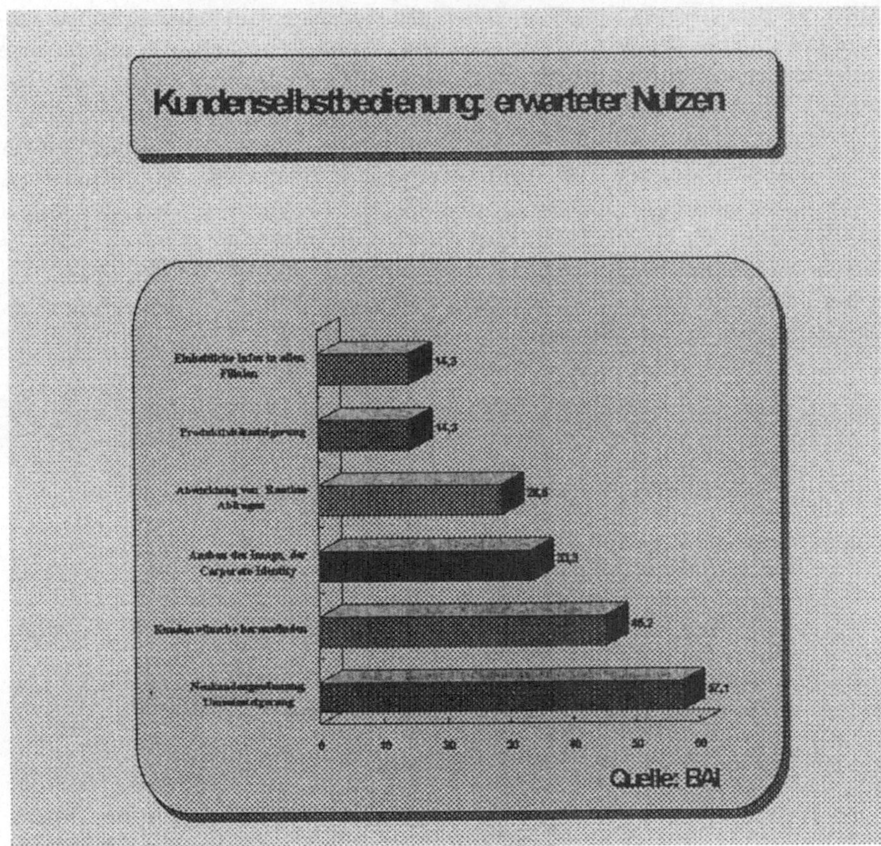

Quelle: Battelle-Institut, 1989

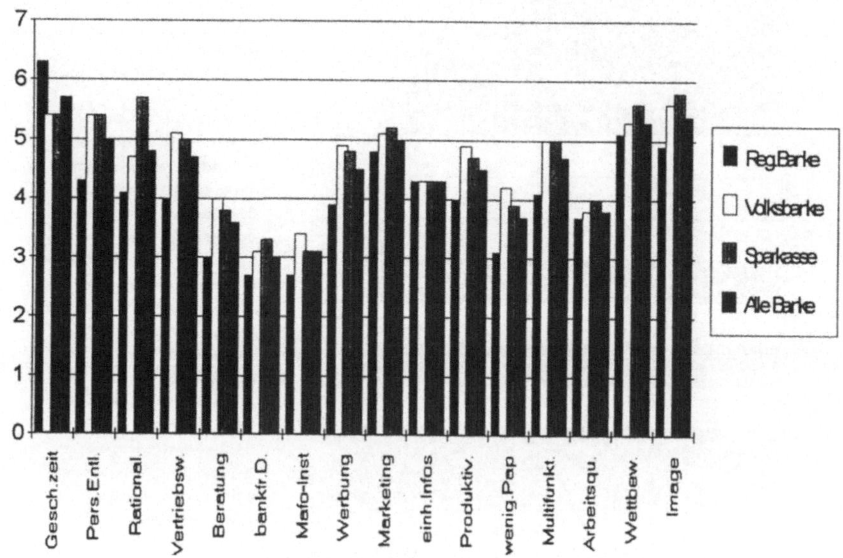

Quelle: von Kraewel, Theda, Sommer 1993

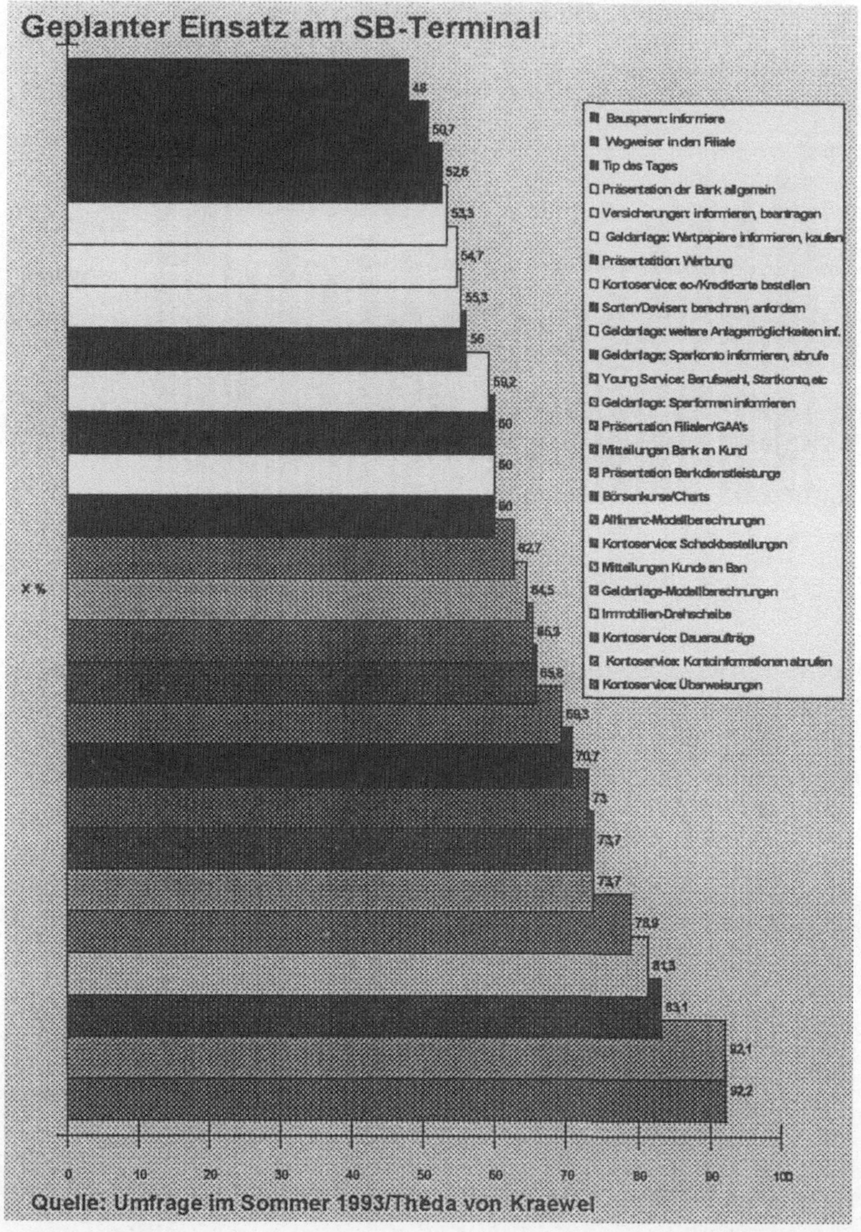

Geplanter Einsatz am SB-Terminal
48
50,7
52,6
53,3
54,7
55,3
56
59,2
60
60
60
62,7
64,5
65,3
65,8
69,3
70,7
73
73,7
73,7
78,9
81,3
83,1
92,1
92,2
x %
0
10
20
30
40
50
60
70
80
90
100
Bausparen: informiere
Wegweiser in den Filiale
Tip des Tages
Präsentation der Bank allgemein
Versicherungen: informieren, beantragen
Geldanlage: Wertpapiere informieren, kaufen
Präsentatition: Werbung
Kontoservice: ec-/Kreditkarte bestellen
Sorten/Devisen: berechnen, anfordern
Geldanlage: weitere Anlagemöglichkeiten inf.
Geldanlage: Sparkonto informieren, abrufe
Young Service: Berufswahl, Startkonto, etc
Geldanlage: Sparformen informieren
Präsentation Filialen/GAA's
Mitteilungen Bank an Kund
Präsentation Bankdienstleistunge
Börsenkurse/Charts
Allfinanz-Modellberechnungen
Kontoservice: Scheckbestellungen
Mitteilungen Kunde an Ban
Geldanlage-Modellberechnungen
Immobilien-Drehscheibe
Kontoservice: Daueraufträge
Kontoservice: Kontoinformationen abrufen
Kontoservice: Überweisungen
Quelle: Umfrage im Sommer 1993/Theda von Kraewel

Literatur:

1. **Aeberli, Urs:** Electronic Banking im Massengeschäft - Selbstbedienung ist Trumpf, Schweizerische HandelsZeitung, Nr. 26, 25.6.1992
2. **Backhaus, Hagen:** Interaktive Multimedia-Systeme als Marketinginstrument, Erfahrungen mit der Systemakzeptanz, Vortrag auf dem 5. Führungskräfte Treffen der Unisys Deutschland GmbH in St.-Paul-de-Vence, Sept. 1993
3. **Bohl, Arnold:** Informatik im Marketing-Mix der Banken, Quantensprung im Filialgeschäft?, Finanz und Wirtschaft, Zürich, 13.11.1991
4. **Bohny, Peter:** Planung und Implemetierung von Projekten der Kundenselbstbedienung, Vortrag auf Unisys-Seminar, Sulzbach, 9.10.1992
5. **Bornemann, Sven:** Multimedia-Systeme als Marketing- und Verkaufsinstrument, Diplomarbeit an der Fachhochschule Konstanz, Fachbereich Informatik, bei Prof. Dr. Leibscher, Dez. 1993
6. **Carlin, Enzo + Reimann, Eckhard:** Ein "Wind of Change" weht durch die Bankfilialen, bank und markt, 3/1992
7. **Erkel, Birgit:** Multimediale Anwendungen im Front-Office-Bereich - Status quo und Perspektiven, Seminararbeit im Bankwissenschaftlichen Seminar an der Philipps-Universität Marburg/Lahn bei Prof. Dr. Erich Priewasser und Prof. Dr. Udo Güde, Juni 1993
8. **Fietz, Georg:** Multimedia im Einsatz - Die Provokation der Informations-puritaner, OUTPUT, 8/1992
9. **Fimmen, Jens-Uwe:** Analyse des Vertriebs von Bankdienstleistungen im Privatkundenbereich über stationäre multifunktionelle Selbstbedienungsmedien, Diplomarbeit im Seminar für Bankbetriebslehre des Prof. Dr. Wolfgang Benner, Universität Hamburg, Febr. 1993
10. **Frasunkiewicz, Olaf:** Vergleich der Entwicklung der Selbstbedienung bei Kreditinstituten in Deutschland und den USA unter besonderer Berücksichtigung der Automatendichte und Zweigstellenstruktur, Seminararbeit am Lehrstuhl für Betriebswirtschaftslehre an der Johannes Gutenberg-Universität Mainz, bei Univ.-Prof. Dr. Anton Meyer, Mai 1992
11. **Dr.Gutterman, Menahem:** Self Service in the Marketing Mix at the Israel Discount Bank, Vortrag auf dem 2nd International Branch Automation Seminar im Unisys International Management Centre, St.Paul-de-Vence, 18.-20.5.1992
12. **Hasper, Frederic:** CBT und Multimedia als interaktive Informationsdarstellung für Marketing und Vertrieb, Diplom-arbeit an der Berufsakademie Mannheim, Fachrichtung Wirtschaftsinformatik, April 1993
13. **Hildebrand, Erny:** Multimedia - Wirkung im Kanal: Mit einer neuen Generation von Terminals verbessern Banken ihr Marketing, WirtschaftsWoche, Nr. 27, 26.6.1992
14. **Hladky, Sylvia:** Multimedia im Museum - Untersuchung des Touch-Screen-Systems zum Thema "Erneuerbare Energien" in der Abteilung Neue

Energietechniken im Deutschen Museum, Vortrag auf der I.I.R.-Konferenz, München, 1.-3.2.1993

15. **Klümper, Ralf:** Analyse der Erfolgskriterien des Einsatzes interaktiver Multimedia-Systeme im Privatkundengeschäft des Bankensektors, Diplomarbeit an der Universität Gesamthochschule Essen, Fachbereich Wirtschaftswissenschaften, bei Prof. Hans A. Nüssel und Prof. Dr. Reinhold Homberg, Mai 1993

16. **Klümper, Ralf:** Die Multimedia-Aktien steigen, screenMULTIMEDIA, 11/1993

17. **Klümper, Ralf:** Das Millionending - Wie sehen und bewerten Kreditinstitute den zukünftigen Einsatz von Multimedia in ihrer Branche, screenMULTIMEDIA, 11/1993

18. **Klümper, Ralf + Reimann, Eckhard:** Multimedia - Erfolg oder Mißerfolg? Ergebnisse einer Diplomarbeit, geldinstitute 9/1993

19. **Klümper, Ralf + Stippel, Peter:** Angriff auf den Schalter - Wie Schweizer Banken abstrakte Produkte greifbar machen, absatzwirtschaft, 12/1993

20. **Köcher, Renate:** Marktanalyse - Was erwartet der Kunde von seiner Bank?, bankkaufmann, 11/1992

21. **Liersch, Achim:** Multimedia: Interaktive elektronische Kommunikationssysteme im Marketing - Möglichkeiten und Grenzen dargestellt am Beispiel des Handels, Diplomarbeit an der Fachhochschule Rheinland-Pfalz, Abteilung Mainz II (Wirtschaftswissenschaften), bei Prof. Dr. H. Holland, Juli 1993

22. **Mayer, Karl H.:** Informationsterminals - Comeback der Box, Multimedia-Automaten fungieren bereits als Verkäufer, Kataloge und Museumsführer, WirtschaftsWoche, Nr. 13, 26.3.1993

23. **Meyer, Anton + Rühle, Michaela:** Selbstbedienung im Finanzdienstleistungsbereich - Aktueller Stand und Entwicklungsperspektiven, Forschungsbeiträge des Lehrstuhls Prof.Dr. A. Meyer und der Fördergesellschaft Finanzdienstleistungs-Marketing (FFM) e.V. an der Johannes Gutenberg-Universität- Mainz, Band 4, Mainz 1992

24. **Meyer, Anton:** Ergebnisse empirischer Forschungen mit den Studenten des Hauptstudiums im Schwerpunkt Marketing am Lehrstuhl Prof.Dr. Anton Meyer, Studienjahr 1991/92, Forschungsbeiträge des Lehrstuhls Prof. Dr. A. Meyer und der Fördergesellschaft Finanzdienstleistungs-Marketing (FFM) e.V. an der Johannes Gutenberg-Universität Mainz, Band 5, Mainz 1992

25. **Meyer, Anton:** Finanzdienstleistungen im Spannungsfeld zwischen Rationalisierung und Kundenorientierung, Forschungsbeiträge des Lehrstuhls Prof. Dr. A. Meyer und der Fördergesellschaft Finanzdienstleistungs-Marketing (FFM) e.V. an der Johannes Gutenberg-Universität Mainz, Bd. 6, Mainz 1992

26. **Müller, Wolfgang:** Massive Investitionen für Electronic Banking - Automatisierer in Goldgräberstimmung, edvASPEKTE, Aug. 1992

27. **Neef, Paulus:** MultiMedia - Synonym für neue Kommunikationsformen, Desktop Dialog, 12/1991

28. **Neumaier, Rita:** Fahrplan in die "Zugkunft" - Start für ein neues Filialkonzept bei der Zuger Kantonalbank, geldinstitute, 3/1993

29. **o. V.:** Innovative Schübe für konservative Institutionen - Multimedia und Banken, Screen Multimedia, 1/1993

30. **Reimann, Eckhard:** Schlüssel zur Automation der Filialen - Offene Systemarchitektur eröffnet neue Perspektiven, Banking&Finance, 5/1991

31. **Reimann, Eckhard:** Das Architektur-Modell für die Automation der Filialen - Neue Technologien eröffnen neue Perspektiven, Banking&Finance, 6/1991

32. **Reimann, Eckhard:** Kundenselbstbedienung bei Banken und Versicherungen - "Wer zu spät kommt, den straft die Konkurrenz", geldinstitute 6/1991 und 7-8/1991

33. **Reimann, Eckhard:** Multimedia für Finanzdienstleister, multiMEDIA, 5/1992

34. **Reimann, Eckhard:** Finanzdienstleister - Multimedia-Marketing, MONITOR, 1/1993

35. **Reimann, Eckhard:** Multimedia-Terminals in der Finanzwirtschaft - Zwischen Kundenorientierung und Rationalisierung, POS-Point of Sales (multiMEDIA), 7/1993

36. **Reimann, Eckhard:** Multimedia für Finanzdienstleister, Multimedia-Das Handbuch für interaktive Medien, Neue Mediengesellschaft Ulm mbH, August 1993

37. **Reinhardt, Peter:** Finanzdienstleister - Neue Anwendungen im Praxistest: Freche Eidgenossen, WirtschaftsWoche, Nr. 11, 6.3.1992

38. **Röthlin, Albert:** FUTURA 2000 - die neue Geschäftsstellenstrategie einer Schweizer Bank, bank und markt, 4/1993

39. **Sack, Michael:** Gestaltung und Organisation von Multimedia-Anwendungen für den POI/POS, Vortrag auf dem Unisys-Seminar, Sulzbach, 9.10.1992

40. **Sperlich, Tom:** Run aufs Info-Terminal, Werben+Verkaufen-W+V, Nr. 46/Nov. 1993

41. **Sprenger, Martin:** Probleme der Erfolgskontrolle interaktiver Kommunikationssysteme am POS, Hauptseminararbeit an der Universität Gesamthochschule Essen, Fachbereich Wirtschaftswissenschaften/Marketing bei Prof. Hans A. Nüssel, Sept. 1993

42. **Thüring, Joachim:** Bankautomation - die Kundenselbstbedienung im Finanzgeschäft, Referat zur Diplomprüfung an der Hochschule für Gestaltung Offenbach, Fachbereich Produktgestaltung/Industriedesign, bei Prof. B.E. Bürdeck, April 1993

43. **von Kraewel, Theda:** Analyse der Anforderungen von Banken an POS-Terminals, Diplomarbeit an der Fachhochschule Pforzheim, Hochschule für Gestaltung, Technik und Wirtschaft, bei Prof. Paul. G. Maciejewski und Prof. Adolf Kreuz, Okt. 1993

Der multimediale Informationskiosk MINNELLI der Schweizerischen Bankgesellschaft

Bettina Ansel Suter
UBILAB, Schweizerische Bankgesellschaft
Bahnhofstr. 45, CH-8021 Zürich

1 Zielsetzung

Am UBILAB, dem Informatik-Forschungslabor der Schweizerischen Bankgesellschaft, wurde ein multimedialer Informationskiosk entwickelt, welcher dem Kunden oder der Kundin – direkt am Bildschirm – Auskunft gibt über die verschiedenen Dienstleistungen der Bank (vgl. Abb. 1).

Abb. 1 Übersichtsbild

Die Hauptziele des Projektes liegen darin, ein multimediales Informationssystem für Gelegenheitsbenutzer zu bauen *(casual use system)*, seine äußere Erscheinung so attraktiv zu gestalten, daß es von sich aus zum Kennenlernen anregt, und seine

Benutzungsschnittstelle aufgrund von Tests und Feldversuchen so lange zu perfektionieren, bis die Benutzung ohne Training und ohne Betreuung möglich wird.

Aus Sicht des Forschungslabors wurden folgende Anforderungen an das System gestellt: Information soll multimedial durch eine Kombination von Text, Bild, Sprache, Musik, Grafik und Film vermittelt werden. Das System soll auch bei mehrmaliger Nutzung interessant bleiben. Damit ein Informationssystem von Gelegenheitsbenutzern überhaupt verwendet wird, muß es nicht nur nützlich, sondern auch unterhaltend und spannend sein. Für die Entwicklung wurde deshalb die Zusammenarbeit mit einem externen Multimediaproduzenten gesucht.

Für die Bank bot sich mit diesem System die Chance, neue Wege im Marketing und in der Verkaufsunterstützung zu begehen und damit Erfahrungen für die Zukunft zu sammeln.

2 Der Informationskiosk MINNELLI

Der multimediale Informationskiosk MINNELLI ist ein elektronischer Katalog der Bankdienstleistungen für Privatkunden. Auf sogenannten *Infotafeln* werden die Produkte kurz beschrieben und ihre besonderen Vorteile hervorgehoben. Die Informationen werden gezielt redundant angeboten: Wenn immer möglich werden die Texte mit einer Abbildung (des Produktes selbst, des zugehörigen Formulars oder Logos, etc.) ergänzt (vgl. Abb. 2).

Abb. 2 Infotafel zum Thema Vergütungsauftrag (Überweisungsauftrag)

In kurzen *Filmen* (gezeichneten Animationen) werden einzelne Produkte auch dynamisch vorgestellt, wodurch Vorteile prägnanter vermittelt und Abläufe veranschaulicht werden können, z.B. wie ein Formular auszufüllen ist (vgl. Abb. 3). Neben den informativen Filmen sind eine Reihe unterhaltender Filme, ein Sparquiz, ein Perlensuchspiel und eine Vielzahl versteckter Gags im System verstreut. Sie sollen als akustische und visuelle "Rosinen" die Benutzer verlocken, alle Teile des elektronischen Katalogs zu erforschen und das System immer wieder zu verwenden.

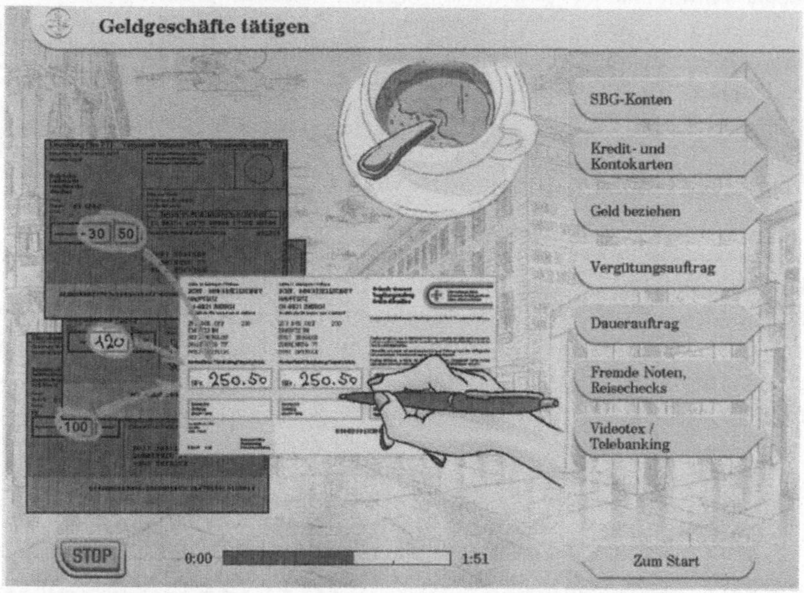

Abb. 3 Film zum Thema Abwickeln von Überweisungen

Als besonders attraktiv für Kunden und Kundenberater erweisen sich die stark *interaktiven Simulationen*, sogenannte *Rechenbretter*, auf denen durch Manipulieren von Schiebereglern Modellrechnungen ausgeführt werden können. Wie das Beispiel in Abb. 4 zeigt, können sich Kunden auf einfachste Weise darüber informieren, ob sie sich ein Eigenheim leisten können, indem sie mit Schiebereglern die Parameterwerte Kaufpreis und Eigenmittel festlegen. Das Rechenbrett führt die Modellrechnung sofort aus und liefert als leicht verständliches Feedback die mögliche Finanzierung, die anfallenden Kosten und das empfohlene Jahresmindesteinkommen.

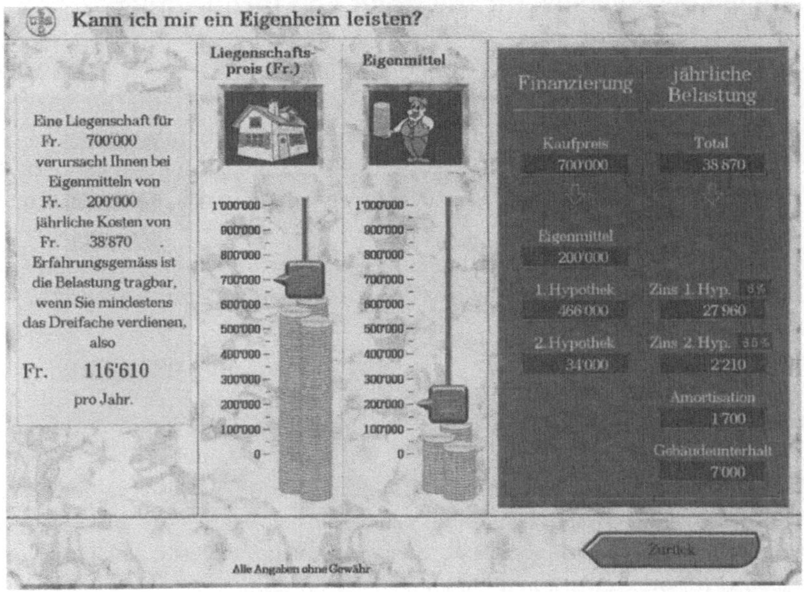

Abb. 4 Interaktive Simulation zum Thema Hypothekarkredit

Das Navigieren im oben beschriebenen großen Informationsangebot geschieht mit Hilfe von nur drei Metaphern aus der Alltagswelt: Wegweisern, Knöpfen und Schiebereglern. Mit *Wegweisern*, die am Bildschirm berührt werden, bewegen sich Kunden durch die Produktepalette. Mit *Knöpfen* können sie Trickfilme starten oder Rechenbretter öffnen und mit den *Schiebereglern* experimentieren sie in den Modellrechnungen.

Entwicklung
UBILAB Schweizerische Bankgesellschaft und MacGuffin Software AG Schweiz.

Systemplattform
Apple Macintosh Quadra 650™ mit 20 MByte RAM und mind. 230 MByte Festplattenspeicher. Ein 19" Farbbildschirm (1024 x 768 Bildpunkte) mit berührungsempfindlicher Auflage (touch screen) dient als Ein- und Ausgabemedium.

Software
MINNELLI basiert auf dem Betriebsystem 7.1 für den Apple Macintosh™. Bei der Entwicklung wurde mit EasyRossi™, dem Autorenwerkzeug der Firma MacGuffin Software AG, gearbeitet. Die Trickfilme werden mit MacroMedia Director™ und SoundEdit™ produziert. Mit Adobe Photoshop™ werden Realbilder bearbeitet und retouchiert. Für das Abspielen wird neben der Kiosk-Version von EasyRossi™ auch das MacGuffin-Produkt Gaston™ für die animierten Sequenzen eingesetzt.

3 Nutzen des Systems für die Bank und ihre Kunden

Der Konkurrenzkampf unter den Banken wird zunehmend härter. Kunden werden sich vermehrt die Bank auswählen, die ihnen den besten, attraktivsten, aber auch den kostengünstigsten Service bietet. Dies bedeutet für die Banken, daß sie Personal- und Betriebskosten senken müssen, gleichzeitig aber auch verstärkten Aufwand betreiben müssen, um neue Kunden zu gewinnen und bei eigenen Kunden das Cross-Selling zu verbessern. Mit modernen Hilfsmitteln sollen Doppelspurigkeiten im Verwaltungsbereich und bei Back-Office-Tätigkeiten ausgeräumt werden. Einerseits werden dadurch Kosten eingespart und andererseits wird bei den Kundenberatern Kapazität freigelegt, damit sie sich vermehrt den Kunden widmen können.

Neue, offensive Marketingstrategien verlangen jedoch von den Kundenberatern ein grundsätzliches Umdenken: Sie dürfen nicht mehr länger passiv auf die Kunden warten, sondern müssen – wie in anderen Verkaufssituationen schon längst üblich – echtes 'Verkaufen' lernen. Multimediale Produktepräsentationen wie in MINNELLI helfen, die Beratungsqualität zu steigern und gleichzeitig die Dauer der Verkaufsgespräche zu verringern. Mit dem konsequenten Einsatz solcher Systeme lassen sich Effizienz steigern und Personalkosten senken.

Zusätzlich muß versucht werden, einen Teil der Beratung sowie einfache Transaktionen auf Kunden-Selbstbedienungsgeräte zu verlagern. Eine Bank kann ihre Kunden – außer über eine gezielte Preispolitik – nicht zur Benützung elektronischer Geräte und Medien zwingen. Während sich Geldausgabeautomaten weitgehend durchgesetzt haben, ist der Durchbruch im Bereich der Produktepräsentation im Selbstbedienungsbereich noch nicht gelungen. Bisherige Versuche scheiterten an unattraktiven, konzeptionell schlecht durchdachten und somit schwer zu bedienenden Benutzungsschnittstellen. Breite Kundenschichten lassen sich aber nur ansprechen, wenn sich die elektronischen Systeme äußerlich attraktiv präsentieren, wenn sie einfach zu bedienen sind und nützliche Funktionen anbieten. Vor diesem Hintergrund ist das Ziel des Projektes MINNELLI zu verstehen, beispielhaft ein multimediales Informationssystem für Kunden zu bauen, bei welchem der Verpackung gleiches Gewicht wie dem Inhalt beigemessen wird. Tatsächlich erweist sich die Qualität der Aufmachung und der Benutzungsschnittstelle zunehmend als entscheidender Wettbewerbsfaktor.

4 Einsatzerfahrungen

In der Frühphase des Projektes wurde das ganze System und seine Oberfläche in mehreren Benutzertests (usability tests) im Labor überprüft und verbessert.

Im Feldversuch werden alle Aktivitäten am System aufgezeichnet, um Erkenntnisse darüber zu gewinnen, wie MINNELLI bei Kundinnen und Kunden ankommt und wie es von ihnen genutzt wird. Im Unterschied zu sämtlichen traditionellen

Medien im Dialog zwischen Bank und Kunden (Prospekte, Mailings, Werbespots im Kino, etc.) erlaubt das Medium des elektronischen Informationskioskes somit erstmals die Erhebung vollständiger quantitativer Daten über seine Nutzung. Qualitative Aussagen darüber, wie sich Kunden während und nach der Nutzung des Mediums verhalten, lassen sich durch ergänzende Beobachtungen und Befragungen sowie eine Auswertung der gespeicherten Nutzungsdaten machen.

4.1 Verbesserung der Benutzungsschnittstelle

Die Erfahrungen im Feldversuch halfen die Benutzungsschnittstelle in wesentlichen Punkten zu verbessern. Als Illustration werden im folgenden zwei wichtige Beispiele gezeigt.

Da der Informationskiosk seine potentiellen Nutzer auf sich aufmerksam machen muß, wurde anfänglich im Ruhezustand ein mit Musik untermalter Köderfilm abgespielt, der durch Berühren des Bildschirms abgebrochen werden konnte. Im Köderfilm wurden die Betrachter aufgefordert, einfach den Bildschirm zu berühren, um sich über das Dienstleistungsangebot der Bank zu informieren. Beobachtungen zeigten, daß sich viele Kunden diesen Köderfilm zwar anschauten, aber den entscheidenden Schritt – das Berühren des Bildschirms – nicht machten. Der Schritt vom passiven Betrachten der animierten Bildfolge zum aktiven Erkunden des Systems erwies sich als die zentrale Hemmschwelle bei der Nutzung von MINNELLI, denn diejenigen Kunden, die über diese Schwelle hinausgelangten, konnten zu einem sehr hohen Anteil ohne Probleme mit dem System umgehen. Ein weiterer Nachteil des Köderfilms war, daß sich die Bankangestellten an der sich ständig wiederholenden Musik störten. Das Problem wurde schließlich so gelöst, daß MINNELLI nun stumm auf seine Kunden wartet und sie mit einem grün blinkenden Startknopf zur Benutzung animiert (vgl. Abb. 5). Den Betrachtern ist dadurch von Anfang an klar, daß sie selbst aktiv werden müssen. Während es beim Köderfilm schwer abzuschätzen war, welche ‘Folgen’ ein Berühren des Bildschirms haben würde, ist die Funktion des Startknopfes sofort ersichtlich. Die Entscheidung für diese Art von Köder erwies sich als richtig, denn nach seiner Einführung nahm die Nutzungshäufigkeit markant zu.

Abb. 5 Blinkender Startknopf als Köder

Die in Abschnitt 1 abgebildete Katalogübersicht zeigt den Bildschirm, wie er sich nach Betätigung des Startknopfes präsentiert (vgl. Abb. 1). Im ersten Prototyp bot MINNELLI den Kundinnen und Kunden einen rein *themenzentrierten* Zugriff auf die Kataloginhalte an, z.B. "Geldgeschäfte tätigen", "Geld sparen" oder "Kredite aufnehmen". Beobachtungen durch das Entwicklungsteam und die Bankangestellten ließen bei den Kunden den Bedarf nach weiteren Zugriffstrategien erkennen. Deshalb wurden die Zugriffsmöglichkeiten sukzessive erweitert:

- *bedürfnisorientiert*, z.B. "Ich möchte Steuern sparen." (vgl. Abb. 1 Wegweiser "Ihr Bedürfnis – unser Angebot"),
- *produkteorientiert* für die gezielte Suche in einem Index, z.B. nach dem Hypothekarkredit oder den Anlagefonds (vgl. Abb. 1 Knopf "Unsere Produkte von A-Z"),
- *Aktion des Monats* für Dienstleistungen, die zu gewissen Zeiten besonders attraktiv sind (vgl. Abb. 1 Knopf "Aktion des Monats").

4.2 Tatsächliche Nutzung des Informationskiosks

Ein erster Prototyp wurde während 10 Monaten in der 24-Stunden-Zone einer Bankniederlassung getestet. Das System wurde rege benutzt: pro Woche wurden über 100 Sessions aufgezeichnet. Die Hälfte der Kunden verweilte mindestens drei Minuten am System. Der Informationskiosk bewährte sich als Informationsquelle, die von Kundinnen und Kunden selbständig genutzt wurde. Aus Sicht der Bank erwies es sich jedoch als unbefriedigend, daß mit den Kunden, während sie MINNELLI in der 24-Stunden-Zone benutzten, kein Gespräch aufgenommen werden konnte.

Aus diesem Grund wird MINNELLI in seiner zweiten Pilotphase in insgesamt sieben Niederlassungen als 'Stopper' im Verkaufsraum eingesetzt. Dort erlaubt es den Kunden nicht mehr nur, sich eigenständig über das Dienstleistungsangebot zu informieren, sondern dient den Kundenberatern auch als Aufhänger für ein Verkaufsgespräch. Die Erfahrungen zeigen, daß Kundinnen und Kunden mehrheitlich sehr positiv auf das neue Informationsmedium reagieren. Viele lassen sich vom attraktiven Design, bewegten Bildern, Musik, Filmen und interaktiven Simulationen ansprechen und faszinieren. Ein eher ernüchterndes Resultat ist, daß das System bei den Kundenberatern noch kein wirkliches Umdenken im Verkaufsverhalten bewirken konnte. Solange das Schalterkonzept – auch ohne Panzerglas – nicht aufgegeben wird, setzen sie ein zentral im Verkaufsraum plaziertes System kaum gezielt für den Verkauf ein.

5 Fazit und Ausblick

Die Ziele des Forschungsprojektes, wie in Abschnitt 1 festgehalten, wurden erreicht: Mit MINNELLI ist es gelungen, ein attraktives Informationssystem für Gelegenheitsbenutzer zu entwickeln. Die Feldversuche lieferten darüber hinaus wertvolle Erkenntnisse über den Einsatz eines solchen Systems in einer Bank.

In Zukunft werden das Informationsangebot und die Ideen von MINNELLI in den Beraterarbeitsplatz am Schalter einfließen müssen, um das aktive Verkaufen zu unterstützen. Im reinen Selbstbedienungsbereich muß die Funktionalität in einer ähnlich attraktiven Verpackung den Kunden rund um die Uhr zur Verfügung stehen und mit der Möglichkeit, Dienstleistungen anzufordern, erweitert werden.

Workshop

Multimedia in der beruflichen Weiterbildung

Computer in der beruflichen Weiterbildung: Entwicklungsstand und Perspektiven

Eric Schoop [1]
Sigrid Lesch [2]

1 TU Dresden, Lehrstuhl für Wirtschaftsinformatik, insbesondere Informationsmanagement, Mommsenstr. 13, 01062 Dresden

2 FWU Institut für Film und Bild in Wissenschaft und Unterricht gem. GmbH, Bavariafilmplatz 3, 82031 Grünwald

Zusammenfassung. Das vorliegende Papier erörtert die grundsätzlichen Möglichkeiten der Unterstützung von beruflichen Weiterbildungsmaßnahmen durch den Einsatz multimedialer Applikationen. Es führt in vier Beiträge des Workshops „Multimedia in der beruflichen Weiterbildung“ ein und beschreibt die Rahmenbedingungen der betrieblichen Qualifikation, den derzeitigen Stand der Computertechnologie sowie die künftig zu erwartenden Einflüsse heute schon beobachtbarer Entwicklungstrends von Multimedia auf das betriebliche Bildungswesen. Diese Aspekte bilden den Ausgangspunkt für die in den nachfolgenden Beiträgen vorgestellten Anwendungssysteme.

Schlüsselwörter. Berufliche Weiterbildung, Qualifikation von Mitarbeitern, Computerunterstütztes Lernen, Intelligente Tutorielle Systeme, Hypermedia, Multimedia, Computerunterstützte Gruppenarbeit, Hybride Anwendungssysteme.

1 Berufliche Weiterbildung als Ausgangspunkt

Der Strukturplan für das Bildungswesen des Deutschen Bildungsrates sieht die Weiterbildung Erwachsener als eigenständigen Bereich des organisierten Lernens und ordnet sie neben den Sektoren Elementar-/Primarbereich (Kindergarten, Vor- und Grundschule), Sekundarbereich (weiterführende Schulen, berufliche Ausbildung) und Tertiärbereich (Hochschulen) als quartären Sektor ein. Gemäß einschlägigen Gesetzeswerken und Veröffentlichungen (z.B. Berufsbildungsgesetz, Arbeitsförderungsgesetz, Veröffentlichungen des Deutschen Bildungsrates und der Bund-Länder-Kommission für Bildungsplanung) läßt sich die Erwachsenen-Weiterbildung selbst wiederum in die drei Segmente allgemeine, politische und berufliche Weiterbildung unterteilen (Wittwer, W., 1982).

Das oberste Ziel der Berufsbildung, das Erlangen „beruflicher Handlungskompetenz“ der einzelnen Mitglieder unserer Arbeitsgesellschaft, steht auf dem Weltmarkt ständig anwachsenden Qualifikationsanforderungen infolge rapider technologischer Entwicklung bei steigendem internationalem Innovations-, Wettbewerbs- und Kostendruck gegenüber. Die „Halbwertszeit" vieler Wissensbestände gerade im technischen und naturwissenschaftlichen Bereich nimmt immer weiter ab. Mit Hilfe neuer Qualifizierungsstrategien insbesondere in der arbeitsbegleitenden beruflichen Weiterbildung muß versucht werden, die sich erst langfristig bemerkbar machende Anpassung von Maßnahmen im primären bis tertiären Ausbildungsbereich durch kurzfristiger wirksame Weiterbildungsangebote zu flankieren (Glowalla, U., Schoop, E., 1992; Zimmer, G., 1992). Auch aus der beobachtbaren Nachfragezunahme nach sekundären und tertiären Bildungsgängen läßt sich ein steigender Bedarf an Weiterbildung ableiten („Bildung fragt Bildung nach"; Friedrich, H. F., Mandl, H., 1991).

Im Mittelpunkt dieser neuen Qualifizierungsstrategien stehen moderne Bildungstechnologien zur verstärkt nonpersonalen Vermittlung von Wissen im angeleiteten Selbsstudium, häufig auch als „selbstgesteuertes Lernen" bezeichnet. Der Einsatz von computerunterstützten Lernsystemen und die Kombination von Multimedia-Angebotsmodulen zur alternativen Zusammenstellung von Curricula sollen Lehren und Lernen in der beruflichen Weiterbildung *rationalisieren*. Die Interaktivität der Medien und eine teilweise zeitliche Verlagerung von Lernaktivitäten in die Freizeit werden zu einer *Individualisierung* des Lernens führen, während durch Dezentralisierung des Lernangebots ein *Integrieren* des Lernens in die gewohnte Arbeitsumgebung ermöglicht werden kann (Friedrich, H. F., Mandl, H., 1991; Seel, N. M., 1991; Zimmer, G., 1992).

2 Entwicklungsstand multimedialer Lernsysteme

Aus lernorganisatorischer Sicht werden Selbststudientechniken von tradierten personalen Unterrichtsformen (z.B. Schulunterricht, Vorlesung, Seminar) und von zufälligem, nicht organisierten Lernen (z.B. Erfahrungen, Beobachtungen am Arbeitsplatz) unterschieden. In Abgrenzung von nicht interaktiven Arten des Selbststudiums (z.B. Lernen aus Büchern oder anhand von Lehrmaterialien im Fernstudium) sind dialogorientierte Formen von interaktivem Video und von computerunterstütztem Lernen die Basis für ein selbstgesteuertes Lernen in der beruflichen Weiterbildung. Als Charakteristika des computerunterstützten Unterrichts sind eine damit mögliche höhere Standardisierung der Lernmaterialien, Individualisierung und Dezentralisierung der Wissensaufnahme, Wirtschaftlichkeit bei hohem Nutzungs- und Verbreitungsgrad, Bedarfsorientierung durch die Einsatzmöglichkeit am oder in unmittelbarer Nähe vom Arbeitsplatz sowie motivierende Lernerfolgskontrolle durch unmittelbar korrigierendes oder verstärkendes Feedback auf die Benutzeraktivitäten zu nennen (Glowalla, U., Hasebrook, J., Fezzardi, G., Häfele, G., 1993; Götz, K., Häfner, P., 1992).

Computerunterstützte Lernsysteme lassen sich hinsichtlich ihres Haupteinsatzfeldes in Hilfe-, Trainings-, Auskunfts- und Simulations- sowie hinsichtlich ihres Dialogverhaltens in passive und aktive Systeme differenzieren (Bodendorf, 1990). Stellt man die Interaktionseigenschaften von computerunterstützten Lernsystemen in den Vordergrund, können drei Paradigmen unterschieden werden (Schoop, E., Glowalla, U., 1992):

- *Computer Based Training (CBT)* mit vorweggenommener Dialogsteuerung durch den Lehrer (Autor der Anwendung),
- *Intelligente Tutorielle Systeme (ITS)* mit einer aktiven Dialogsteuerung durch das häufig benutzeradaptive System, und
- *Hypertext-/Hypermedia-Systeme (HT/HM)*, bei denen die Dialogsteuerung zur Laufzeit des Systems durch den Lerner im Rahmen flexibler Navigation im offen strukturierten Wissensraum realisiert wird (Schoop, E., 1992).

Multimedia im weiteren Begriffsverständnis einer computerunterstützten *Medienintegration auf Darstellungsebene* (Nebeneinander mehrerer Präsentationsformen zur attraktiveren Bildschirmgestaltung) läßt sich grundsätzlich mit jedem Interaktionsparadigma kombinieren. In der aktuellen Diskussion gewinnt jedoch zunehmend eine engere Begriffsinterpretation an Bedeutung. Danach wird unter Multimedia die computerbasierte *Medienintegration auf Verarbeitungsebene* verstanden, also die Möglichkeit der Kombination, Auswahl und Steuerung von Wissensbausteinen in Form von Text, Bild, Ton, Animation oder Video unmittelbar aus der Kontrollstruktur der Anwendung heraus. Das objektorientierte, modulare Hypertext-Paradigma erlaubt es hier am besten, die Potentiale der neuen Medientechnologie in Form von interaktiven, lernergesteuerten Hypermedia-Applikationen mit hohen Freiheitsgraden für den Benutzer hinsichtlich Lernweg-, Detaillierungs- und Darstellungsauswahl auszunutzen (Schoop, E., 1991a).

Das rapide fortschreitende Leistungsangebot an Multimedia-Technologie bietet neue Möglichkeiten für ein computerunterstütztes, interaktives Lernen im Selbststudium. Altbekannte didaktische Grundprinzipien wie das Angebot mehrkanaligen Lernens desselben Stoffes und die Berücksichtigung unterschiedlicher Lernertypen, Interessen und Vorkenntnisse bei der Wissensvermittlung (Vester, F., 1978) gewinnen durch den kontrollierten, thematisch abgestimmten und vom Benutzer beeinflußbaren, gleichzeitigen Einsatz mehrerer Medien gerade für den komplexen Bereich der beruflichen Weiterbildung besondere Bedeutung. Neben den anzutreffenden, individuell variierenden *Lernvoraussetzungen* lassen sich hier auch unterschiedliche *Lernmotivationen* beobachten, die durch geeignete Präsentations- und Wissensvermittlungstechniken sowie durch das Angebot alternativer Perspektiven in Multimedia-Systemen besonders gut aufgegriffen werden können:

- Lernen durch Aufnahme neuer Informationen = *"tell me"*,
- Neulernen oder wiederholendes Lernen als systematische Erweiterung des persönlichen Wissensstandes = *"teach me"* oder
- Lernen durch Selbstkontrolle anhand von Testfragen oder durch Bearbeitung von Fallstudien = *"ask me"* (Glowalla, U., Hasebrook, J., Häfele, G., Fezzardi, G., Rinck, M., 1992; Issing, L. J., 1990).

Die skizzierten Eigenschaften von Multimedia gestatten eine Verkürzung der Distanz zwischen abstrakt vermitteltem Wissen und mittels konkreter Erfahrung gewonnener Erkenntnis. Anstelle schwerpunktmäßig verbaler und nonverbaler Symbole zur Wissensvermittlung im klassischen Unterricht erlaubt ein multimediabasiertes Selbststudium durch die Integration von Ton, Bildern, Animationen und Video eine realitätsnähere Aufbereitung des Wissens und kann somit beim Anwender den Behaltensgrad des Erlernten verstärken (Weidenmann, B., 1991).

3 Perspektiven

Trotz der benannten und weiterer zu erwartender Potentiale von Multimedia hat sich am Grundproblem computerunterstützter Lernsysteme zunächst nichts geändert. Die Entscheidung über Entwicklung und Einsatz wird nach wie vor von Effektivität und Effizienz bestimmt (Glowalla, U., Hasebrook, J., Häfele, G., 1993). Während verstärkter Multimedia-Einsatz hinsichtlich der Wirksamkeit einer solchen Maßnahme neue Hoffnungen weckt, gelten bezüglich der Wirtschaftlichkeit die alten Bedenken in vielleicht noch höherem Maße. So hört man beispielsweise Praxiskennzahlen, wonach die Produktionskosten von einer Minute professionellem Video bis zu 30.000 DM betragen können. Zwar ist die Programmierung klassischer CBT-Anwendungen durch den Einsatz ausgereifter Autorensysteme mittlerweile einigermaßen kalkulierbar geworden. Für Multimedia-Applikationen fehlen jedoch nicht nur Autorenumgebungen von mindestens derselben Produktivität, sondern vor allen Dingen aufeinander eingespielte Entwicklerteams (Domänenexperten, Kognitionspsychologen, Mediendidaktiker, Anwendungssystem-Entwickler), deren Mitglieder über das notwendige, aufgabenspezifische Fachwissen zur Ausnutzung der neuen, in der Regel weit kostspieligeren Möglichkeiten verfügen.

Die heute bereits realisierten und in der Praxis eingeführten Lösungen mußten sich an den zu ihrer Entstehungszeit gültigen Wirtschaftlichkeitsmaßstäben orientieren. Der tatsächlich realisierte Anteil von Multimedia bleibt vor diesem Hintergrund zwangsläufig noch hinter den in aktuellen Forschungsprototypen bereits vorgestellten Möglichkeiten zurück. Die im Workshop „Multimedia in der beruflichen Weiterbildung“ gehaltenen Referate sollen jedoch in erster Linie Praxiserfahrungen vermitteln. Die Beiträge sind aufgabenspezifisch abgefaßt und können somit zwar nicht das gesamte Themenspektrum abdecken, jedoch guten Einblick in den heutigen Entwicklungsstand gewähren. Darüber hinaus sind sie der Ausgangspunkt zukünftiger Perspektiven:

- Das Referat von *Christine Fackinger (M.I.T.)* über den Einsatz von digitalem Video zur Mitarbeiterschulung in Banken stellt ein zum Zeitpunkt der Drucklegung des vorliegenden Bandes noch nicht abgeschlossenes Praxisprojekt vor. Aus vertragsrechtlichen und organisatorischen Gründen entfällt daher der Abdruck des Beitrages. Auf der den Tagungsband ergänzenden CD ROM über den Multimedia-Kongreß werden jedoch entsprechende Auszüge des Vortrags enthalten sein.

- *Ralf Witt (TU Dresden)* und *Rainer Melchert (Knowledge Systems)* sehen den Schwerpunkt ihrer Anwendungssysteme im Banken- und Versicherungsbereich in der Überwindung der bislang noch üblichen Trennung von Lern- und Arbeitsprozessen. Durch die Installation sogenannter „Assistenzsysteme“ zur Kundenbearbeitung, welche das am Arbeitsplatz im Rahmen der Vorgangsbearbeitung benötigte Fachwissen in Form multimedial aufbereiteter Simulationen von Realanwendungen zur Verfügung stellen, konnte eine höhere Integration von Lernen und Arbeiten bei positiver Akzeptanz durch die Anwender erzielt werden.

- *Siegfried Augustin (Siemens AG)* und *Gerhard Helletsberger (Computer Art-Work)* stellen ein Multimediasystem zur Logistik-Weiterbildung vor. Es bildet eine Reise von Managern entlang der Logistik-Kette ihrer Unternehmung in Form von Video-Sequenzen und Animationsmodulen nach und gestattet auf diese Weise Kursleitern, ihre Seminarinhalte durch eine flexible Kombination multimedialer Lehrbausteine bei erhöhter Glaubwürdigkeit der Aussagen exakter auf zielgruppenspezifische Besonderheiten abzustimmen.

- *Jürgen Bache (Telekom Generaldirektion)* berichtet über das FUNLINE-Ausbildungskonzept der Telekom. Motiviert wird diese langjährige, groß angelegte berufliche Bildungsmaßnahme neben der Intention, durch Spaß am Lernen eine hohe Akzeptanz zu erzielen, insbesondere durch die eindrucksvollen wirtschaftlichen Rahmenbedingungen. Sich ständig verkürzende Innovationszyklen bei den zu schulenden Produkten zwingen die Telekom bei einer hohen Anzahl weiterzubildender Mitarbeiter zu einem verstärkten Rechnereinsatz.

Es ist Aufgabe des Workshops, über die Präsentation der Kernaussagen in den besprochenen Vorträgen hinaus eine Reihe von Konsequenzen und Perspektiven für einen erfolgreichen Einsatz von Multimedia in der beruflichen Weiterbildung zu diskutieren. Insbesondere die nachfolgenden, in einzelnen Referaten bereits angesprochenen Gesichtspunkte scheinen den Autoren des vorliegenden Beitrages dabei einer eingehenden Betrachtung wert:

- Verbesserung der Kosten-/Nutzen-Relation bei gleichzeitiger Erfüllung der oft engen zeitlichen Restriktionen (Glowalla, U., Hasebrook, J., Häfele, G., 1993),
- Verläßlichkeit und Zukunftssicherheit der gewählten technologischen Plattform,
- Berücksichtigung didaktischer Rahmenkriterien wie beispielsweise Glaubwürdigkeit, themen- und adressatengerechte graphische Gestaltung, Breite und Tiefe des Erfahrungsspektrums mit der Möglichkeit, wechselnde Sichten auf den Wissensstoff einnehmen zu können, sowie eine benutzerorientierte Führung des Lerners durch geeignete Medienwahl bei der Stoffvermittlung (Minnesota-Instructional-Design-Model; Thomas, R. G., Englund, M., 1990),
- Regelmäßige, einsatzbegleitende Evaluation zur Qualitätssicherung und Qualitätsverbesserung (Glowalla, U., Häfele, G., Rinck, M., 1994; Glowalla, U., Rinck, M., Fezzardi, G., 1993; Glowalla, U., 1994),
- Komparative Einsatzvorteile von Multimedia beim Erlernen von Produktkompetenzen, Arbeitsmittelkompetenzen und Arbeitsprozeßkompetenzen (Zimmer, G., 1992),
- Ausnutzen der jeweiligen paradigmatischen Vorteile durch Kombination von Ansätzen aus dem Bereich der künstlichen Intelligenz mit objektorientierten, strukturellen und operationalen Eigenschaften von Hypermedia-Lösungen zu sogenannten „Hybriden Systemen" (Bielawski, L., Lewand, R., 1991; Schoop, E., 1991b) und
- Impulse aus der zunehmenden Vernetztheit von Multimedia-Systemen auf die kommunikativen Eigenschaften spezifischer beruflicher Weiterbildungslösungen (Integration von Informationsaustausch, Diskussion und Entscheidungsfindung zwischen Mitgliedern von Arbeits- und Lerngruppen im Rahmen computerunterstützter Gruppenarbeit; Johansen, R., 1988; Glowalla, U., Häfele, G., 1994).

In heutigen Lösungen mag noch der *Präsentationscharakter* überwiegen, doch zeigt die aktuelle Diskussion von Multimedia in der beruflichen Weiterbildung, die auch in den einzelnen Beiträgen des Workshops aufgegriffen wird, daß wir auf dem Wege zu einer höheren *Integration* von Informationsaufnahme zu Lernzwecken und Informationsverarbeitung im Rahmen beruflicher Tätigkeit am Arbeitsplatz sind. Vielleicht sind wir auch nicht mehr weit entfernt von einem Wissenserwerb im eigenverantwortlichen Selbststudium unter Zuhilfenahme von *Kommunikation* in räumlich zusammengefaßten oder verteilten, synchron oder asynchron kooperierenden Arbeitsgruppen (Glowalla, U., Häfele, G., 1994).

Literatur

Bielawski, L., Lewand, R. (1991). Intelligent Systems Design. Integrating Expert Systems, Hypermedia, and Database Technologies. New York: John Wiley & Sons.

Bodendorf, F. (1990). Computer in der fachlichen und universitären Ausbildung. München, Wien: Oldenbourg.

Friedrich, H. F., Mandl, H. (1991). Lehr-Lern-Modelle für das angeleitete Selbststudium – Ein Instrument für den Wissenstransfer. In Mandl, H., Friedrich, H. F. (Hrsg.), Wissenschaftliche Weiterbildung und Selbststudium. Konzeption und Realisierung von Lehr-Lern-Modellen für das Selbststudium. Weinheim, Basel: Beltz, S. 9-30.

Glowalla, U. (1994). Elektronische Lehrbücher als Schnittstelle zwischen Verleger, Autor und Leser, im vorliegenden Tagungsband.

Glowalla, U., Häfele, G. (1994, in preparation). Cooperative hypermedia for higher education: From data to design and implementation. In Harrison, T. M., Stephen, T. D. (Eds), Computer Networking and Scholarship in the 21st Century University. New York: SUNY Press.

Glowalla, U., Häfele, G., Rinck, M. (1994, in Vorbereitung). Das Stellen und Beantworten von Verständnisfragen. Zeitschrift für Pädagogische Psychologie.

Glowalla, U., Hasebrook, J., Fezzardi, G., Häfele, G. (1993). The Hypermedia System MEM and its application in evaluating learning and relearning in higher education. In Strube, G., Wender, K. F. (Eds.), The cognitive psychology of knowledge. Amsterdam: Elsevier Science Publishers, S. 367-385.

Glowalla, U., Hasebrook, J., Häfele, G. (1993). Implementation und Evaluation computerunterstützter Aus- und Weiterbildung mit dem Hypermedia-System MEM. In Frei, H. P., Schäuble, P. (Hrsg.), Hypermedia ´93. Berlin, Heidelberg: Springer, S. 195-207.

Glowalla, U., Hasebrook, J., Häfele, G., Fezzardi, G., Rinck, M. (1992). Das gezielte Wiederlernen von Wissen mit Hilfe des Hypermedia-Systems MEM. In Cordes, R., Streitz, N. (Hrsg.), Hypertext und Hypermedia ´92. Konzepte und Anwendungen auf dem Weg in die Praxis. Berlin, Heidelberg: Springer, S. 45-61.

Glowalla, U., Rinck, M., Fezzardi, G. (1993). Die Integration von Wissen über ein Sachgebiet. Zeitschrift für Pädagogische Psychologie, 7, 1, S. 11-24.

Glowalla, U., Schoop, E. (1992). Entwicklung und Evaluation computerunterstützter Lehrsysteme. In Glowalla, U., Schoop, E. (Hrsg.), Hypertext und Multimedia: Neue Wege in der computerunterstützten Aus- und Weiterbildung. Berlin, Heidelberg: Springer, S. 21-36.

Götz, K., Häfner, P. (1992). Computerunterstütztes Lernen in der Aus- und Weiterbildung. 3. Auflage. Weinheim: Deutscher Studien Verlag.

Issing, L. J. (1990). Mediendidaktische Aspekte der Entwickklung und Implementierung von Lernsoftware. In Zimmer, G. (Hrsg.), Interaktive Medien für die Aus- und Weiterbildung. Marktübersicht, Analysen, Anwendung. Nürnberg: BW Bildung und Wissen, S. 103-110.

Johansen, R. (1988). Groupware: Computer Support for Business Teams. New York: Free Press.

Schoop, E. (1991a). Hypertext: Organisation schlecht strukturierbarer Information. technologie & management, 40, 1, S. 20-25.

Schoop, E. (1991b). Hypertext Anwendungen: Möglichkeiten für den betrieblichen Einsatz. Wirtschaftsinformatik, 33, 3, S. 198-206.

Schoop, E. (1992). Benutzernavigation im Hypermedia Lehr-/Lernsystem HERMES. In Glowalla, U., Schoop, E. (Hrsg.), Hypertext und Multimedia: Neue Wege in der computerunterstützten Aus- und Weiterbildung. Berlin, Heidelberg: Springer, S. 149-166.

Schoop, E., Glowalla, U. (1992). Computer in der Aus- und Weiterbildung: Potentiale, Probleme und Perspektiven. In Glowalla, U., Schoop, E. (Hrsg.). Hypertext und Multimedia. Neue Wege in der computerunterstützten Aus- und Weiterbildung. Berlin, Heidelberg: Springer, S. 4-20.

Seel, N. M. (1991). Das „Fernsehkolleg" – Selbstgesteuertes Lernen im Medienverbund. In Mandl, H., Friedrich, H. F. (Hrsg.), Wissenschaftliche Weiterbildung und Selbststudium. Konzeption und Realisierung von Lehr-Lern-Modellen für das Selbststudium. Weinheim, Basel: Beltz, S. 285-308.

Thomas, R.G., Englund, M. (1990). Instructional Design for Facilitating Higher Order Thinking. Vol II. Minnesota Research and Development Center for Vocational Education. Minnesota.

Vester, F. (1978). Denken, Lernen, Vergessen. München: Deutscher Taschenbuch Verlag.

Weidenmann, B. (1991). Lernen mit Bildmedien. Weinheim, Basel: Beltz.

Wittwer, W. (1982). Weiterbildung im Betrieb. Darstellung und Analyse. München, Wien, Baltimore: Urban & Schwarzenberg.

Zimmer, G. (1992). Multimediales Lernen in neuen Qualifizierungsstrategien. In Bundesinstitut für Berufsbildung BIBB (Hrsg.), Multimediales Lernen in neuen Qualifizierungsstrategien. Entwicklungstendenzen und Lösungswege. Nürnberg: BW Bildung und Wissen, S. 19-25.

Multimediale Assistenzsysteme im Bank- und Versicherungswesen

R. Melchert[1]
R. Witt[2]

[1] Knowledge Systems, Große Bäckerstraße 8, 20095 Hamburg
[2] TU Dresden, Lehrstuhl Wirtschaftspädagogik, Mommsenstraße 13, 01062 Dresden

Zusammenfassung. Die Dynamisierung der Geschäftsprozesse im Kredit- und Versicherungswesen führt dazu, daß unmittelbar am Arbeitsplatz auf Fachwissen und aktuelle Daten zur Bearbeitung von Geschäftsvorgängen und zur Klärung übergeordneter Sachzusammenhänge zugegriffen werden muß. Dazu sind 'Assistenzsysteme' geeignet, in denen Simulation der Vorgangsbearbeitung und hypermediale Navigation in strukturierten Wissensräumen kombiniert werden. Die organisatorische Trennung von Lern- und Arbeitsprozessen wird so überwunden. Darüber hinaus stellen die Veränderungen in der Allokation des Wissens im Sinne des Konzepts der 'lernenden Organisation' Lernprozesse nicht nur für den einzelnen, sondern auch für den Betrieb als Ganzes dar.

Schlüsselwörter. Allokation von Wissen, Assistenzsystem, Geschäftsprozesse, Hypermedia, lernende Organisation, Multimedia, Navigation, Wissensstruktur

1. Ausgangsproblem

Verschärfung und Globalisierung der Konkurrenzbeziehungen, fortschreitende Verrechtlichung der Geschäftsbeziehungen und zunehmende Informatisierung der Geschäftsprozesse (Ferstl O., Sinz E. (1993); Hinkelmann, K., Karagiannis, D. (1990)) führen auch im Kredit- und Versicherungswesen zu erhöhten Anforderungen an die Struktur (Abstraktheit und Komplexität) und die ständige Sicherung der Aktualität des beruflichen Fachwissens. Deshalb wächst die Bedeutung der Weiterbildung. Neue, komplexere Inhalte und Organisationsformen des Lehrens und Lernens, wie etwa Computer Based Training, werden entwickelt. Organisatorisch bleibt es aber vielfach bei der üblichen raumzeitlichen Trennung von Lern- und Arbeitsprozessen mit all ihren Kosten und Problemen. Es liegt deshalb nahe, die besonderen Funktionalitäten von Hypertext und Multimedia zur Überwindung gerade dieser Trennung zu nutzen. Solche Weiterentwicklungen reiner Lernsysteme bezeichnen wir als 'Assistenzsysteme'

Das für die Geschäftsprozesse der Bank- und Versicherungsunternehmen heute erforderliche Wissen umfaßt tagesaktuelle Daten und Tarife, innerbetriebliche

Richtlinien, Vorgaben von Margen, Vereinbarungen mit Verbänden, Vorschriften von Aufsichtsämtern, Regelungen in Allgemeinen Geschäftsbedingungen usw. und setzt zu deren kompetenter Verwendung sichere Kenntnis grundlegender rechtlicher Regelungen sowie Vertrautheit mit betriebs- und volkswirtschaftlichen Prinzipien voraus. Erst auf der Basis dieser Vielfalt von Wissen und Informationen können die Mitarbeiter die ihnen zugewiesenen Bearbeitungsschritte effizient ausführen, Entscheidungen sicher fällen und Zeit sparen, weil sie überflüssige Recherchen vermeiden. Zugleich hilft ihnen dieses Wissen, das konkrete berufliche Handeln in einem umfassenderen Rahmen zu reflektieren.

Die Frage ist, auf welche Weise dieses Wissen verfügbar gemacht wird. Das klassische Muster des 'Lernens auf Vorrat' reicht für sich allein nicht mehr aus, weil sich das Wissen rasch verändert und weil nicht von vornherein klar sein kann, worauf es später wirklich ankommen wird. Der innere Wissensspeicher muß deshalb durch Zugriffe auf externe Quellen ergänzt werden. Das können Handbücher, Lose-Blatt-Sammlungen, Zeitschriften, Fachbücher, Datenbanken, wissensbasierte Systeme und viele weitere Medien sein. Aber auch damit sind Probleme verbunden, weil diese Dokumente nicht nur räumlich über die verschiedensten Standorte im Betrieb verteilt sind, sondern auch inhaltlich oft große Heterogenität aufweisen und nicht selten die Klärung gerade derjenigen Zusammenhänge vernachlässigen, auf die es im konkreten Problemfall besonders ankommt. Strukturierung der Wissensbasis und Gestaltung der Zugriffsmöglichkeiten sollen in den Assistenzsystemen deshalb so realisiert werden, daß es möglich ist, die erforderlichen Auskünfte

- jederzeit und direkt am Arbeitsplatz,
- umfassend, aber konzentriert auf das Wesentliche,
- in zuverlässig aktualisierter Version,
- sowohl in gezielt geschäftsprozeßbezogener Sicht,
- als auch im Hinblick auf relevantes Hintergrundwissen.

zu erhalten.

2. Produkte und Projekte

Für eine Großbank wurde deshalb ein PC-gestütztes Hypermedia-System unter Windows 3.1 und auf der Basis von ToolBook entwickelt, das das komplette Wissen über die Erfassung von und den Umgang mit Kundendaten vom konkreten Verzeichnis spezieller Datenschlüssel bis zu deren rechtlichen und bankbetrieblichen Grundlagen enthält (Melchert, R.; Faur, K. (1992)). Die Verschmelzung mit der täglichen Praxis wurde erreicht, indem der Funktionsumfang der betreffenden Großrechneranwendung fast lückenlos auf dem PC-Bildschirm simuliert wird. Wie in der Praxis können Konten eröffnet und Kundendaten verarbeitet werden. Illustriert werden diese Vorgänge durch Szenenfotos; bei Bedarf sind einschlägige Vorschriften und Fakten abrufbar; darüber hinaus ist der Zugriff auf Hintergrundwisssen möglich.

Ausgehend von einer grafischen Übersicht über alle relevanten Vorschriften, Fakten, Formulare und Datenarten, können sich die Anwender des Hypermedia-Systems frei im abgebildeten Wissen bewegen (wahlfreie Navigation). Den Start in die Materie erleichtert eine 'guided tour', die an Hand eines konkreten Praxisfalles alle einschlägigen Wissensbereiche streift. Zu jedem Zeitpunkt kann ein Lexikon mit Fachbegriffen sowie ein 'Notizblock' zum Festhalten neuer Erkenntnisse eingeblendet werden.

In der laufenden Pilotphase ist der Einsatz des Systems noch auf besonders ausgestattete Umgebungen (Hardware mit hoher Bildschirmauflösung und verbesserter Farbwiedergabe) beschränkt, wobei außerdem die CBT-Funktionen im Vordergrund stehen.

In Vorbereitung ist die Entwicklung eines weiteren Assistenzsystems für ein Versicherungsunternehmen. Dieses System soll eingehend über alle Aspekte der Bearbeitung eintreffender Schadensmeldungen informieren. Von der Prüfung der Voraussetzungen für Schadensansprüche über die Abstimmung mit weiteren Beteiligten bis hin zur Schadensbewertung, zur Dokumentation und zur Leistung von Ersatzzahlungen an die Kunden der Versicherung sind alle Phasen abgedeckt. Auch hier wird der Praxisbezug durch die simulative Bearbeitung repräsentativer Geschäftsprozesse hergestellt. Die Prüfung und Bearbeitung von Formularen gehören ebenso zum Handlungsumfang wie die Arbeit mit Großrechnerbildschirmen.

Da dieses System bundesweit in allen Geschäftsstellen des Unternehmens zum Einsatz kommt, mußte besonders für die ständige Aktualisierung der Inhalte eine logistisch vertretbare Lösung gefunden werden: alle häufig zu aktualisierenden Bestandteile, wie Formulare, Großrechnermasken, Arbeitsvorschriften und Berechnungsgrößen werden getrennt vom Assistenzsystem verwaltet und können jederzeit mit geringem Aufwand gewartet werden.

3. Erfahrungen

Die offenkundige Nähe zur Praxis, die beide Systeme gemein haben, hat bereits im Vorfeld des Piloteinsatzes für Akzeptanz und darüber hinaus für explizite Funktionswünsche seitens der Anwender gesorgt. Den Hürden in bestehenden Geschäftsprozessen konnten Auskunftsfunktionen entgegengesetzt werden, die sogar regional unterschiedliche Vorgehensweisen unterstützen. Damit wird belegt, daß Assistenz in einem größeren Rahmen gleichzeitig zielgruppen-spezifische Ansprüche erfüllen kann; etwas technischer formuliert: auf dieselben

Geschäftsprozesse können verschiedene 'Sichten' definiert werden, die Einfluß auf den Arbeitsablauf haben.

Das Assistenzsystem für das Versicherungsunternehmen geht zum Zeitpunkt dieser Tagung in den Piloteinsatz, das CBT-System der Bank wurde erstmals auf der CeBIT'93 in Hannover auszugsweise einer breiteren Öffentlichkeit vorgestellt.

Ein wesentlicher Aspekt der Erfahrungen, die beim Einsatz des CBT-Systems in der Pilotphase gesammelt wurden, bestand darin, daß die Benutzer die Möglichkeit, das System nicht nur separat als Lernsystem, sondern auch als Hilfe am Arbeitsplatz zu verwenden, schnell erkannt und als relevante Innovation begrüßt hatten. Der Übergang zu diesem universelleren Einsatz als Assistenzsystem ist deshalb intendiert und kann auch bei geeigneten Hardware-Voraussetzungen bundesweit in allen Filialen der Bank realisiert werden.

Darüber hinaus ließ die Pilotphase erkennen, daß viele Bankangestellte eine integrative Lösung, bei der das Assistenzsystem direkt in die Originäranwendung eingebettet wird, als wünschenswert ansehen. Derzeit erfolgt der Einsatz der Anwendung noch parallel zu den entsprechenden Großrechneranwendungen; eine Integration ist jedoch mittelfristig realisierbar.

4. Fazit und Perspektiven

Deutlich wurde aus unserer bisherigen Arbeit an Assistenzsystemen auch die besondere Wichtigkeit der Modellierung der zugrundeliegenden Wissensstruktur. Zwischen dem spezifischen Assistenzbedarf am Arbeitsplatz und den generellen Gestaltungspotentialen der Navigationstechniken bzw. der multimedialen Repräsentation bestehen keine 'Direktverbindungen'. Bei der Simulation der Geschäftsprozesse und der Klärung ihrer Problemstrukturen muß berücksichtigt werden, daß die einschlägigen Geschäftstechniken und Regeln für den Gebrauch der Bildschirmmasken sowie die Rechtsnormen und bankbetrieblichen Hintergründe in verschiedensten Quellen dokumentiert sind und deshalb oft terminologische Unklarheiten, Lücken im Sachbezug oder andere Varianten mangelnder Kohärenz aufweisen. Die Assistenzsysteme sollen deshalb das Wesentliche herausfiltern und schlüssige Zusammenhänge schaffen: E pluribus unum, wie die alte Regel lautet, die sich mit den heutigen Techniken aber besser lösen läßt (vgl. hierzu auch: Mertens, P. (1994)).

Mit dem Kriterium der kohärenten Wissensstruktur (Witt, R. (1992)) ist noch ein anderer Aspekt des Einsatzes von Assistenzsystemen verbunden. Wenn nämlich im Unternehmen neue Möglichkeiten des Zugriffs auf Wissen bereitgestellt werden, so bedeutet dies zugleich, daß die Verteilung (Allokation) des Gesamtwissens innerhalb des Unternehmens verändert wird. In der

Managementforschung wird immer deutlicher betont, daß nicht nur Mitarbeiter als Personen, sondern auch Unternehmen als solche 'lernen'. 'Lernende Organisation' oder 'lernendes Unternehmen' (Garvin, D. A. (1994)) sind hier die Stichwörter. Die substantielle Analogie zwischen dem Lernen einer Person und dem Lernen einer Institution besteht in der gemeinsamen Abhängigkeit der operativen Potentiale von den verfügbaren Wissensstrukturen. Allokation von Wissen ist ein Strukturproblem, das über Assistenzsysteme optimiert werden kann, und zwar nicht nur über die pädagogischen Effekte personalen Lernens, die zweifellos dazugehören, sondern auch und vor allem im Sinne eines als Führungsaufgabe verstandenen strategischen Wissensmanagements.

Literatur

1. Ferstl, Otto K.; Sinz, Elmar J.: Geschäftsprozeßmodellierung. In: Wirtschaftsinformatik, 35. Jg. (1993), H. 6, S. 589-592.
2. Garvin, David A.: Das lernende Unternehmen I : Nicht schöne Worte - Taten zählen. In: Harvard Business Manger, 16. Jg. (1994), H. 1, S. 74-86
3. Hinkelmann, Knut; Karagiannis, Dimitris: Vorgangsaspekte im Dienstleistungsbereich. In: Reuter (Hrsg.); Konferenz der 20. Jahrestagung der Gesellschaft für Informatik. Berlin, Heidelberg, New York (Springer): 1990, S.166-180.
4. Melchert, Rainer; Faur, Kurt: Banken und Versicherungen wollen Kundendienst wirksamer gestalten. In: Computerwoche 48; 27. 11. 1992.
5. Mertens, Peter: Neuere Entwicklungen des Mensch-Computer-Dialoges in Berichts- und Beratungssystemen. In: Zeitschrift für Betriebswirtschaft, 64. Jg. (1994), H. 1, S. 35-56.
6. Witt, Ralf: Lehrstoffstrukturen für Hypertext-Anwendungen in der kaufmännischen Aus- und Weiterbildung. In: Glowalla, Ulrich; Schoop, Eric (Hrsg.): Hypertext und Multimedia. Neue Wege in der computerunterstützten Aus- und Weiterbildung. Berlin, Heidelberg, New York (Springer): 1992, S. 230 - 238.

Multimediale Vermittlung von Logistikwissen
— Konzepte und Erfahrungen aus der Praxis

Dr. Siegfried Augustin
Siemens AG
Gerhard Helletsberger
Computer Art-Work

Wohl auf keinem anderen Gebiet besteht eine so große Diskrepanz zwischen Theorie und Praxis wie in den zur Lenkung eines Industrieunternehmens notwendigen Disziplinen. Dies trifft vor allem auf die in der Logistik vereinigten/zusammentreffenden Disziplinen Betriebswirtschaft, Technik, Informatik und Organisationspsychologie zu. Diese Diskrepanz wird besonders stark spürbar, wenn es darum geht, Logistik-Wissen zu vermitteln. Die Teilnehmer an derartigen Seminaren und Workshops haben nicht nur häufig Probleme, die Prinzipien der Logistik auf die Praxis anzuwenden, sie sind es auch nicht gewohnt, interdisziplinär zu denken und zu handeln. Darüber hinaus fehlt ihnen häufig das Verständnis dafür, ihr Handeln in ihrem eigenen organisatorischen Umfeld nicht nach lokalen Kriterien auszurichten, sondern an der Wirkung auf die logistische Leistungsfähigkeit des Unternehmens zu messen. Diese Probleme führen oft dazu, daß Logistik-Prinzipien und dementsprechende Konzeptionen als "reine Theorie" und "in der Praxis nicht machbar" apostrophiert werden.

Eine Möglichkeit, diesen Problemen zu begegnen besteht darin, Praxisfälle, in denen logistische Prinzipien und Denkweisen bereits realisiert wurden, anzusehen und möglichst an Ort und Stelle mit der Theorie zu verknüpfen. Für diese Art der Vermittlung logistischen Wissens gibt es naturgemäß Grenzen, die in der Zahl der Teilnehmenden und den Entfernungen zu den Orten der Praxisfälle liegen. Allerdings kam gerade aus dieser Erfahrung heraus der Anstoß dazu, die Wissensvermittlung durch Kombination verschiedener Medien zu verbessern bzw. auf eine andere Stufe zu heben. Unmittelbares Vorbild für den Inhalt eines neuen, multimedialen Weiterbildungs- und Trainingsbausteins war die Reise entlang einer Logistik-Kette, die eine kleine Gruppe von Top-Managern der Logistik unternahm, um Schnittstellen- und Zeitprobleme in der Abwicklung von Aufträgen zu studieren. Logistik ist immerhin heute ein entscheidender Wettbewerbsfaktor, und die Ausgestaltung und Koordination von Material-, Waren- und Informationsflüssen zählt nach wie vor zu den anspruchsvollsten und für den Erfolg entscheidenden Aufgaben in einem Unternehmen.

Eine Rahmenbedingung, die die Einbeziehung neuer Medien in die bisherige Art und Weise der Wissensvermittlung stark gefördert hat, ist die Zeitknappheit von

Sachbearbeitern und Führungskräften. Es muß mehr denn je zuvor in kürzester Zeit Wissen vermittelt werden und das mit möglichst nachhaltiger Wirkung. Das bedeutet, da der Visualisierung von Zusammenhängen und Sachverhalten eine noch höhere Bedeutung beigemessen werden muß als bisher. Diese kommt auch der sinkenden Fähigkeit vieler Menschen entgegen, Informationen aus dem Lesen von Texten zu gewinnen. So wurden sehr gute Erfahrungen mit dem Einsatz von Computeranimation gemacht, durch die Graphiken plötzlich Leben gewannen und Zusammenhänge auch dynamisch gezeigt und verdeutlicht werden konnten. Auf diese Weise ließen sich auch relativ komplexe Beziehungen oder Sachverhalte in kurzer Zeit vermitteln, und zwar mit dem Begleiteffekt, da inhaltlich mehr "hängenblieb" als beim Einsatz statischer Graphiken in Form von Vortragsfolien oder Dias. Was durch die Computeranimation allein jedoch nicht verbessert werden konnte, war die Glaubwürdigkeit bzw. Umsetzbarkeit von Theorien.

Hier schien durch die neu entwickelte technische Möglichkeit, Computeranimation mit Videofilm zu kombinieren, ein neuer Weg gewiesen zu werden. Videofilme allein hatten - jedenfalls auf dem Gebiet der Logistik und Betriebswirtschaft - bislang den Nachteil, da man zwar die Realität abfilmen konnte, da die Erklärung von Theorien zu den sichtbaren Sachverhalten aber meist durch sichtbare Sprecher oder Interviews erfolgte, was dem Medium Film widerspricht. Durch die Kombination eines fachlich versierten Referenten mit computeranimierten PC-Modulen für die Theorie und Videoclips für die Realität war nunmehr die Möglichkeit gegeben, die geschilderten Probleme zu lösen.

Interessanterweise kam die genannte Medienkombination speziell dem Thema Logistik entgegen: Bewegte Graphiken und bewegte Bilder unterstützen in idealer Weise die Darstellung des für die Logistik charakteristischen Fließprinzips, also die Bewegung von Material, Waren und Informationen über die Zeit. Durch Computeranimation kann auch das Fließen von Informationen, das in der Realität, gerade beim Einsatz elektronischer Datenübertragung, nicht sichtbar ist, veranschaulicht werden. Durch die Videoverfilmung einer kompletten Logistikkette eines Exportauftrages konnte auch das Prinzip der ganzheitlichen Betrachtung in der Logistik sichtbar und verständlich gemacht werden. Als Beispiel wurde die Logistikkette eines Auftrages eines finnischen Kunden vom Auftragseingang in der Siemens-Landesgesellschaft Finnland über Beschaffung, Montage, Auslieferung, Transport bis hin zur Zollabwicklung und zur Lieferung an den Kunden gewählt. Dabei wird die gegenseitige Verknüpfung, aber auch die Abhängigkeit der einzelnen Abschnitte und Tätigkeiten in der Kette deutlich gemacht. Insbesondere gilt dies für mangelnde Qualität bei Informationen; aber auch für Maßnahmen organisatorischer oder technischer Art irgendwo in der Kette, die bisher nur aus dem Blickwinkel derjenigen Abteilung beurteilt wurden, in der sie realisiert wurden, deren Wirkung auf andere Abteilungen oder auf den Kunden nie betrachtet wurden bzw. nie bekannt waren.

In Seminaren läßt sich auf diese Weise immer der "Wahrheitsbeweis" für die vermittelten Theorien antreten, ohne daß die persönlichen Glaubwürdigkeiten des Re-

renten als einziges Argument dienen müßte. Der Referent selbst kann je nach der Zahl der Seminarteilnehmer und ihrem Ausgangs-Qualifikationsstand das Tempo des Lehrens dem Tempo des Lernens unmittelbar anpassen.

In Zusammenarbeit mit einer auf Computeranimation spezialisierten Firma, die auch Fachkompetenz bezüglich der zu vermittelnden Inhalte hatte, wurden etwa 60 einschlägige animierte Module und 15 Videosequenzen erstellt. Je nach Bedarf können mit diesem laufend erweiterten Modul-Vorrat Seminare und Kurse von einer Dauer von einer Stunde bis zu zwei Tagen zusammengestellt werden.

Der jeweilige Referent kann sich je nach der Qualifikation der Teilnehmergruppe und seinen eigenen inhaltlichen Zielen eine Art Drehbuch zusammenstellen. Natürlich besteht die Möglichkeit, einzelne Module zu wiederholen, ebenso Videosequenzen, aber auch "Help"-Texte für Definitionen aufzurufen.

Das hier in kurzen Zügen geschilderte Multimedia-Konzept hat neben der gesteigerten Akzeptanz und Umsetzungsfreude der Teilnehmer noch einen weiteren Vorteil: Als der Wunsch verschiedener Referenten nach einem Videofilm geäußert wurde, in dem ein Standard-Seminarvortrag von etwa einer halben Stunde ohne großen Geräteaufwand reproduziert werden sollte, konnte dieser Wunsch durch eine Kombination der die grundlegenden Zusammenhänge zeigenden Module und Videoclips sowie durch die Abfassung eines Sprechertextes relativ einfach realisiert werden. Auch eine englischsprachige Version dieses Videofilms konnte durch den modularen Aufbau der Computeranimation - Trennung von Graphik und Text - ohne großen Aufwand realisiert werden.

Einsatz elektronischer Medien in der beruflichen Weiterbildung
am Beispiel von Telekom - FUNLINE

Jürgen Bache
Generaldirektion Telekom, Bonn

Die beruflichen Fortbildung Telekom ist, um Kundenwünsche optimal erfüllen zu können, zur ständigen Weiterentwicklung ihrer Serviceangebotes verpflichtet.Hierzu gehört auch die Entwicklung neuer Medien und Methoden und deren Erprobung sowie die Erstellung der notwendigen Einsatzkonzepte.

Bei einem der in den letzten Jahren eingeführten Medien handelt es sich um den Computerunterstützten Unterricht (CUU/CBT). Dieses Medium gewinnt nicht nur innerhalb der Telekom zunehmend an Bedeutung. In der nachfolgenden Zusammenstellung sind die wichtigsten Daten, Fakten und Konzepte bezüglich des CUU bei Telekom dargestellt.

1 Was ist FUNLINE?

Seit Mitte der 80er Jahre werden im Forschungs- und Technologiezentrum Telekom (vormals Fernmeldetechnisches Zentralamt, FTZ) Untersuchungen über den Einsatz von Computern als Lernmedium der Aus-, Fort- und Weiterbildung durchgeführt. Dabei legte man neben der Entwicklung der technischen Voraussetzungen besonderes Augenmerk auf Einsatzformen von CUU und seine Nutzung in verschiedenen Anwendungsbereichen.

Während eines wissenschaftlich begleiteten Feldversuches, der vom Herbst 1988 bis August 1989 durchgeführt wurde, sind sowohl das technische Gesamtkonzept als auch die vorgesehenen Einsatzformen in Aus- und Fortbildung erprobt worden. Unter Berücksichtigung der dabei gewonnen Erkenntnisse wurde der Computerunterstützte Unterricht unter dem Namen FUNLINE (Kunstwort für "Spaß am Lernen auf der ganzen Linie im computerunterstützten Unterricht") im Juli 1990 eingeführt.

2 Welche Ziele werden mit FUNLINE verfolgt?

Angesichts dynamisch fortschreitender Entwicklungen in der Telekommunikationstechnik muß den wachsenden Lernmengen und komplexer werdenden Lerninhalten mit flexiblen Bildungsinstrumentarien und innovativen Bildungskonzepten begegnet werden.

Langfristige Sicherung und Erhaltung der Wettbewerbsfähigkeit des Unternehmens Telekom erfordern kurze Reaktionszeiten bei der Anpassung des Bildungsstandes an betriebliche Neuerungen und veränderte Marktsituationen.

Das vorhandene Bildungssystem der DBP TELEKOM für die Aus- und Fortbildung wurde daher um das flexible Medium Computerunterstützter Unterricht (CUU) als Ergänzung und Verstärkung erweitert

CUU ist als Bestandteil der beruflichen Bildung wesentlich auf die Akzeptanz der Beschäftigten, insbesondere der Lehrkräfte, angewiesen. Dieses neue Medium darf nur als solches verstanden werden; es ist nicht mehr -aber auch nicht weniger- als ein Overheadprojektor oder eine Videoanlage.

CUU kann Lücken schließen, die mit herkömmlichen Mitteln nicht ausgefüllt werden können. So ist es z.B. jetzt möglich, Bildungsinhalte rechtzeitig an die Lernenden heranzubringen. Personal in kundennahen Diensstellen wird geschult, bevor es z.B. beim Kunden dieses neue Wissen (Aufbau und Funktion von Endgeräten, AGB etc.) einsetzen muß.

FUNLINE-Lektionen werden - eingebunden in Curricula - vor, während und nach herkömmlichen Seminaren eingesetzt (s. Abb. 1). Als Vorschaltmaßnahme kann über ein CUU-Lernprogramm beispielsweise ein weitgehend einheitliches Eingangswissen bei Seminarsteilnehmern einer herkömmlichen Maßnahme erreicht werden; der Einsatz im Seminar kann zur Einübung, Vertiefung oder Verdeutlichung dienen und ein einem Seminar nachgeschaltetes Lernprogramm kann u.a. zur selbstgesteuerten Lernerfolgskontrolle, zur Aktualisierung oder als Nachschlagewerk eingesetzt werden.

So wird eine Lehrkraft im Seminar nicht nur unterstützt, sondern sie gewinnt auch wertvolle Zeit für Einzelbetreuung oder teilnehmeraktive Unterweisungsmethoden (Gruppenarbeit, Rollenspiel, Fallanalyse etc.) während evtl. Trainingsphasen "vom PC betreut werden".

Aus Kapazitäts- und Zeitgründen ist der Einsatz von CUU-Lernprogrammen auch dann notwendig, wenn schnell und aktuell ein bestimmter Fortbildungsinhalt an einen großen Teilnehmerkreis vermittelt werden soll. So können z.B. Informationen über neue Endgeräte, Techniken o.ä. innerhalb von z.Zt. ca 4 Monaten (für Programmerstellung und Schulung) allen Beschäftigten, die dieses Wissen benötigen, vermittelt werden. Mit dem herkömmlichen Verfahren dauert derselbe Schulungsprozeß u.U. ein Jahr oder länger.

3 Was kennzeichnet ein FUNLINE-Programm?

Die im Bereich der DBP TELEKOM einzusetzenden CUU-Programme (vollständige Lektionen und Lernsequenzen) werden unter dem Produktnamen FUNLINE innerhalb eines festgelegten Gestaltungsrahmens für im Einzelfall festzulegende Zielgruppen erstellt.

Mindestanforderungen sind in einem Autorenleitfaden definiert und für alle im Bereich der DBP TELEKOM einzusetzenden CUU-Programme bindend festgelegt. Alle Programme werden mit einem einheitlichen Rahmenprogramm versehen, das dem Benutzer nach didaktisch pädagogischen Gesichtspunkten die größtmöglichen Freiheiten und einen hohen Bedienungskomfort bietet.

4 Wo und wie wird FUNLINE bei der Telekom eingesetzt?

CUU-Einsatz in der Fortbildung

Am Beispiel der Fortbildung sollen die Möglichkeiten des CUU-Einsatzes hier verdeutlicht werden.

Flexibilität und schnelle Reaktionsfähigkeit bei rasch wechselnden Bildungsinhalten sind Leistungsmerkmale des computerunterstützten Lernens. Die sich aus unvermeidlichen Verzögerungen ergebenden Nachteile des bereits heute in der Fortbildung angewandten "Schneeballsystems" lassen sich unter Zuhilfenahme von CUU deutlich verringern, da zentral erstellte Bildungsmedien zeitgleich an allen Bildungsorten bereitgestellt werden können.

Der Computerunterstützte Unterricht ermöglicht grundsätzlich das Lernen an ganz verschiedenen Lernorten. Personalcomputer im Klassenraum oder der Medienecke der Ausbildungswerkstatt können genauso genutzt werden wie der PC am Arbeitsplatz bzw. in Arbeitsplatznähe. Hierbei reichen die Möglichkeiten von - mit bis zu 20 PC ausgestatteten - Lehrsälen bis hin zur einzeln aufgestellten Lernstation. Die Nutzung richtet sich dabei nach Kundenwünschen und konzeptioneller Einbindung.

Neben den o.a. Lernorten bieten sich hier zusätzlich noch die bereits in vielen Niederlassungen vorhandenen Informationszentren Berufliche Bildung (IZB, Selbstlernzentren) an.

Bei der Einrichtung der arbeitsplatznahen Lernstationen wurde in Abhängigkeit von den örtlichen Gegebenheiten der Telekom-Niederlassungen zunächst fünf PC, verteilt auf zentrale Punkte, aufgestellt. Diese PC stehen zur freien Benutzung im Rahmen der freiwilligen Weiterbildung für CUU zur Verfügung. Bei konkreten Fortbildungsmaßnahmen werden diese Geräte dann zeitweise für einzelne Dienststellen oder genau angegebene Personenkreise reserviert.

Zusätzlich zur Regelausstattung wurden bei diesen Lernstationen Standard PC noch mit einem CD-ROM Laufwerk ausgestattet, um auch umfangreiche Lernprogramme problemlos bearbeiten zu können. Eine erste FUNLINE-CD-ROM liegt bereits vor.

Bis Mitte 1994 ist als weitere Modernisierung die Ausstattung von je zwei Lernstationen mit DVI (digital video interactiv) Technik vorgesehen. Hierzu werden die Stationen mit entsprechender Karte und einer Aktivbox zur Audiowiedergabe aufgerüstet. Mit diesen Geräten können dann auch aufwendige Lernprogramme mit Audio und Videoanteil bearbeitet werden.

Mit FUNLINE - Conferencing, einer Möglichkeit zur interaktiven Zusammenarbeit über vernetzte PC wird dann der z.Zt. aktuellste Schritt in Richtung einer universell einsetzbaren Lernstation gegangen.

Eine Zusammenfassung der Hardwareausstattung zeigt Abb.2.

5 Wie sieht die FUNLINE-Infrastruktur aus?

Für die Gesamtentwicklung von CUU bei TELEKOM sowie die Einsatzkonzeption ist der Bereich für Berufliche Fortbildung in der Generaldirektion Telekom (FB P*725) zuständig. Zur Unterstützung dieses Fachbereichs und der entsprechenden technischen Abteilung Z2 des FTZ wurde eine Zentralredaktion für CUU, die FUNLINE-Zentralredaktion (ZR) in Rottweil eingerichtet.

Koordinierung der CUU-Programmerstellung, Projektmanagement, Programmverwaltung, Autorenbetreuung, Betreuung der Medienberater, Betreuung des FUNLINE-Telefons und der Mailbox für Lerner sowie die Betreuung externer Kunden sind die Hauptaufgaben der ZR.

Die o.a. Kräfte, die bei der Erstellung von Lektionen des Computerunterstützten Unterrichts beteiligt sind, müssen über ein fundiertes pädagogisch-didaktisches Grundwissen (Nachweis der berufs- und arbeitspädagogischen Eignung) und möglichst über eine mehrjährige Erfahrung im herkömmlichen Unterricht verfügen. Eine weitergehende praktische Unterrichtstätigkeit innerhalb der Beruflichen Bildung begrüßenswert.

6 Welche FUNLINE Lernprogramme gibt es?

FUNLINE -Lernprogramme gibt es mittlerweile zu den unterschiedlichsten Themen (s. Abb. 3). Durch die ständige technische Weiterentwicklung und den enorm ansteigenden Fortbildungsbedarf befinden sich immer mehrere Dutzend Programme in Produktion. Durch die internationalen Kontakte des Fortbildungsbereichs der Telekom ergeben sich darüberhinaus auch ständig neue übersetzte FUNLINE -Lernprogramme. Z. Zt. sind z.B. Lernprogramme in englischer, französischer, portugiesischer, russischer, polnischer und tschechischer Sprache vorhanden.

Die aktuelle Liste der lieferbaren Lernpogramme kann über die FUNLINE -Zentralredaktion Rottweil abgefordert werden.

7 Wird FUNLINE innerhalb der Telekom akzeptiert?

Die starke Nutzung der FUNLINE-Infrastruktur (über 1.000.000 Lernerstunden / Jahr über LAN in BBi und IZB) sowie die zentralen internen Bestellungen von FUNLINE -Lektionen bei der Zentralredaktion (s. Abb. 4) haben gezeigt, daß das Medium CUU innerhalb der Telekom voll als Möglichkeit zur individuellen Fortbildung akzeptiert wird.

8 Gibt es FUNLINE auch für MS Windows?

Als logisch konsequente und notwendige Weiterentwicklung sowie zur Integration aller aufgekommenen Forderungen und Wünsche zur Gestaltung von FUNLINE -Lernprogrammen wurde das Autorentool FUNLINE für Microsoft Windows entwickelt.

FUNLINE für MS Windows ist ein Eigenprodukt der Telekom und das Ergebnis einer jahrelangen Erfahrung in der Erstellung von FUNLINE -Lernprogrammen. FUNLINE für MS Windows ermöglicht die Erstellung von 100%ig windowskompatibler Lernsoftware unter Einbeziehung aller windows-Vorteile und -Applikationen (s. Abb. 5). 1993 gründet die Telekom mit zahlreichen namhaften CBT-Herstellern den "Verein zur Förderung und Weiterentwicklung des Autorenwerkzeugs FUNLINE für MS Windows" (s. Abb. 6). Neben der Weiterentwicklung soll damit auch ein erhöhter Nutzen sowie eine Kostenreduzierung bei der Lernprogrammerstellung erreicht werden.

9 Welche Vorteile hat FUNLINE insgesamt?

Eine Zusammenfassung der wesentlichen Vorteile des neuen universellen Mediums zur Lösung komplexer Bildungsprobleme zeigt die Abb. 7.

10 Wo finde ich weitere Informationen über FUNLINE?

Strategische und grundsätzliche Entscheidungen zur FUNLINE-Entwicklung und -Einsatzkonzeption oder zur internationalen Zusammenarbeit auf diesem Gebiet werden im Fachbereich P*725, Fortbildung der GDT getroffen.

Adresse: Generaldirektion Telekom, Fachbereich P*725-4
Godesberger Allee 87-93, 53105 Bonn
Tel. 0228/181-7254, Fax 0228/181-8909

Fragen zu technischen Details in der FUNLINE-Entwicklung, zu FUNLINE für MS Windows oder zum FUNLINE-Wirkbetrieb beantwortet das Referat Z 2 des Forschungs- und Technologiezentrums in Darmstadt.

Adresse: Forschungs- und Technologiezentrum
Referat Z 26, Postfach 100003, 64276 Darmstadt

FUNLINE-Zentralredaktion in Rottweil

Adresse: FUNLINE-Zentralredaktion
Kastellstr. 30, 78628 Rottweil
Telefon: 0741/ 250-2891, Fax: 0741/ 250-2899

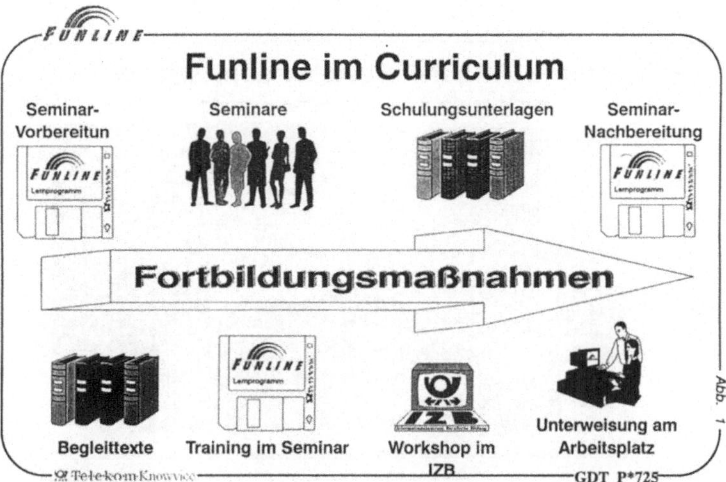

Abb. 1

Hardwareausstattung für CUU bei Telekom

FUNLINE -Infrastruktur

- Grundsatz: Standard-PC (IBM-kompatibel)
- ca. 4000 vernetzte iDSG an über 140 LAN mit mehr als 1.000.000 Lernstunden / Jahr
- 800 arbeitsplatznahe iDSG mit CD-ROM-Laufwerk davon ca. 300 mit DVI
- in Zukunft ca. 100.000 Arbeitsplätze mit iDSG

Telekom Knowvice — GDT P*725

Abb. 2

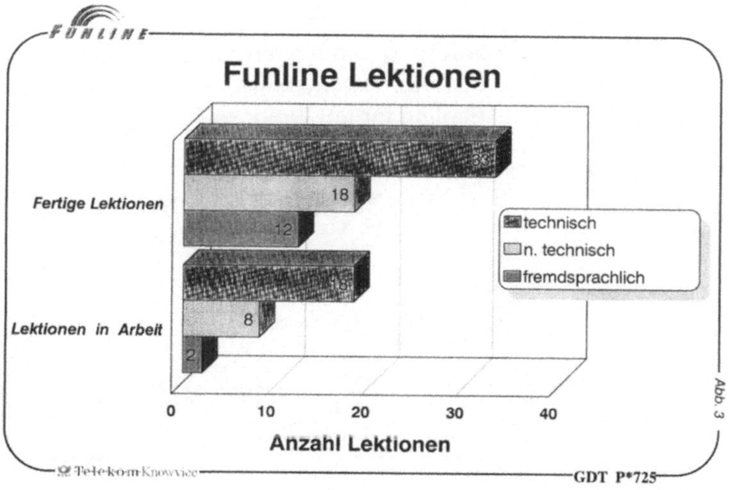

Abb. 3

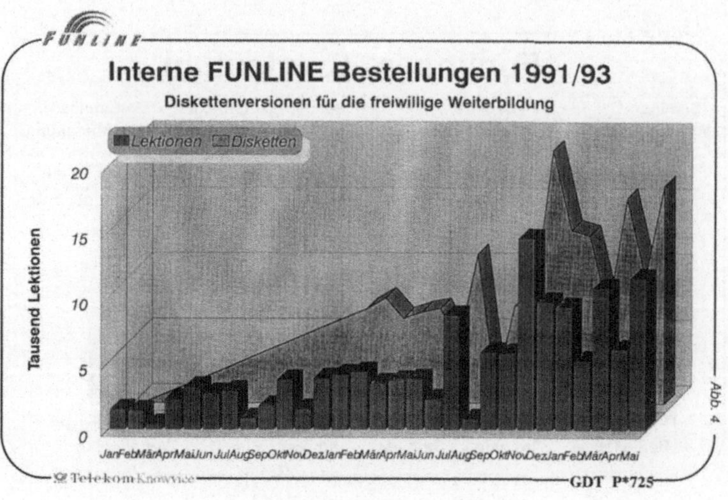

Abb. 4

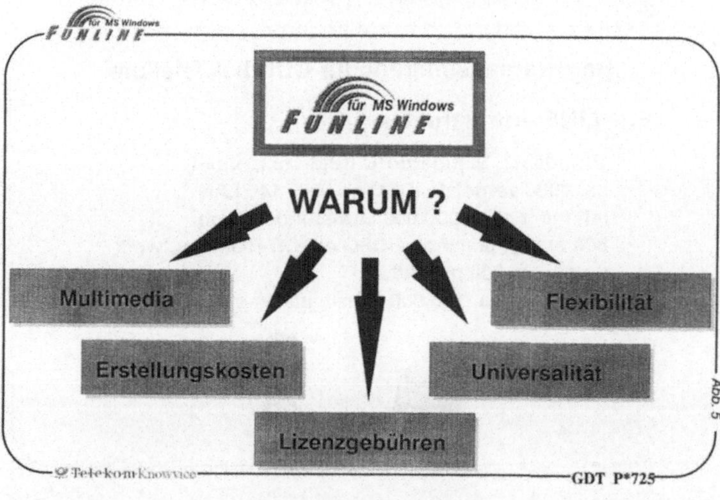

Abb. 5

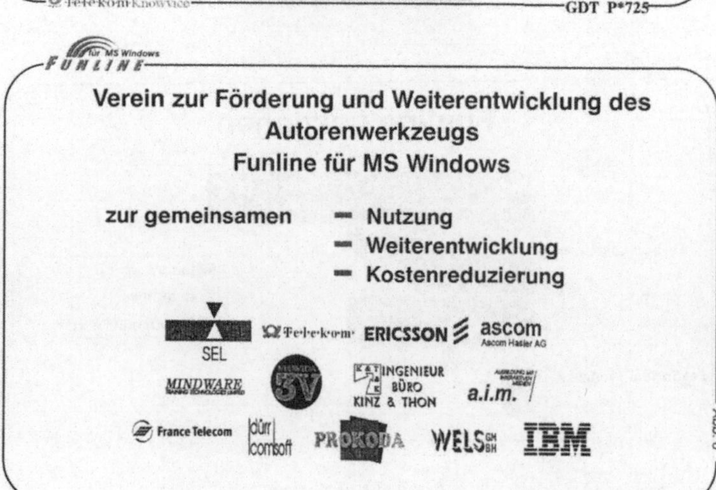

Abb. 6

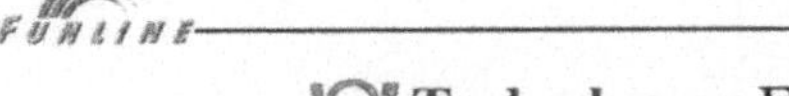

Telekom Funline

- ein überzeugendes Bildungsmedium für die Zukunft

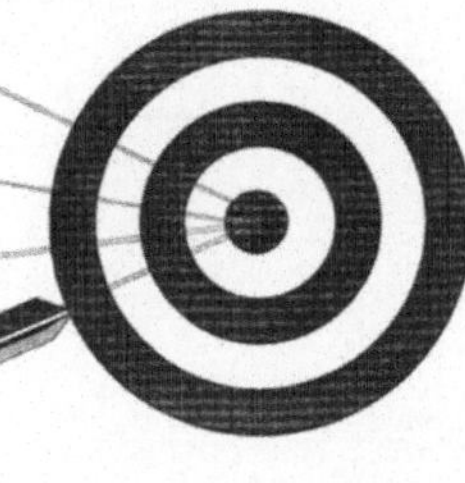

Kostenreduzierung

Flexibilität

Schnelligkeit

Infrastruktur

Abb. 7

GDT P*725

Workshop

Multimediakommunikation auf unternehmensweiten Netzen

Multimediakommunikation auf unternehmensweiten Netzen

— Einleitung

Dr. Ralf Cordes
Telenorma GmbH/Bosch Telecom

Moderne Unternehmensorganisationen, gerade Geschäftsprozeß-orientierte schlanke Strukturen, basieren auf ganzheitlich vorgangsorientierten Arbeitsprozessen. Aufgaben, Zuständigkeiten und Entscheidungsfindungen in modernen Unternehmen unterliegen zudem einem ständigen Prozeß der Dezentralisierung. Derartige Organisationsformen sowie erfolgreiche Unternehmen, die sich z.B. nach Methoden des Business Reengineerings neu organisiert haben, setzen eine leistungsfähige unternehmensweite Kommunikationsinfrastruktur voraus.

Hierbei umfaßt eine derartige Struktur nicht nur das Verlegen von Kabeln, die Inbetriebnahmen von Telefonanlagen oder die Bereitstellung von vernetzten Personal-Computern sondern es beinhalten derartige Infrastrukturen neue Anwendungen, Dienste sowie Dienstleistungen zur effektiven Unterstützung der Geschäftsprozesse. Unternehmensweite Datenmodelle, Produktionsplanungssysteme, Client-Server Technologien, Vorgangsorientierung, Workflow Computing, Virtual Private Networks, Downsizing und Rightsizing sind Schlagworte, die diese Phase der Einführung von unternehmensweiten Kommunikationslösungen und Diensten mit charakterisieren.

Mit der Verfügbarkeit von Multimedia Komponenten, wie z.B. Einsteckkarten zur audiovisuellen Kommunikation, dedizierten Bildtelefonsystemen, Multimedia PCs, Softwarepaketen zur Unterstützung von kooperativen Arbeitstechniken, Protokollen zumWorkgoup Computing war der Weg geebnet, neuen Anforderungen im Bereich unternehmensweiter Netzen unter der Überschrift Multimediakommunikation gerecht zu werden. Anforderungen, die in Unternehmen an die Multimediakommunikation gestellt werden, sind z.B. :

- Erstellen, bearbeiten, annotieren und signieren von multimedialene Dokumenten
- Unterstützen von kooperativen Anwendungen durch Einbeziehung audiovisueller Kommunikation
- Zugriff auf multimediale Datenbanken und Bereitstellung von multimedialen Abrufdiensten

- Erweitern der Funktionaltäten der elektronischen Post um Sprachannota - tionen oder Videoclips

- Bereitstellen von integrierten PC-basierten Telefonie-Anwendungen

Die Möglichkeiten von unternehmensweiter Multimediakommunikation sind einerseits in unterschiedlichen Studien sowie andererseits in ersten Pilotierungen beispielsweise im Rahmen des Förderprogramms BERKOM anhand diverser Anwendungsszenarien für unterschiedliche Unternehmungen realisiert und evaluiert worden.

Generell lassen sich hierbei zwei Trends erkennen:

- Der Einsatz von Multimediakommunikation hängt nicht von der Unternehmensgröße ab.

- Unterschiedliche Branchen stellen unterschiedliche Forderungen an die Komponenten der Multimediakommunikation.

Der Workshop Multimediakommunikation auf unternehmensweiten Netzen stellt erste Erfahrung aus Pilotinstallierungen vor, präsentiert erste Anwenderberichte aus unterschiedlichen Branchen und gibt eine betriebswirtschaftliche Betrachtung zum Einsatz dieser neuen Technologie. Gleichzeitig geht er der Frage nach, wie sich Organisationsform des Unternehmens und Kommunikationsprozesse gegenseitig beeinflussen oder bedingen. Die Marktreife und der generelle Einsatz von Komponenten und Lösungen der Multimediakommunikation werden überprüft.

Der Beitrag von Dr. Nippa (BPU) beschreibt einen mehrdimensionalen Ansatz zur Durchführung einer Kosten/Nutzen-Analyse bei Verwendung von vernetzen multimedialen Systemen. Dieser Beitrag basiert auf Untersuchungen und deren Erkenntnissen, die im Umfeld des BERKOM Förderprogrammes durchgeführt wurden.

Herr Reisch (iXTEL) sowie Herr Weber (PiT) beschreiben konkrete Anwendungen im Konstruktions- bzw. Kraftfahrzeugbereich, die durch die Benutzung von Komponenten zur Multimediakommunikation aufgewertet worden sind. Speziell Herr Reisch geht der Fragestellung nach, in wieweit Änderungen in der Organisationsstruktur eines Unternehmens den Einsatz vernetzer multimedialer Anwendungen bedingen.

Herr Zimmermann (Schering AG) beschreibt die Planung, die Realisierung und den Betrieb eines Videokonferenzsystems bei der Schering AG. Auf mögliche Effizienzsteigerungen bei betrieblichen Abläufen wird eingegangen.

Kosten und Nutzen vernetzter multimedialer Anwendungen

Dr. Michael Nippa

BPU • Betriebswirtschaftliche Projektgruppe für Unternehmensentwicklung GmbH, Franz-Joseph-Str. 35, 80801 München

Zusammenfassung. Vernetzte Multimedia-Systeme haben in erster Linie ein technologisches Potential. Die Anwendung der Technologie bestimmt ihren Nutzen. Vernetzte Multimedia-Anwendungen werden sich nur durchsetzen, wenn die Wirtschaftlichkeit, d.h. das Verhältnis von Nutzen/Leistungen zu Kosten, stimmt. Kosten-Nutzen-Abschätzungen beinhalten eine Reihe immanenter Probleme, u.a. die Subjektivität, ihre Situationsgebundenheit und die Komplexität der Einflußfaktoren. Derzeit verwendete Kosten-Nutzen-Abschätzungsmodelle (Gebührenersparnis) sind oft verkürzt und somit nicht überzeugend. Notwendig ist ein mehrdimensionaler Ansatz und die Demonstration an konkreten Anwendungsbeispielen.

Schlüsselwörter. Kosten-Nutzen-Analyse; Multimedia-Anwendungen; Multimediasysteme; Wirtschaftlichkeit

1 Multimedia vor dem kommerziellen Durchbruch ?

Wie die unterschiedlichen Beiträge auf diesem Multimedia-Kongreß und die Verlautbarungen der Hersteller, die Prototypen und Pilotanwendungen verdeutlichen, stehen wir unzweifelhaft an der Schwelle zur Multimedia-Gesellschaft. Multimedia-Anwendungen - verstanden als integrierte Nutzung unterschiedlicher technikbasierter Informations- und Kommunikationsformen zur Unterstützung privater und geschäftlicher Informations- und Kommunikationsbedürfnisse - beginnen langsam Fuß zu fassen. Sowohl die grundlegenden Technologiekomponenten als auch vereinzelte Pilotanwendungen stehen heute vor der Marktreife und -einführung. Die Marktforscher sehen einhellig in den nächsten Jahren auf der einen Seite enorme Marktwachstumsraten und auf der anderen Seite ein auch in absoluten Beträgen sehr großes Marktvolumen für den Multimedia-Sektor.

Wir stehen jedoch erst am Anfang einer dynamischen Entwicklung, am Beginn der Marktdiffusion von Multi- oder Hypermedia. In einer sehr zukunftszentrierten, von Visionen geprägten Technikerwelt wird bei der Einschätzung der Marktchancen, des Marktdurchdringungsprozesses sowie möglicher Anwendungen und Verkaufszahlen leider allzu oft vergessen kritisch zurückzublicken. Zurückzublikken auf frühere Ankündigung neuer Produkte und Dienstleistungen, insbesondere auf dem Sektor der Informations- und Kommunikationstechnik, und deren Marktdurchsetzung in der Vergangenheit. Sowohl aus den Erfolgsstories als auch aus den Flops läßt sich hinsichtlich der Erwartungen an den Umfang und die Geschwindigkeit der privaten und/oder geschäftlichen Nutzung von Multimedia vieles übertragen. Denn so unterschiedlich und innovativ Multimedia-Technologien und -Anwendungen auch von ihren Protagonisten gesehen werden, der Markterfolg läßt sich an wenigen, bekannten Faktoren vorherbestimmen oder zumindest abschätzen.

Das Thema meines Beitrages befaßt sich daher mit dem zentralen Einflußfaktor, dem Verhältnis zwischen dem Nutzen, den vernetzte Multimedia-Anwendungen besitzen bzw. versprechen und den Kosten oder dem Preis, der dafür zu zahlen ist. Ist das Verhältnis positiv und - darauf werde ich näher eingehen - wird dies auch subjektiv wahrgenommen, dann setzt sich das Produkt oder die Dienstleistung durch. Ganz so einfach, wie diese Kausalkette es suggeriert, sind die Zusammenhänge bei der Abschätzung des Nutzens und der Kosten vernetzter Multimedia-Anwendungen jedoch leider nicht. Welche Probleme sich stellen und welche generellen Lösungsmöglichkeiten sich anbieten, steht im Mittelpunkt dieses Beitrages.

2 Begriffsverständnis

Die Anwendung vernetzter Multimedia-Systeme geschieht nicht zum Selbstzweck, sondern dient der Erreichung unterschiedlicher Ziele. Mit der Verfolgung von Zielen sind die ökonomischen Begriffe der Effektivität und Effizienz verbunden, die in der Umgangssprache zwar häufig synonym verwendet werden, aber zwei unterschiedliche Sachverhalte meinen. Effektivität hat demnach etwas damit zu tun, die *richtigen* Dinge zu tun; Effizienz, sie *richtig* zu tun. Ein kleiner, aber gewichtiger Unterschied. Kosten-Nutzen-Überlegungen vernetzter Multimedia-Anwendungen lassen sich primär dem Effizienzbegriff zuordnen, d.h. ein gegebenes Ziel mit geringstmöglichem Aufwand bzw. mit gegebenem Aufwand ein maximales Ziel zu erreichen. Mit dem Effizienzbegriff eng verwandt ist die Wirtschaftlichkeit, die sich aus dem Verhältnis des bewerteten Nutzens einer Handlung (Leistung) zu ihren Kosten ergibt.

Ist man zunächst geneigt, diese Begriffe der Betriebswirtschaft bzw. dem geschäftlichen Bereich zuzuordnen und als vollkommen rational anzusehen, so zeigt sich bei näherer Betrachtung, daß einerseits auch private Entscheidungen dem ökonomischen Prinzip folgen und andererseits geschäftliche Entscheidungen in mehr oder weniger großem Maße von Subjektivität geprägt sind. Kosten-Nutzen-Abschätzungen bzw. Wirtschaftlichkeitsbetrachtungen sind für Multimediahersteller und potentielle Anwender insofern entscheidend, als sie über den Erfolg oder Mißerfolg des Produktes, der Dienstleistung bzw. der Anwendung selbst entscheiden.

An einem Beispiel soll verdeutlicht werden, wie sich das ökonomische Prinzip der Abwägung zwischen Nutzen und Kosten bei innovativen bzw. Zusatznutzen und Zusatzkosten bei substitutiven Produkten und Dienstleistungen auswirkt.

3 Kosten-Nutzen-Abwägungen der Vergangenheit

In Abhängigkeit vom verfügbaren Einkommen erfolgen natürlich auch private Entscheidungen einer Abwägung zwischen dem Preis für eine gewünschte Leistung und dem individuellen, subjektiven Nutzen, der sich z.B. in der Befriedigung neuer und/oder alter Bedürfnisse oder der Ersparnis von Zeit bzw. Ausgaben gründet. In Summe muß subjektiv der Eindruck entstehen, daß der Nutzen für eine Sache ihren Preis bzw. die Kosten übersteigt.

Vergegenwärtigt man sich diesen individuellen Entscheidungsprozeß an konkreten Beispielen aus der jüngeren Vergangenheit, z.B. der Markteinführung von Videocassetten, so zeigen sich bei aller Nachvollziehbarkeit auch erste Problemaspekte. Sehr vereinfacht dargestellt, handelt es sich bei dem Markt für bespielte Videocassetten um ein Substitutionsangebot zu den existierenden Medien Kino und Fernsehen. Der - subjektiv empfundene - Nutzen für den Käufer bzw. Mieter von bespielten Videocassetten liegt u.a. in zusätzlichen zeitlichen und inhaltlichen Freiheiten, denn er kann sich seinen individuellen Vorstellungen entsprechende Filme zeit- und anbieterunabhängig auswählen und abspielen. Weitere Nutzenwahrnehmungen können sich im Bereich eines frühen Snob- und späten Nachahmerverhaltens des Anwenders in Form von besonderer - positiver wie negativer - Aufmerksamkeit ergeben. Solange der Endgerätepreis und die Kauf- bzw. Mietpreise für Videocassetten relativ hoch waren bzw. die geringe Flächendeckung mit Verleihfirmen einen hohen zeitlichen und kostenmäßigen Aufwand beim Ausleihvorgang mit sich brachte, konnten Videocassetten keinen Marktdurchbruch erzielen. Ein wesentlicher Hebel entstand erst durch die starke Verbilligung der Abspielgeräte.

Ein Beispiel, das mehr dem geschäftlichen Bereich zuzuordnen ist, ist der Diffusionsprozeß des Personal Computer. Zu dessen Siegeszug ist inzwischen so viel geschrieben worden, daß an dieser Stelle nur einige wenige Bezüge zum Thema hergestellt werden sollen. Den größten Nutzen stifteten die ersten Personal Computer in den Organisationseinheiten, die sich entweder in einer unbequemen Abhängigkeit von zentralen DV-Dienstleistungen befanden oder wähnten und dort, wo man sich keine Großrechner leisten konnte. Der Nutzen lag u.a. in der Erhöhung der Flexibilität, der Reaktionsfähigkeit und der Anwendung von Rechenleistung für individuelle, d.h. spezifische Probleme. Zu dem Zeitpunkt als dieser Nutzen zu einem akzeptablen Preis angeboten wurde und die entsprechende Software einen gewissen Standard erreicht hatte, setzte die Verbreitung im Markt ein. Ob dabei die ersten PC-Anwender tatsächlich die Wirtschaftlichkeit, d.h. das Nutzen-Preis-Verhältnis gerechnet haben, darf bezweifelt werden. Und auch heute ist festzustellen, daß Investitionen in moderne Informations- und Kommunikationstechnik häufig mehr mit dem Bauch und dem Daumen als mit mathematischen Algorithmen 'gerechnet' werden.

Es stellt sich hier natürlich die Frage, warum das so ist, warum Wirtschaftlichkeitsabschätzungen - insbesondere bei der Einführung neuer Technologien in Organisationen - Probleme bereiten?

4 Generelle Probleme von Wirtschaftlichkeitsanalysen

Multimedia-Anwendungen sollen gegenüber herkömmlichen, bereits Verwendung findenden Verfahren und Anwendungen ein besseres Nutzen-Kosten-Verhältnis aufweisen. Betrachtet man nur Anwendungen im geschäftlichen Bereich, so ist zu bewerten, inwieweit der Einsatz von Multimedia beispielsweise zu einer Erhöhung des Geschäftserfolges, des Marktanteils, des Umsatzes oder der Kundenbindung führt bzw. in welchem Maße die Kosten und der Zeitbedarf gesenkt werden. Allein aus dieser Zusammenstellung wird bereits deutlich, daß die Kausalkette zwischen Multimedia-Anwendung und - neutral formuliert - Veränderungen der Wirtschaftlichkeit einige Stolpersteine aufweist. Zu den wesentlichen generellen Problemen sind neben den Maßgrößen- und Meßproblemen Zurechnungs-, Verbund-, Situations-, Komplexitäts- und Prognoseprobleme zu zählen.[1]

An dieser Stelle sollen nur wenige Problembereiche exemplarisch vertieft werden. Es mag verwundern, daß in einem Beitrag zum Thema 'Kosten-Nutzen von vernetzten Multimedia-Anwendungen' noch keine diesbezüglichen Beispiele und Berechnungen dargelegt wurden. Ausschlaggebend dafür ist die Notwendigkeit, der Bewertung von Kosten- und Nutzenkonsequenzen von Multimedia-Anwendungen die konkrete Anwendungsituation zugrundezulegen, da die Auswirkungen nur in diesem Kontext beurteilt werden können. Im weiteren werden hierfür Beispiele folgen. Ein anderes Problem wurde bereits mehrfach angesprochen: Wie läßt sich der wahrgenommene und subjektiv empfundene Nutzen quantifizieren, wie qualitative Leistungserhöhungen (z.B. höhere Mitarbeitermotivation, farbige Präsentationsmaterialien) messen und in Geldeinheiten bewerten? Schließlich ist auf das Komplexitätsproblem hinzuweisen, das gleichfalls mit dazu beiträgt, daß in vielen Fällen intuitive Entscheidungen gefällt werden. Die Vielzahl der Einflußfaktoren sowohl auf der Kosten- als auch der Nutzenseite und ihre Interdependenzen lassen sich häufig nur mit einem unverhältnismäßig hohen Analyse- und Bewertungsaufwand ermitteln und kalkulieren. Es ist teilweise zu befürchten, daß sich eine Multimedia-Anwendung schon allein deswegen 'nicht rechnet', weil ihre Wirtschaftlichkeitsbewertung so teuer kommt.

5 Bewertungsprobleme vernetzter Technologien

Neben den allgemeinen Bewertungsproblemen moderner Informations- und Kommunikationstechniken ist in knapper Form auf die zusätzlichen Probleme hinzuweisen, die sich aus dem Vernetzungsaspekt ergeben. Anders als bei reinen Stand-alone-Anwendungen oder -Produkten ergeben sich bei komplexen und vor allem vernetzten Innovationen Kosten- und Nutzenabhängigkeiten.

Häufig sind Vorleistungen in Form von Infrastrukturinvestitionen (z.B. ISDN- oder ATM-Netzwerk) von einzelnen Marktteilnehmern zu erbringen. Unterbleibt eine solche Vorleistung oder wird sie zu prohibitiv hohen Preisen angeboten, so

---

[1] vgl. u.a. VDI (Hrsg.): "Technikbewertung der Bürokommunikation", VDI-Richtlinie 5005, Düsseldorf 1988.

sinkt die Wirtschaftlichkeit für alle vernetzten Multimedia-Anwendungen, die auf diese Basisleistung angewiesen sind.

Bei vernetzten Technologieinnovationen entsteht auch das Problem der 'kritischen Masse'. Der Nutzen entfaltet sich für den Anwender von Multimedia-Kommunikation erst dann, wenn er eine genügend große Anzahl von Kooperations- bzw. Kommunikationspartnern erreichen kann. Angesprochen wird damit neben der Verfügbarkeit von Übertragungsnetzen auch die der Endgeräte und insbesondere Standardisierungen im Dienste- und Softwarebereich.

Im Rahmen der von der BPU durchgeführten Marktpotentialuntersuchung für vermittelte Breitbandkommunikation in der geschäftlichen Kommunikation wurde auf der Basis von mehreren hundert Anwenderinterviews in unterschiedlichen Branchen und Funktionsbereichen herausgearbeitet, daß die Diffusion vernetzter Multimedia-Anwendungen - zumindest im geschäftlichen Bereich - von technischen, ökonomischen und organisatorisch-personellen Faktoren abhängt. Darüber hinaus zeigte sich, daß eine Reihe von Marktakteuren (z.B. Netz- und Diensteanbieter, Endgeräte- und Softwarehersteller, Anwender, Katalysatoren und Multiplikatoren sowie normgebende Institutionen) in Abstimmung miteinander aktiv werden müssen, um die notwendigen Voraussetzungen für wirtschaftliche Multimedia-Anwendungen zu schaffen. Diese Abstimmung kann, wie in vielen anderen Fällen, über Marktmechanismen erfolgen oder aber gezielt durch Kooperationen angestrebt werden. Als wichtig hat sich erwiesen, in diese Kooperationen auch die Anwender mit einzubeziehen, um u.a. auch mehr über die Nutzen- und Kostenvorstellungen dieser oft vergessenen, aber ungemein wichtigen Marktakteure zu erfahren.

6 Methodische Ansätze zur Wirtschaftlichkeitsbeurteilung

Eingedenk dieser eher prinzipiellen, denn auf eine bestimmte Technologie beschränkten Probleme liegt es nahe, daß auch allgemeine Lösungsansätze herangezogen werden können, um die Wirtschaftlichkeit von vernetzten Multimedia-Anwendungen zu beurteilen. Aus der Fülle der Methoden und Verfahren, die an unterschiedlicher Stelle ausführlich diskutiert werden[2], sollen hier nur einige herausgegriffen werden.

Essentielle Grundlage für die Abschätzung der Kosten und des Nutzens vernetzter Multimedia-Anwendungen ist eine hinreichende Beschreibung der Anwendung an sich und der notwendigen technischen Voraussetzungen. Darüber hinaus müssen die Ziele des Anwendungsfeldes bzw. umfassender Organisationseinheiten sowie die relevanten Charakteristika der IST-Situation (Aufgabe, Prozesse, Informationsprodukte, Abnehmer/Kunden etc.) hinlänglich bekannt sein.

---

[2] vgl. z.B. Kredel, L.: "Wirtschaftlichkeit von Bürokommunikationssystemen", Berlin 1988; Wolfram, G.: "Wirtschaftlichkeitsverfahren zur Bewertung von integrierten Informationstechnikkonzepten" in: Handbuch des Informationsmanagements im Unternehmen - Band II, hrsg. v. H.-J. Bullinger, München 1991, S. 1063 ff.

Die Anwendung eines Mehr-Ebenen-Bewertungsverfahrens, wie es u.a. von Picot/Reichwald vorgeschlagen wird[3], unterstützt die gedankliche Strukturierung des Bewertungsproblems und schärft den Blick für Interdependenzen zwischen unterschiedlichen Elementen des Anwendungsfeldes. Weniger geeignet ist diese grundsätzliche Methode zur konkreten Abschätzung der Nutzen- und Kosteneffekte. Hierzu ist es notwendig, zwischen monetarisierbaren, quantifizierbaren, semi-quantifizierbaren und rein qualitativen bzw. subjektiven Bewertungsfaktoren zu unterscheiden. Dieser mehrdimensionale Bewertungsansatz versucht nicht, alle Einflußgrößen über einen Kamm zu scheren, sondern stellt bewußt unterschiedliche Bewertungen nebeneinander.

Bezogen auf eine verallgemeinerte Multimedia-Anwendung stellt sich im ersten Schritt die Frage, in welchem Umfang der Kunde des Unternehmens bzw. der interne Abnehmer der Leistung durch diese einen erkennbaren zusätzlichen Nutzen erhält. Daraus lassen sich die Meßgrößen bzw. Beurteilungsgrößen, ggf. auf unterschiedlichen Bewertungsebenen, ableiten. Im nächsten Schritt ist zu fragen, ob und wie sich diese Kriterien messen lassen, d.h. in welchem Umfang sie sich quantifizieren lassen. Für semi-quantifizierbare Kriterien sind geeignete quantifizierbare Substitute zu finden bzw. Gewichtungsfaktoren oder Prioritäten zu vergeben. Rein qualitative Merkmale können z.B. in Thesen zusammengefaßt werden. Im weiteren Vorgehen sind die IST-Situation und die sich durch die Anwendung vernetzter Multimediasysteme ergebende SOLL- oder PLAN-Situation hinsichtlich ihrer Merkmalsausprägungen zu beschreiben, wobei sich Auswirkungen auf semi-quantifizierbare oder qualitative Kriterien durch Einschätzung von Betroffenen bzw. Beteiligten erfassen lassen. Die Gegenüberstellung der unterschiedlichen Bewertungen führt zu einer verbesserten Entscheidungssituation. Es ist allerdings nur in den seltensten Fällen davon auszugehen, daß sich eine eindeutige Entscheidungssituation ergibt, da insbesondere Multimedia-Anwendungen an der Leistungs- und Nutzenseite ansetzen, und dies sind traditionell Bereiche mit einem hohen Anteil an qualitativen Bewertungselementen.

7 Wirtschaftlichkeit vernetzter Multimedia-Anwendungen - ohne konkrete Anwendung ein Sandkastenspiel

Aus diesem Grund sollen auch in den abschließenden Beispielen die Nutzeneffekte von vernetzten Multimedia-Anwendungen im Vordergrund stehen. Zudem ist es reichlich schwer, ohne konkrete System- und Anwendungsbeschreibung auch nur annähernd sinnvolle Aussagen zu den Kosten und Kostenvorteilen von Multimedia-Systemen gegenüber herkömmlichen Systemen zu treffen. Insgesamt sind rückblickend eine Reihe von Autoren und Praktikern der Meinung, daß man die Produktivitätssteigerung durch moderne Informations- und Kommunikationstechnik nicht messen könne oder sich sowohl negative als auch positive Beispiele finden ließen.

---

[3] vgl. Picot, A.; Reichwald, R.: "Bürokommunikation-Leitsätze für den Anwender", 3. Aufl., Hallbergmoos 1987.

Nichtsdestotrotz soll der Versuch unternommen werden, einige Ansatzpunkte zu liefern, warum schon heute vernetzte Multimedia-Anwendungen ökonomisch sinnvolle Investitionen sein können.

Beispielsweise sind m.E. vernetzte Multimedia-Anwendungen die Grundvoraussetzung für ein effizientes Arbeiten an verteilten, ggf. transnationalen Standorten. Es lassen sich damit Kosten- und Zeitvorteile erzielen. Dies hat sich in einigen unserer Projekte schon für vergleichsweise monodimensionale Electronic Mail Anwendungen deutlich gezeigt. Ebenfalls auf der Unternehmensebene lassen sich auf der Basis von Multimedia innovative Dienstleistungen entwickeln oder die Kooperation mit den Kunden z.B. bei der gemeinschaftlichen Produktausgestaltung verbessern. Multimedia-Anwendungen können somit zu wettbewerbsstrategischen Vorteilen führen.

Im Rahmen des derzeit groß propagierten Prozeßreengineering kann ein workflow-orientierter Einsatz von multimediabasierten Systemen mit Zugriff auf Multimediadatenbanken und -dokumente zu enormen Verwaltungsvereinfachungen, zu einer erhöhten Qualität und insbesondere zu einer drastischen Verkürzung der Durchlaufzeiten führen. Es ist allerdings zu betonen, daß begleitend tiefgreifende Veränderungen der Organisation und des Verhaltens notwendig sind.

Die Arbeit an einzelnen Arbeitsplätzen in einer nicht prozeß-, sondern gruppenorientierten Arbeitssituation - man denke nur an verteilte Entwicklung einer Marketingkampagne oder den Designprozeß in der Gebrauchsgüterindustrie - läßt sich durch kompatible und leistungsfähige Multimedia-Systeme und Anwendungen ökonomisch und human unterstützen. Hier spielt vor allem die der persönlichen Face-to-Face-Kommunikation sehr nahe kommende Kommunikationsvielfalt eine Rolle. Neben der schnelleren Verarbeitung komplexer Informationen und der Beschleunigung von Abstimmungsprozessen können auch die bei der Einführung und Vermarktung von Videokommunikationsstudios ins Feld geführten Argumente wie Reisezeit- und -kostenersparnisse etc. wieder verwendet werden. Es hat sich allerdings in von uns durchgeführten Wirtschaftlichkeits- und Marktpotentialuntersuchungen herausgestellt, daß gerade diesen Rechnungen schnell der Ruch der Milchmädchen-Rechnung anhaftet und Entscheidungen zur Einführung von modernen Technologien auf der Basis wettbewerbsstrategischer Überlegungen getroffen werden.

Als wesentliche Faktoren, die offensichtlich die Wirtschaftlichkeit vernetzter Multimedia-Anwendungen und damit auch ihre Marktdurchsetzung beeinflussen, erweisen sich

- der Standardisierungsgrad der Anwendung und der ihr zugrundeliegenden Technik,
- die weitgehende Verfügbarkeit der Technologie,
- der Neuigkeitsgrad,
- die Integration von Teilkomponenten
- der Beherrschbarkeit durch den Anwender
- sowie der Umfang der notwendigen organisatorischen und das Verhalten betreffenden Veränderungen.

Es ist abschließend nochmals zu betonen, daß Kosten-Nutzen-Abschätzungen - ob vernetzter oder unvernetzter - Multimedia-Anwendungen immer an konkreten Anwendungsbeispielen und nicht am grünen Tisch oder im Labor erfolgen sollten. Den Anwender überzeugen nur reale Anwendungen und nicht Gedankenspielereien. Insofern kommt der Demonstration von echten Pilotanwendungen ein großes Gewicht für den Prozeß der Marktdiffusion von Multimedia-Anwendungen zu. Daß sich vielen Anwenderunternehmen noch nicht recht vorstellen können, welchen Nutzen ihnen vernetzte Multimedia-Anwendungen bringen sollen, zeigen nicht nur BPU-Umfragen[4]. Die Ergebnisse verdeutlichen aber auch die Notwendigkeit der intensiven Information über konkrete Anwendungen, denn diese fördern sowohl die Intuition, d.h. den Bauch, als auch den Mut zur Entscheidung, d.h. den Daumen.

4 vgl. z.B. Klein,.G.; Nippa, M.: "Vermittelte Breitbandkom-munikation im geschäftlichen Umfeld", in: Office Management, 39(1991)3.

Multimedia im Nutzfahrzeugbereich

Stefan Reisch
ixtel consult GmbH

Nach CIM, CIB; Workflow Automation ist heute Multimedia ein neuer Begriff und zugleich der letzte Schrei in der EDV und Kommunikationslandschaft. Steht er aber auch für neue Inhalte?

Ja und Nein!

Nein, wenn es darum geht, mit aggressivem Marketinggetöse alte organisatorische Abläufe oder technikzentrierte Anwendersysteme über die neuen Möglichkeiten von Multimediasystemen mit bunten Bildern zu verzieren.

Ja, wenn Multimedia nicht als Wert an sich, sondern als Mittel zum Zweck gesehen wird, traditionelle Arbeitsabläufe kundenorientiert neu zu gestalten.

Dieser Beitrag diskutiert Einsatzpotentiale von Multimedia im Nutzfahrzeugbereich anhand eines vertriebsorientierten Projektes bei einem grossen deutschen Hersteller.

1. Ausgangssituation

Im Nutzfahrzeugbereich in Deutschland stagnieren die Absatzzahlen. Auch hier macht sich der generelle konjunkturelle Trend bemerkbar. Die Hersteller unterliegen einem harten Preiskampf. In diesem Preiskampf tauchen nicht nur neue, global agierende Wettbewerber auf, auch die Bedeutung von in Zahlung zu nehmenden Gebrauchtfahrzeugen steigt. Im PKW-Bereich hat die Zahl der Besitzumschreibungen von Gebrauchtfahrzeugen die Zahl von Neuzulassungen bereits überholt. Die Rücknahmequote im Nutzfahrzeugbereich ist ebenfalls beträchtlich, wenn sie auch innerhalb der Subsektoren schwankt.

Die Inzahlungnahme von gebrauchten Nutzfahrzeuge hat sich - neben anderen Finanzierungselementen - zu einer wesentlichen Stütze des Neufahrzeuggeschäfts entwickelt.

Bild 1: Europaweite Vertriebsorientierung

Vor diesem Hintergrund muss der gesamte Geschäftsprozess des Nutzfahrzeugvertriebs europa- und weltweit in seinen Vertriebs- und Kostenstrukturen neu überdacht und kundenorientiert gestaltet werden (Bild 1).

2. Anforderungen aus Anwendersicht

Die Inzahlungnahme und der Vertrieb gebrauchter Nutzfahrzeuge unterstellt ein besonderes Vertrauensverhältnis zwischen Verkäufer und Kunde. Während im Neufahrzeugvertrieb Garantie und Gewährleistung zu den selbstverständlichen Zusatzleistungen neben dem reinen Produkt gehören, sind im Gebrauchtfahrzeuggeschäft Garantieleistungen im Regelfalle ausgeschlossen. Der Kunde kauft, wie "gesehen und probegefahren".

In diesem Umfeld ist die visuelle Information über die gebrauchten Fahrzeuge in doppeltem Sinne wichtig:

• *Inzahlungnahme*

Dezentral agierende Verkäufer sind häufig gefordert, schnell und zuverlässig Inzahlungnahmepreise für gebrauchte Fahrzeuge zu nennen, um ein Neugeschäft abzusichern. Hierbei kann die Hinzuziehung von Gebrauchtfahrzeugexperten von entscheidender Bedeutung sein. Bildinformationen, die sowohl den Allgemeinzustand der Fahrzeuge, als auch den spezielle Details dokumentieren, müssen schnell, ggfs. sogar online den entsprechenden Experten zur Bewertung überstellt werden. So kann der Kunde sofort einen abgesicherten Preis erfahren. Spätere Überraschungen in Form von Nachbewertungen können durch die sofortige Einschaltung der entsprechenden Experten vermindert werden.

• *Vertrieb*

Fahrzeuge werden dezentral in Zahlung genommen. In der heutigen Marktstruktur müssen sie aber zumindest landesweit, wenn nicht gar europa- bzw. weltweit angeboten werden, um eine wirtschaftliche Vermarktung sicherzustellen. Bevor ein Interessent für ein Gebrauchtfahrzeug jedoch tatsächlich einen Kaufabschluss tätigt, ist im Regelfall immer eine Probefahrt notwendig. Dies bedeutet, dass in jedem Fall für den Kunden vor Vertragsabschluss Reiseaufwand und für den Verkäufer Betreuungsaufwand entsteht.

Bildinformationen können demgegenüber dezentral bereitgestellt werden. Sie werden bereits in der Hereinnahmephase angelegt. Dann stehen sie sofort für eine weitere vertriebliche Verwendung zur Verfügung.

Diese Bildinformationen können eine Probefahrt naturgemäss als sehr späte Aktivität im Sales Cycle nicht ersetzen. Sie erhöhen aber signifikant die Abschlusswahrscheinlichkeit. Die Vertriebsaktive Zeit der Verkäufer wird so besser genutzt.

Weitere Verbesserungsmöglichkeiten liegen in der Neugestaltung der Abläufe im Geschäftsprozess. Eine umfassende Vertriebspositionierung der Gebrauchtfahrzeuge auch über Ländergrenzen hinweg erfordert aber auch insbesondere einen Eingriff in organisatorische Belange. Die Verfügbarkeit von sämtlichen benötigten Informationen an jedem beliebigen Ort ermöglicht die Neugestaltung der Zusammenarbeit zwischen zentralen und dezentralen Geschäftsstellen, sowie eine neue Kompetenzverteilung auf Entscheidungsträgerebene. Die kundenorientierte Umgestaltung zentralen und dezentralen Vertriebs- und Unterstützungstätigkeiten wird durch die neuen Multimediasysteme sinnvoll unterstützt.

Erfahrungen beim Anwender aus der Vergangenheit mit anderen, organisatorische Bereiche betreffenden EDV Systemen hatten gezeigt, dass technische Lösungen, die bestehende organisatorische Abläufe im Ist Zustand lediglich abbilden - mit dem Ziele, sie zu automatisieren! - nicht zu den gewünschten betriebswirtschaftlichen Ergebnissen führen (Bild 2). Diesen organisatorischen Belangen sollte bereits durch die Auswahl eines geeigneten Vorgehensmodelles Rechnung getragen werden.

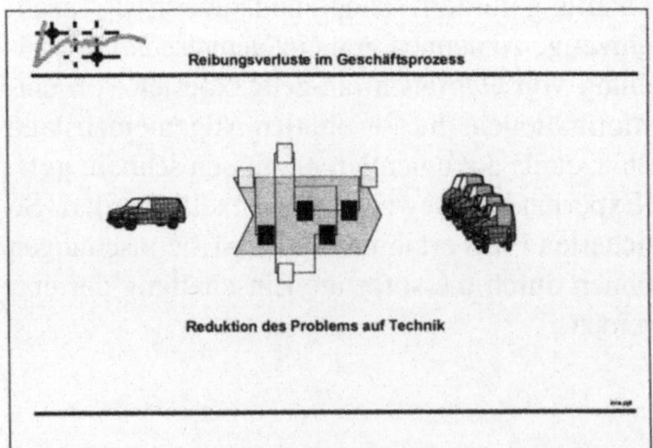

Bild 2: Reibungsverluste im Geschäftsprozess

3. Projektverlauf

Aufgrund der vielseitigen organisatorischen Anforderungen und der Notwendigkeit, die Abläufe über den gesamten Geschäftsprozess neuzugestalten, kam die Methode des Geschäftsprozessmanagments (GPM) der Firma ixtel Consult zum Einsatz.

In der Phase 1 "Zielfindung" wurden im Kreise der Vertriebsverantwortlichen eindeutige betriebswirtschaftliche Ziele für die Umgestaltung des Geschäftsprozesses definiert und verabschiedet.

In der Phase 2 "Geschäftsprozessdefinition" wurden der bestehende Geschäftsprozess gemäss seiner Wertkette und seiner Wertaktivitäten beschrieben. Im GPM wird der Geschäftsprozess stets im Sinne einer vollständigen Kunden - Kunden Relation gefasst. Hierdurch werden sämtliche Aktivitäten, die keinen Beitrag zur Wertschöpfung liefern sofort transparent. Bloss ornamentale Systemverzierungen wurden somit bereits im Projekt eliminiert.

Phase 3 "Erkennen der Leistungspotentiale" lieferte die Ansatzpunkte für die Veränderung des Geschäftsprozesses. Hiermit wurde bereits den möglichen technischen Lösungsmöglichkeiten ihr Stellenwert zugewiesen: Technische Lösungen ohne eine entsprechende organisatorische Umgestaltung bis hin zu zu verändernden Entscheidungsstrukturen im Vertriebsmanagment wären effektlos verpufft. Andererseits zeigte es sich aber auch, dass bestimmte - hoch zu bewertende - Veränderungen im Ablauf des Geschäftsprozesses nur durch den Einsatz geeignteter Multimediakomponenten zu bewerkstelligen sind.

Phase 4 "Geschäftsprozessoptimierung" definiert sowohl die Neuausrichtung des Geschäftsprozesses, als auch die technischen Unterstützungssysteme sowie ihre Einbindung in die bestehende EDV-Infrastruktur.

In Phase 5 "Synchronisation der Geschäftsprozesse" werden die neuen Abläufe stabilisiert und ggfs. entstehenden Reibungsverlusten entgegengewirkt.

4. Ergebnisse und Ausblick

Aufgrund der Veränderung der Abläufe und einer verbesserten Synchronisation der Geschäftsstellen konnten bereits in Phase 3 "Erkennen der Leistungspotentiale" erste kostenwirksame Ergebnisse erzielt werden, die das Beratungsvolumen schon heute überstiegen haben.

Durch die weiter vorzunehmenden Änderungen im Geschäftsprozess sowie durch die Multimediakomponenten im neugestalteten Anwendersystem werden erheblich grössere umsatz- und kostenwirksame Potentiale ausgeschöpft.

Es handelt sich hierbei insbesondere um:

* Vertriebskanäle,
* Vertriebslogistik, sowie
* Beschaffungslogistik

Multimedia ist ein weiteres technisches Mittel, Organisationen im Sinne von Kundenorientierung effizienter zu gestalten. Seine Wirkung und Bedeutung entfaltet es aber nicht aus sich selbst heraus, sondern nur im Zusammenhang einer ganzheitlichen, die Problemdimensionen Organisation, Kommunikation und Technik berücksichtigenden Vorgehensweise (Bild 3).

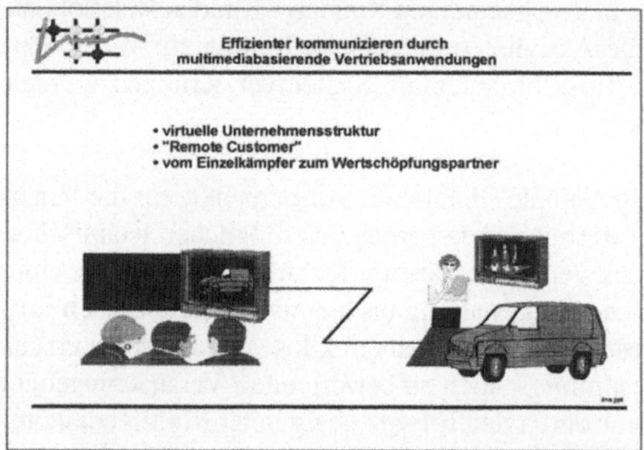

Bild 3: Effizienter Kommunizieren durch multimediabasierende Vertriebsanwendungen

Richtig eingesetzt, wird Multimedia etwas völlig normales, wie das Telefon, das FAX, oder der allgegenwärtige PC. Multimedia wird aus vertriebsorientierten Prozessen im Nutzfahrzeugbereich nicht mehr wegzudenken sein.

Multi-Funktionales Kommunikationssystem MFKS im Baugewerbe

Kurt Weber
pit-cup, Heidelberg

Je mehr Informationsaustausch stattfindet, desto sicherer ist die Verständigung. Visuelle Eindrücke sind hierbei von entscheidender Bedeutung, der Mensch verläßt sich mehr auf das Gesehene als auf das Gehörte.

Ein Bild sagt mehr als tausend Worte.

Bis zur Freigabe des MFKS mußte man sich bei der Diskussion um Plandetails mit Fax und Telefon behelfen. Probleme mit "links oben, erste Hälfte rechts, den Ausschnitt muß ich Ihnen noch zufaxen", sind vorbei. Das MFKS-Meeting kommt der natürlichen Gesprächssituation am nächsten bzw. übertrifft diese. Der gesamte Informationsinhalt der verbundenen EDV-Anlagen steht den Konferenzpartnern jederzeit zur Verfügung.

Das von der **Telekom**, Gruppe EKOM Siegen und IAT AG Schweiz entwickelte

Multi Funktionale Kommunikations-System **MFKS**

wurde auf der CeBIT '92 von **pit**, AutoCAD-Entwickler aus Heidelberg, im Bereich CAD-Profi-Anwendung vorgestellt.

Oft ist die Besprechung vor Ort nur notwendig, weil ohne Besichtigung eine Beurteilung nicht möglich ist. Hier bietet MFKS den Vorteil, daß Informationen aus CAD-Plänen, Videokamera, Dokumentenkamera etc., zwei- und dreidimensionale Sachverhalte direkt in die Besprechung einfließen. Schnellere - man ist direkt vor Ort - und flexiblere - mehr Informationsmöglichkeiten - Entscheidungen sind das Ergebnis der Anwendung. Da diese Arbeiten vom Schreibtisch aus durchzuführen sind, werden Zeit und Kosten gespart. MFKS erhöht die Effektivität der Mitarbeiter.

ISDN als Übertragungsnetz

Die Datenübertragung im MFKS-System erfolgt in Deutschland über das ISDN-Netz der Deutschen Telekom. Die Datenübertragungsrate von maxc. 2 Mbit/s läßt eine Bewegtbildübertragung per Videokamera oder -recorder zu.

Verbindung und Bearbeitung in MFKS, MFKS-Meeting

Verbindungsaufbau MFKS

Im Direktwahlmodus wird die ISDN Verbindung hergestellt. Das Ausland kann über Euro-ISDN erreicht werden.
Die beiden kommunizierenden Personalcomputer laden die MFKS-Software unter Windows 3.x. Über Maus-Click wird entschieden, wer sendet und wer empfängt.
Der Sender lädt die im Meeting benötigte Systemsoftware z.B. AutoCAD inkl. dem benötigten CAD-Plan, der in dieser Sitzung bearbeitet werden soll. Werden zusätzliche Informationsquellen wie Video, Dokumentenkamera, Texte, Tabellen etc. benötigt, so werden diese vom Sender in weiteren Windows-Fenstern geladen und bei Bedarf aktiviert.
Bei der CAD-Bearbeitung muß AutoCAD nur auf dem sendenden Rechner vorhanden sein. Eine Kommunikation mit Teilnehmern, die nicht mit AutoCAD arbeiten, ist möglich. Der empfangende Rechner muß nicht AutoCAD lauffähig sein, d.h. 80386 ohne Coprozessor reicht für MFKS-Anwendung beim Empfang aus.

CAD Anwendungsbeispiel:

Darstellung eines MFKS-Einsatzes bei der Installation auf einer Großbaustelle, dem planenden Architekten, Statiker und Fachingenieur.

Kurzzeitig vor der Montage der abgehängten Decke im öffentlichen Flur, teilt ein Mieter mit, daß er einen zusätzlichen Abluftkanal benötigt.

Der bauleitende Architekt stellt folgende Lösungsmöglichkeiten zur Diskussion:

- Änderung der Raumhöhe zur Installation unter den vorhandenen Trassen.
- Verlegung einer Elektrokabeltrasse zum Beibehalten der Raumhöhe.

Konventioneller Lösungsweg:

Der bauleitende Architekt informiert den planenden Architekten und die Fachingenieure Elektro/Lüftung.
Es wird ein gemeinsamer Termin vor Ort vereinbart, um eine optimale Lösung des Problems bezüglich Kosten, Bauzeit, Optik und Funktion der Anlage zu erarbeiten. Beim Baustellentermin von bauleitendem Architekten, planendem Architekten und den Fachingenieuren Elektro/Lüftung wird festgestellt, daß durch Vergrößerung einer Aussparung der Kanal an neuer Stelle ohne Ändern der Raumhöhe, Bauzeiten oder Kosten montiert werden könnte.

Ergebnis des Bautermins:

- Der Statiker muß prüfen, ob die Aussparung geändert werden kann.
- Ist eine Änderung nicht möglich, muß eine andere Lösung gefunden werden.

MFKS Lösungsweg:

Der bauleitende Architekt informiert den Lüftungsplaner über den zusätzlichen Kanal. Der Planer erarbeitet eine Lösungsmöglichkeit für die Kanalführung und teilt dem bauleitenden Architekten diese über MFKS im CAD-Plan mit.
Die Überprüfung des bauleitenden Architekten vor Ort zeigt, daß die vorgesehene Kanalführung nur durch eine teiweise Verlegung einer Elektrotrasse bzw. Ändern der Raumhöhe erfolgen kann.
Mittels handelsüblicher Videokamera zeichnet er den entsprechenden Flurbereich auf und zeigt dem planenden Architekten sowie dem Elektroingenieur die vorgesehenen Lösungsmöglichkeiten. Bei der Besprechung mit dem Architekten wird die Vergrößerung der Aussparung angesprochen.
Eine MFKS Schaltung zwischen planendem Architekten und Statiker bringt die Lösung. Der Statiker erarbeitet mit dem Fachingenieur Lüftung den Lösungsweg, trägt die Aussparungsänderung in seinem Plan ein und übermittelt diesen Plan dem Fachingenieur. Dieser trägt in den neuen Plan des Statikers seine Kanalführung ein und übermittelt diesen Plan dem bauleitenden Architekten auf die Baustelle, damit gleichzeitig das Ändern der Aussparung und das Montieren des Lüftungskanals erfolgen kann.

MFKS zeigt an dieser einfachen Problemlösung seine Vorteile:

- Schnelle Reaktion auf Unvorhergesehenes
- Keine Terminabstimmungen mehrerer Teilnehmer
- Erreichbarkeit von Planern, deren Teilnahme bei der Festlegung des Termins nicht zu erkennen war

Den Kosten der MFKS-Nutzung stehen die Kosten der entfallenen Dienstreisen (Fahrtkosten, Auslagen, Arbeitszeiten), kürzeren Bearbeitungszeit, geringeren Änderungsarbeiten durch Einbeziehung aller Beteiligten gegenüber.

Videokonferenz im MFKS

Über eine Videokamera können die Teilnehmer am MM Ihre Gesprächspartner sehen. Zusätzliche Raummikrofone ermöglichen eine Konferenz mehrerer Teilnehmer an zwei verschiedenen Orten.

Dokumentenkamera im MFKS

Die Videokamera von beiden MM Teilnehmern kann als Dokumentenkamera verwendet werden. Dem MM-Partner kann ein nicht digital vorliegender Plan, ein Bauteil etc. als Videobild direkt übermittelt werden.

Videorecorder im MFKS

Der Anschluß eines handelsüblichen Videorecorders ermöglicht die Einblendung von auf der Baustelle aufgezeichneten Videofilmen. Der sich nicht auf der Baustelle befindliche MM-Partner wird so in die Lage versetzt, Detailaufnahmen der Konstruktion zu beurteilen, ohne vor Ort zu sein.

Datenübertragung im MFKS

Neben der interaktiven audiovisuellen Kommunikation kann der Filetransfer mit 64 kbit/s und mit 2 Mbit/s des MFKS genutzt werden.

Höhere Leistungsfähigkeit durch MFKS

Der Wettbewerb fordert Flexibilität. Dies bedeutet, auf Änderungen auf der Baustelle, beim Architekten, Statiker, Fachingenieur oder Bauherren schnell und sicher reagieren zu können. Dies bietet Ihnen MFKS: Ohne großen Planungsaufwand können Sie jederzeit in persönlichen Kontakt zu Ihren Partnern treten. Ihre Experten/Mitarbeiter stehen Ihnen beim MM jederzeit im Büro zur Verfügung.
Bei Besprechungen vor Ort können Ihre Mitarbeiter in dieser Zeit nicht hinzugezogen werden.

MFKS reduziert Ihre Betriebskosten

Ihre qualifizierten, teuren Führungskräfte verbringen z.Z. einen großen Teil Ihrer Arbeitszeit auf Dienstreisen. Es ist jedoch wirtschaftlicher, gerade diese Kräfte im Büro und nicht in Auto/Bahn/Flugzeug zur Verfügung zu haben.

- Erhöhung der Firmen-Leistungsfähigkeit durch Reduzierung der Fahrzeiten
- Reduzierung der Betriebskosten durch Wegfall von Dienstreisen
- Geringerer Arbeitsaufwand durch schnellere Reaktion auf Veränderungen in der Planungs- und Bauphase

Hardware:

- PC 80386 inkl. 80387, 33 MHz bzw. 80486
- 8 MB Arbeitsspeicher
- 120 MB Festplatte
- VGA Monitor z.B. 20"

- **MFKS ISDN Anschlußset**
  - Videokamera, Dokumentenkamera
  - MFKS Aufrüstkid

Software im CAD Einsatz:

- MS-DOS ab 5.0
- Windows 3.x
- MFKS Software
- AutoCAD 12 unter Windows oder AutoCAD LT
- **pit-cup** für Heizung - Lüftung - Sanitär - Elektro - Architektur

Erfahrungen beim Bau und Betrieb eines PictureTel Video-Konferenzstudios

J.Heiko Zimmermann

Schering AG Berlin, Forschung und Automation, Nachrichtentechnik 1

Ziel war es, unseren Mitarbeitern ein Mittel an die Hand zu geben, das ihnen jederzeit Konferenzen zwischen den verschiedenen Werken in aller Welt ermöglicht, ohne ihren Werksstandort zu verlassen. Gleichzeitig sollten damit auch die Reisen zwischen unseren Werksstandorten reduziert werden können, ohne dabei die Anzahl der Konferenzen einschränken zu müssen.

Trotz des schmalbandigen Betriebes über zwei digitale Telefonkanäle (128 Kb/s) bietet die Videokonferenz über ISDN eine erstaunlich gute Qualität zu den Kosten zweier Telefongespräche, besonders wenn man ihnen die Übertragungsrate der Telekom-Videokonferenzeinrichtungen gegenüberstellt, die im Inland 144 Mb/s beträgt.

Die Ausstattung

Wir setzen das Videokonferenzsystem System 4000 Modell S-4233 von der Firma PICTURETEL ein.

Das System besteht aus einem Codec, einer Hauptkamera, zwei 33"-Monitoren, zwei Lautsprechern, einer Dokumentenkamera, einer Zweitkamera für Objekte, einem Mediator zum Anschluß externer Videoquellen, einem Bedienteil und zwei Grenzflächenmikrofonen. Der Codec ist ähnlich einem PC aufgebaut und hat ein eigenes PICTURETEL-Betriebssystem. Die Software ist resident in PROMs vorhanden, so daß ein Releasewechsel auch den Tausch einer Baugruppe erfordert. Je nach erforderlichen Peripheriegeräten werden entsprechende Schnittstellenkarten eingebaut.

Die Technik

Mit einem Codec werden die Signale der verschiedenen Quellen komprimiert bzw. expandiert und berechnet.

Für die Übertragung der Bild-, Ton- und Steuersignale stehen zwei ISDN-B-Kanäle mit je 64 Kb/s zur Verfügung. Vom Bildsignal werden nur die komprimierten Änderungen übertragen und dynamisch mit den Ton- und Steuersignalen gemischt, so daß die Gesamt-Kanalkapazität optimal ausgenutzt wird.

Wir haben das System an eine HICOM-Nebenstellenanlage von Siemens angeschlossen. Der Anschluß erfolgte an eine U_{P0}-Schnittstelle der HICOM, von dieser auf ein digitales Komforttelefon (Siemens Set 551) mit Einbau-PNT (Private Network Terminator). Dieser PNT wandelt die U_{P0}- in eine S_0-Schnittstelle. Diese wiederum ist auf einen TA (Terminal-Adpter) CITAM von Control Ware geschaltet. Damit wird die S_0-Schnittstelle in zwei X.25-Schnittstellen gewandelt die ihrerseits an den Codec angeschlossen sind.

Die Kompatibilität

Das von PICTURETEL verwendete Verfahren ist mit keinem anderen kompatibel, das System kann aber - softwaremäßig - auf den H320/H261/242-Standard (Bildtelefon) umgeschaltet werden. Damit ist aber eine Übertragung nur auf dem niedrigeren Niveau dieses Standards möglich, d.h. dynamische Kanalausnutzung und Steuerung des fernen Teilnehmers entfallen.

Die Dokumentation

Das System ist umfangreich in deutscher Sprache in mehreren Ringordnern dokumentiert und enthält auch Beschaltungsbilder.

Das Studio

Vom Hersteller ist das System als "rollbare" Einheit konzipiert, die in Konferenzräumen bei Bedarf eingesetzt wird. Im Gegensatz dazu, haben wir einen fensterlosen Innenbundraum, der früher als Bandarchiv diente, in ein Videokonferenzstudio umgebaut. Der Raum hat die Maße 9,5x3,5m, er ist durch eine Modulwand mit einem Durchgang und durch eine Stellwand für das System in drei Abschnitte unterteilt (Bild 1).

Durch den Eingang gelangt man in den vorderen Raumteil (Vorraum) mit 3,5x2,35 m. Er dient als Bereitstellungs- und Warteraum. In ihm befinden sich außer den Wartesesseln ein Tisch mit FAX/Telefongerät und die Garderobe.

Der mittlere Teil (Konferenzraum 6,15x4,5m) enthält einen Konferenztisch für vier Personen, vier Sessel, eine Wandtafel, die abnehmbare Raumkamera und die Medienwand. Auf dem Konferenztisch befinden sich das Bedienteil, der Mediator, die Mikrofone und ein digitales Telefon.

An der Medienwand (Bild 2) sind zwei digitale, selbstleuchtende Zeituhren zur Darstellung der Ortszeit und der des fernen Teilnehmers angebracht sowie eine Kurzbedienungsanleitung als große Aufschrift. In die Medienwand sind die beiden Monitore, die Hauptkamera und die beiden Lautsprecher eingelassen.

Der Teil hinter der Medienwand (Technikraum, 4,35x1,01m) enthält zwei lösbare Rollwagen, auf denen die beiden Monitore stehen und in deren unteren Fächern sich die elektronischen Komponenten (Codec, TA usw.) befinden. Außerdem befinden sich in diesem Raumteil sämtliche erforderlichen Verteilungen.

Durch die Montage des Systems auf lösbaren Rollwagen kann es auch in den seitlich anschließenden großen Konfernzraum gebracht und dort betrieben werden. Hierbei ist besonders an die Übertragung eines Vortrages zu denken, bei dem die fernen Zuhörer auch Fragen an den Referenten stellen können.

Die Wand hinter den Teilnehmern ist hellblau gestrichen, so wie in Fernsehstudios üblich, alle übrigen Wände sind hellgrau.

Betrieb des Systems

Alle Komponenten werden mit einem gemeinsamen Netzschalter eingeschaltet. Danach beginnt das System sich zu initialisieren. Dieser Vorgang dauert ca. fünf Minuten. In dieser Zeit werden alle Komponenten selbsttätig überprüft und auf die Grundstellung gebracht. Danach meldet sich das System über den Hauptbildschirm als bereit. Mit dem Tastaturblock des Bedienteils wird der ferne Teilnehmer zum vereinbarten Zeitpunkt angewählt, entweder direkt oder über Kurzwahl. Die Anzeige der Nummer(n) und aller Vorgänge erfolgt dabei auf dem Hauptbildschirm.

Nach ca. 30 Sekunden meldet sich der ferne Teilnehmer mit Bild und Ton. Die Konferenz kann sofort beginnen.

Am Bedienteil (Bild 3) können wahlweise die beiden Kameras geschwenkt und gezoomt und außerdem je vier voreingestellte Kamerapositionen lokal und fern gewählt werden. Außerdem sind dort weitere Videoquellen wie z.B. Dokumenten- und Raumkamera sowie der Mediator alternativ zuschaltbar. Auf dem zweiten Monitor kann wahlweise das Eigenbild (zur Voreinstellung) oder das abgehende Bild angezeigt werden. In das Bild des Hauptmonitors ist das abgehende Bild als kleines Fenster unten rechts einblendbar. Diese Option ist besonders bei der Aufzeichnung der Konferenz mit dem Videorekorder vorteilhaft, da man damit beide Richtungen gleichzeitig aufzeichnen kann.

Über den Mediator kann man alle denkbaren Videoquellen anschalten, also auch Videorekorder und PC.

Sinnvollerweise steuert einer der Teilnehmer die Konferenzeinrichtung mit dem Bedienteil, so daß die anderen sich ganz auf die Konferenz konzentrieren können.

Da die Steuerung beider Systeme von einer Seite aus erfolgen kann, kommt man bei Bedarf auch mit einer Bedienperson aus.

Die Raumkamera setzt man sinnvollerweise am besten zur Darstellung von Konstruktionsteilen, großen Zeichnungen oder Vorträgen an der Tafel ein. Dagegen ersetzt die Dokumentenkamera den Overheadprojektor, sofern - wie bei uns - ein großer Zweitmonitor vorhanden ist.

Am Ende der Konferenz wird an einem der beiden Systeme die Videocalltaste gedrückt, damit ist dann die Konferenz beendet. Mit dem "großen Schalter" wird daraufhin das System abgeschaltet.

Einsatzerfahrungen

Wir betreiben unser Studio seit dem 1.4.93

Vor dem Einsatz selbst kommt die Einrichtung bzw. Montage. Das Aufstellen und Inbetriebnehmen des Systems ist sehr einfach. Die Systemkomponenten werden per Spedition angeliefert und danach von einem Systemspezialisten aufgestellt, zusammengeschaltet und konfiguriert. Im wesentlichen heißt es hier: auspacken, zusammenstecken, geht. Die Einrichtung des Raumes selbst ist da wesentlich aufwendiger.

Nach unseren Erfahrungen bringt der Anschluß an eine ISDN-Nebenstellenanlage am Anfang einige Probleme mit sich. Der digitale Nebenstellenport muß für den Betrieb des Systems speziell konfiguriert werden. Auch der TA muß eine spezielle Sofwareversion enthalten.
Die zweimalige Wandlung der Schnittstellen UP0 -> S0 -> X.25 erscheint auf den ersten Blick zu aufwendig, jedoch erreicht man mit der UP0-Schnittstelle die größere Reichweite der Telefonanschlußleitung. Da das PICTURETEL-System noch keine zweikanalige ISDN-Schnittstelle hat, müssen die X.25-Schnittstelle mit dem TA auf einen ISDN-Anschluß umgesetzt werden. TAs wiederum haben dafür aber nur einen S0-Anschluß.
Bei der Anschaltung an einen Basisanschluß erspart man sich nur auf den ersten Blick diese Doppelumwandlung, denn die Telekom bringt den Anschluß als UK0-Leitung bis zum Nutzer und wandelt diese ebenfalls mit einem NT (Network Terminator) in eine S0-Schnittstelle.
Der Betrieb des Systems selbst ist problemlos. Gelegentliche Störungen stellten sich bei uns bisher immer als Protokoll-Inkompatibilitäten zwischen der Nebenstellenanlage und dem TA oder als Portabstürze in der Nebenstellenanlage heraus. Allerdings sind die von PICTURETEL verwendeten Mini-DIN-Steckverbinder wenig für häufige Steckvorgänge geeignet, so daß man besser einige Ersatzkabel bereithält, wenn das System öfter auf- und abgebaut oder verlagert werden soll.

Die Bedienung ist bisher von all unseren Nutzern nach kurzer Eingewöhnung als sehr einfach empfunden worden.

Als besonders angenehm wird die erstaunlich gute Bildqualität genannt, die natürlich nicht mit einem guten Fernsehbild zu vergleichen ist, aber das Bild ist recht scharf, es ist bunt und es gibt hier keine ruckartigen Bewegungen oder Unsynchronitäten von Bild und Ton. Nur sehr heftige Bewegungen oder

Bildwechsel führen zu Wischeffekten. Gewöhnungsbedürftig ist auch die - geringfügige - (synchrone) Bild- und Tonverzögerung (ca. 0,3 s), die sich bei Satellitenübertragung bis auf 0,6 s steigern kann. Diese aus der Signalübertragung + Bildverarbeitung resultierende Verzögerung verhindert jedoch gleichzeitig die akustische Rückkopplung, da es sich hier ja um die Zusammenschaltung zweier offener Freisprecheinrichtungen handelt. Hier hilft aber nach kurzer Eingewöhnungszeit eine gute Sprechdisziplin.

Von besonderem Interesse ist hier die dynamische Verteilung von Bild, Ton und Steuerungssignalen auf beide Kanäle. Da immer nur die Bildänderung übertragen wird, bleibt relativ viel "Platz" für den Ton übrig, der dadurch eine gute Qualität erreicht.

Aus eigener Erfahrung und der unserer Nutzer wissen wir, daß während einer Konferenz die geringen Einschränkungen von den Beteiligten nicht mehr wahrgenommen werden. Die "örtlich geteilte" Konferenz wird fast wie eine Konferenz an einem Ort erlebt.

Wir betreiben z.Z. fünf Konferenzsysteme, je eines in Berlin, in Wayne/N.J./USA, in Richmond/CA/USA, in Tokyo/Japan und in Osaka/Japan. Mit diesen werden von Berlin aus wöchentlich insgesamt durchschnittlich zwei Konferenzen durchgeführt.

Zusätzliche Erfahrungen konnten wir im Herbst 93 mit einer ungewöhnlichen Videokonferenzanwendung sammeln. Anläßlich eines von unserer Firma veranstalteten Journalistenfestes bauten wir ein Leihgerät in einem großen hallenartigen Treppenhaus eines unserer Verwaltungsbauten auf. Als Bildschirm diente ein Rückprojektionssystem, auf das die Hauptkamera aufgesetzt war. Von einem der seitlich offenen Flure im 1.OG hängten wir mehrere Mikrofone über Kopfhöhe nach unten zum EG ab. Das ganze wurde "unsichtbar" vom 1.OG aus bedient. Die Gegenstation befand sich in Stuttgart, wo Größen aus dem Sport den Journalisten life Rede und Antwort standen. Auch unter diesen erschwerten Umständen funktionierte die Konferenz tadellos.

Fazit und Ausblick

Das Konzept der Videokonferenz in einem Konferenzraum ist z.Z. das Mittel der Wahl, solange die Kosten für Einzel-PC-Lösungen noch zu teuer sind. Sicherlich wird es seinen Stellenwert für repräsentative Veranstaltungen oder für Teamkonferenzen behalten. Zusätzliche Möglichkeiten wie Multipoint-Konferenzen, Videoslade und größere Bandbreite durch Zuschalten weiterer ISDN-Kanäle (Inverser Multiplexer) werden seine Attraktivität mittelfristig noch steigern. Sobald aber preiswerte PC-Einsteckkarten für Multipoint-Videokonferenzen auf den Markt kommen werden, stellen diese dann bestimmt eine große Konkurenz für das hier besprochene Konzept dar.

Ein wichtiger Fortschritt sind die geringen Verbindungsgebühren, die zusammen mit den zu erwartenden preiswerten PC-Karten, den Videokonferenzen langfristig einen großen Markt erschließen werden. Zusätzlich ist im Laufe der Zeit noch eine Steigerung der Bildqualität durch bessere Bildverarbeitungsalgorithmen und schnellere Prozessoren zu erwarten.

PICTURETEL selbst hat gerade jetzt eine PC-Karte für diese Anwendung auf den Markt gebracht. Deren Preis beträgt ca. TDM 13.

Zum Jahresende '94 soll ein PC-Videokonferenzsystem für ISDN verfügbar sein, dessen Preis unter TDM 5 liegen wird. Es soll auf der CeBit vorgestellt werden.

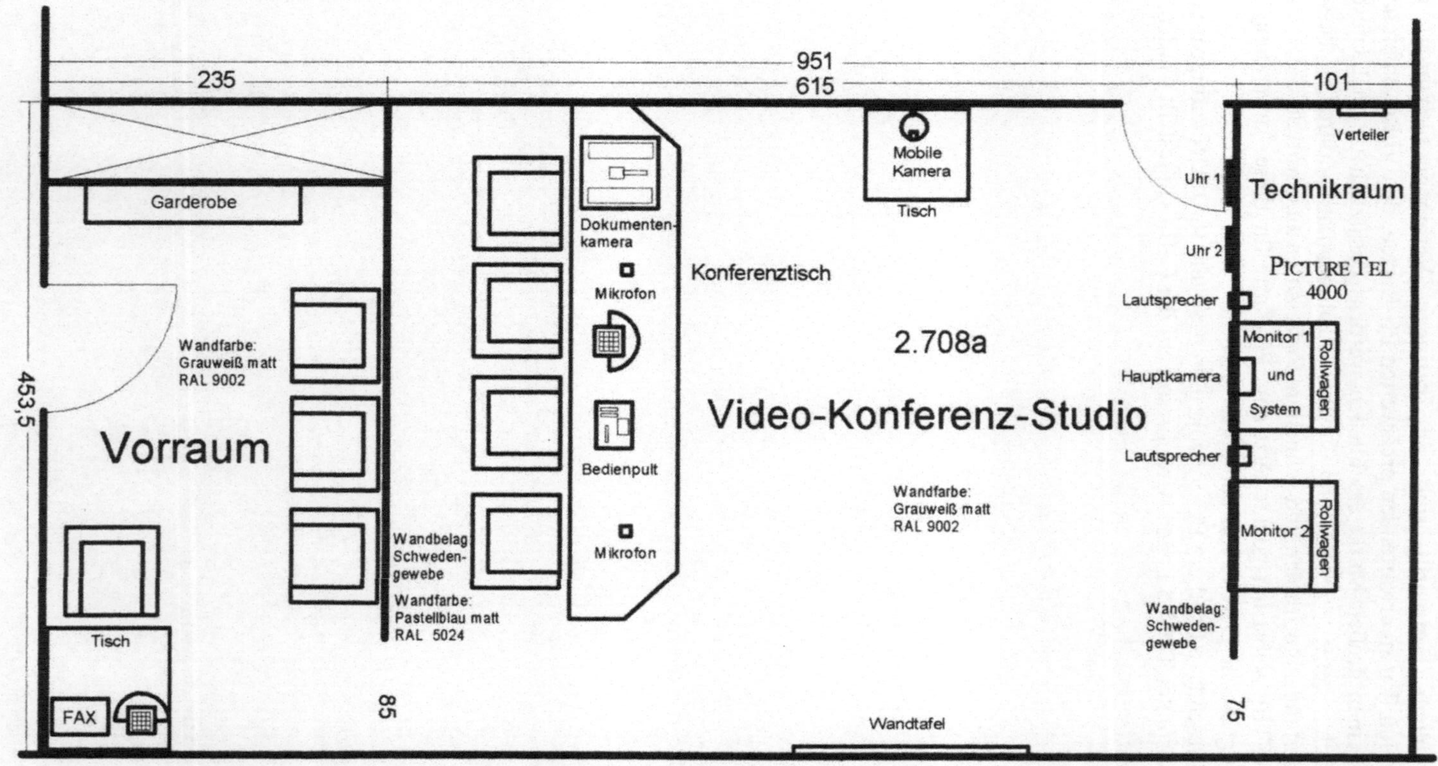

Bild 1 Videokonferenzstudio Grundriss

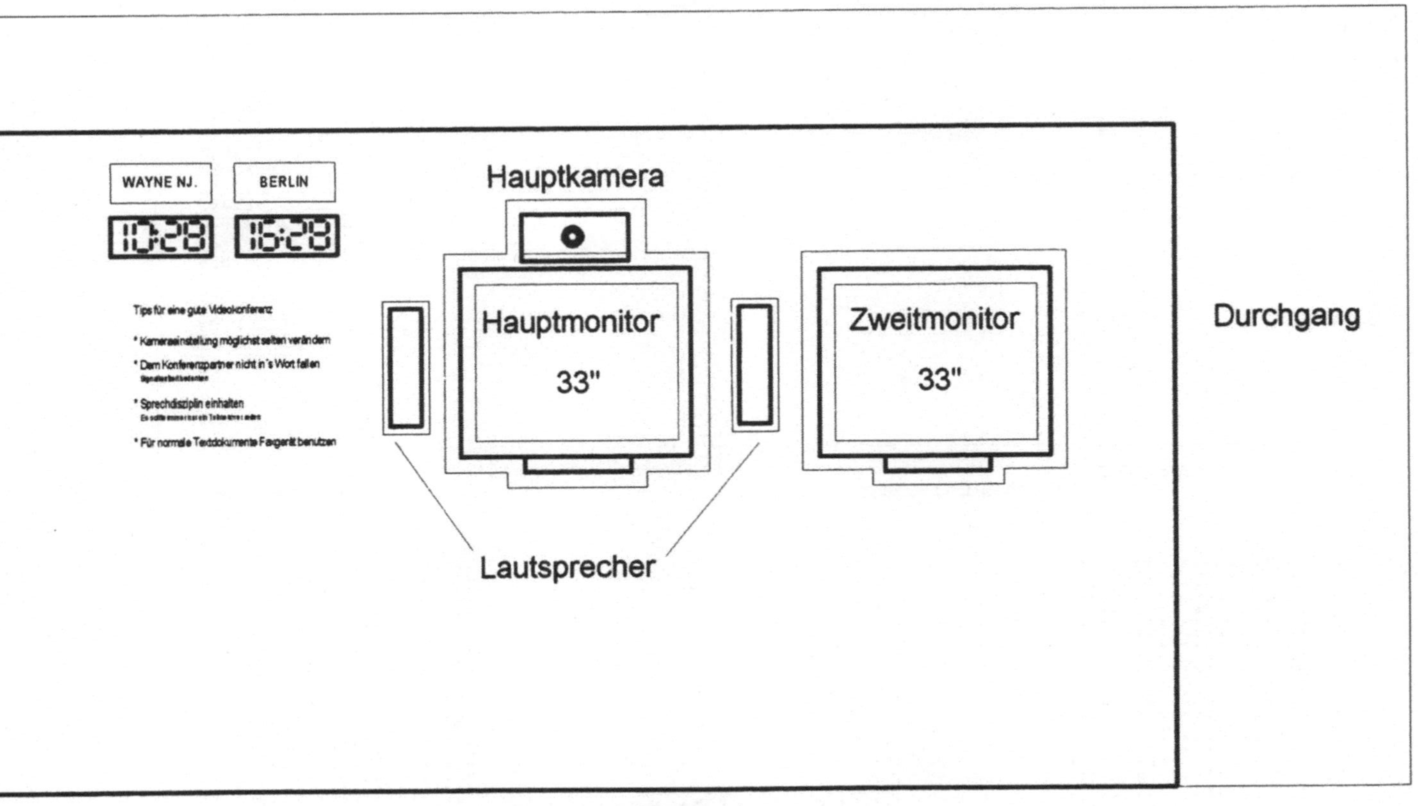

Bild 2 Videowand

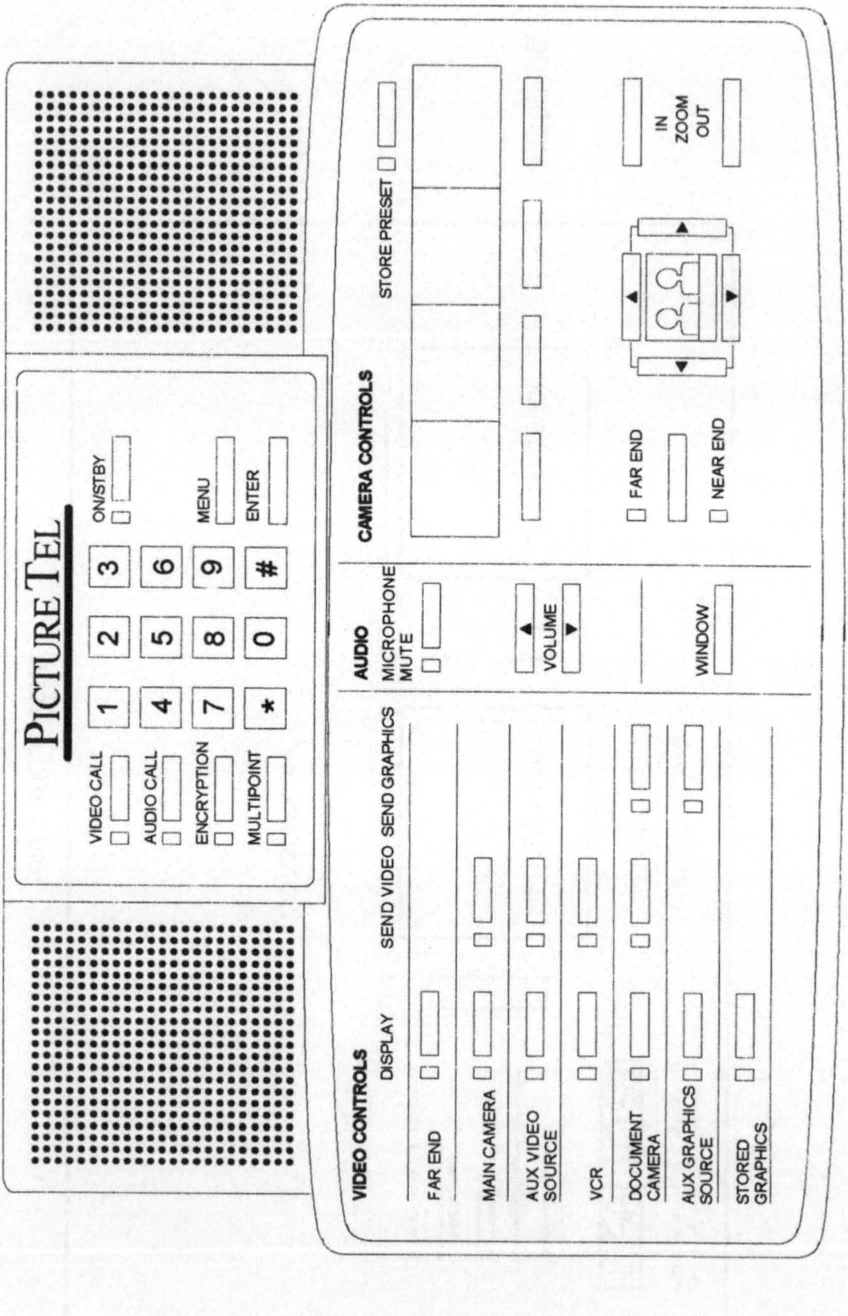

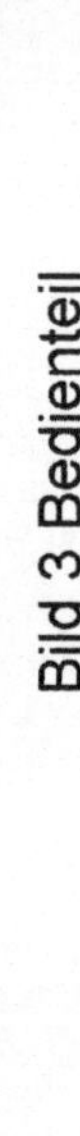

Bild 3 Bedienteil

Workshop

Einstieg in Elektronisches Publizieren

Workshop "Einstieg in Elektronisches Publizieren"

Dr. Thomas Laukamm

Consulting Trust GmbH, Ratingen

Ein paar Stichworte zu meiner Person: Ich war sechs Jahre lang bei einer großen amerikanischen Unternehmensberatung im Bereich Strategische Beratung tätig, bin dann zu Bertelsmann gewechselt und war dort als Bereichsvorstand unter anderem zuständig für die optoelektronischen Speichermedien als Datenträger für Publikationen. Ich blicke jetzt auf eine fast zehnjährige Erfahrung zurück, was beim Elektronischen Publizieren nicht unwesentlich ist. 1990 habe ich mich mit der Firma Consulting Trust selbständig gemacht, welche ein internationales Netzwerk von Spezialisten ist, die alle eine erfolgreiche Karriere in Verlags- oder Informationsindustrie hinter sich haben. Wir haben für die Europäische Kommission eine Studie durchgeführt zum Thema: Welche Chancen haben die Verleger in der Zukunft beim Elektronischen Publizieren. Sie wurde anläßlich der Buchmesse im Oktober 1993 der Öffentlichkeit vorgestellt.

Elektronisches Publizieren - eine Chance ? Für wen ?

Heute arbeiten wir an der Fragestellung: Was können Verleger und andere Branchen der Informationsindustrie mit den Ergebnissen der Studie anfangen? Inwieweit bietet Elektronisches Publizieren - insbesondere mit Offline-, aber auch Online-Medien - neue Geschäftsmöglichkeiten ? Offline nenne ich Diskette, CD-ROM, CD-I, Speicherchip, Speicherkarte und ähnliches. Ausgeschlossen waren in unserer Studie Film, Funk, Fernsehen und Musik. Wir haben mit etwa 250 Partnern rund um die Welt gesprochen mit Schwerpunkt in Europa, aber auch in Amerika und Japan. Ich will Ihnen nur die wesentlichen, für Sie relevanten Ergebnisse vorstellen.

Ja! Es gibt diese Möglichkeiten für Verlage, aber - und das ist die erschreckendste Botschaft: Wir sind nach all diesen Recherchen überzeugt, daß Elektronisches Publizieren, egal auf welchem Medium, auch ohne die Verlage stattfinden wird! Zunächst in ganz großem Ausmaß im sogenannten Corporate Publishing, im Bereich von Industrie, Handel, Banken und Versicherungen. Dies wird sich auf CD-ROM abspielen, so daß Firmen wie Hitachi, Sony, Apple, die vor Jahren noch glaubten, auf die Verleger warten zu müssen, alleine schon auf diesem Sektor eine Rechtfertigung ihrer Investitionen finden werden. Wenn ich Sie heute frage, wer ist der größte Verleger der Welt, würden Sie kurz nachdenken: Ok, das sind die Bertelsmänner, Time Warner, ehemals Maxwell und ähnliche. Weit gefehlt! Die größten Verleger der Welt: Zunächst einmal die amerikanische Regierung, zweitens IBM, drittens Digital Equipment, viertens Hewlett Packard usw. Dann kommen irgendwann Volkswagen und irgendwann auch Bertelsmann, Holtzbrinck, Springer usw.

Gewinner und Verlierer

Der ganze Corporate-Bereich, der sich dem traditionellen Verlagswesen völlig entzieht -, zu Unrecht würde ich sagen - wäre eine gute Chance für manche Verleger. Ich könnte mir interessante strategische Allianzen zwischen einem Verleger und Volkswagen oder einem Verleger und einer Bank vorstellen. Ich weiß, daß das für viele Verlage sehr fremd klingt. Wir sehen, daß die Hardware- und Software-Companies weltweit das Thema Electronic Publishing und Multimedia auf ihre Fahnen geschrieben haben. Bei vielen Verlegern hat das zu der Reaktion geführt: Na ja, die wissen auch nicht mehr, wo sie das Geld verdienen sollen. Mit Hardware ist heute eben kaum noch Geld zu machen. Das ist soweit auch richtig. Allerdings warnen wir davor zu glauben, daß Multimedia und Electronic Publishing so ein Gimmick der Elektronikindustrie sind. Wir kommen zu dem Ergebnis: Multimedia ist ein Urbedürfnis des Menschen. Und es war nur eine Frage der Zeit, wann die entsprechenden Technologien zur Verfügung stehen. Diesen Zeitpunkt halten wir inzwischen für gekommen, noch nicht in voller Perfektion, aber soweit schon, daß man sagen kann, Multimedia ist möglich. Und kein Verleger sollte glauben, daß das einfach ein Werbegag der Elektronikindustrie wäre. Denn da verpaßt er etwas. Multimedia und Electronic Publishing werden sich weiterentwickeln.

Es war erschreckend für uns, im Rahmen unserer Studie festzustellen: 90 Prozent aller Verleger können mit dem Namen "Electronic Publishing" gar nichts anfangen (können es nicht mal buchstabieren). Und die Masse dieser 90 Prozent ist auch der Meinung, daß sie damit eigentlich überhaupt nichts zu tun hat. Das gilt weltweit, also auch für Amerika und Japan. In Deutschland aber ganz besonders, weil hier noch sehr stark das traditionelle Verlagswesen etabliert ist, einschließlich des Buchhandels. Die Hardware-Industrie, und zwar alle und weltweit, sind große strategische Allianzen für Elektronisches Publizieren eingegangen. Wenn Apple und IBM und andere dies tun, sind Verlage erst recht dazu aufgerufen, darüber nachzudenken, ob man wirklich alles im Alleingang machen muß. Die Software-Industrie ganz genauso. Wobei man sagen muß, sie macht zwei Dinge: Auf der einen Seite Tools und Software, also Anwendungssoftware zur Verfügung stellen, um Multimedia Wirklichkeit werden zu lassen. Auf der anderen Seite, und das ist nicht ganz unkritisch zu sehen aus Verlegersicht, erwarten wir von den Softwarehäusern in der Zukunft verstärkte Publikationsaktivitäten. Und zwar in einem Ausmaß und auch in einer Naivität, daß so manchem Verleger das Grausen kommen wird. Die Rollenverteilung zwischen Verlegern, Hardware- und Softwarefirmen wird nicht mehr klar und deutlich sein. Jeder versucht - das ist eine Aufbruchstimmung -, für sich das Beste herauszuholen. Hardware- und Software-Industrie gehen ins Publishing. Beide wollen gleichzeitig die Verleger auch als Partner. Diese gehen darauf auch ein, zum Teil. Dann erkennen sie plötzlich, daß sie sich Konkurrenz heranzüchten, die eines Tages das ganze selbst machen möchte. Das werden wir alle gemeinsam nicht aufhalten können. Um so mehr ist der Verleger gefragt, rechtzeitig seine strategische Rolle zu finden und es nicht Dritten zu überlassen.

Daß die Fernsehanstalten eine große Rolle spielen werden, können Sie sich vorstellen. Allerdings auch nicht alleine. Wir gehen davon aus, daß es auch hier interessante Kombinationen geben wird. Da ist insbesondere der Zeitschriftenverleger aufgerufen, die Kooperation zu Fernsehanstalten zu suchen. Eines ist ganz klar, Sie brauchen, um eine vernünftige CD-ROM oder eine Multimedia-Anwendung zu machen, weit mehr als nur Text und Grafik. Und wenn Sie sich ansehen, welch interessantes Bildmaterial und welche Studios bei Fernsehanstalten vorhanden sind, können Sie strategische Rolle dieses Material gewinnen wird. Das gleiche gilt übrigens auch für Touristikunternehmen. Beim Anblick der dort vorhandenen digitalisierten Informationen, Bewegtbildinformationen usw. würde so mancher Reisebuchverleger vor Neid erblassen.

Ich möchte den dringlichen Appell an Sie richten, sich den Videospiele-Bereich anzusehen. Als wir die Studie anfingen, haben wir unter anderem gesagt, wir würden gerne wissen, welche Rolle die Videospiele-Hersteller im Verlagsbereich in Zukunft spielen könnten. Man muß wissen, daß 90 Prozent des gesamten Marktes weltweit in den Händen von zwei japanischen Firmen sind und diese zu den erfolgreichsten der Welt gehören. Die Europäische Kommission und die uns begleitenden Verleger haben damals alle gesagt: Das ist vergeudete Zeit und vergeudetes Geld, sich weiter mit der Videospiel-Branche zu beschäftigen. Wann immer wir mit Verlegern gesprochen haben und auf das Thema kamen, wurde uns nur Antipathie entgegengebracht: Damit wollen wir als seriöse Verleger nun gar nichts zu tun haben. Dieses kleine und mickrige Display ! Daß da Kinder überhaupt reingucken wollen? Im nachhinein, so muß ich sagen, haben wir Recht behalten. Meine Prognose ist für die nächsten zwei, drei Jahre, daß Nintendo und Sega weltweit mehr CD-ROM-Abspielgeräte auf der ganzen Welt installiert haben werden - und zwar im Konsumentenbereich, im Wohnzimmer oder Kinderzimmer - als alle Apples, Hitachis, Philips und Sonys zusammen. Die Tatsache allein, daß diese Spiele in den nächsten Jahren alle auf CD-ROM herauskommen werden, ist ein Hinweis für Verleger, daß es dort eine Abspielbasis geben wird, die man einfach nicht ignorieren kann.

Supplement oder Ersatz?

Wenn wir uns den Verlagen widmen, dann ist eine interessante Erkenntnis, daß die grundlegenden Probleme, die die Verlage mit Elektronischem Publizieren haben, weltweit gleich sind. Nicht nur in Japan, Amerika und Europa weitestgehend gleich, sondern auch über die verschiedenen Publikationsformen hinweg. Daß heißt, die Zeitungsverleger, die Zeitschriftenverleger oder aber die Buchverleger haben im Prinzip die gleichen Probleme mit dem Elektronischen Publizieren. Sie liegen immer in den Bereichen:

1) Was soll ich damit? Muß ich das überhaupt machen?
   Kann das nicht an mir vorübergehen, ohne daß ich da
   mitmachen muß ?
2) Wenn ja, wie packe ich es überhaupt an ?
3) Welche Leute brauche ich eigentlich dafür ?
4) Welche Preise soll ich dafür nehmen ?
5) Was kostet das ganze eigentlich ?
6) Ist das jemals profitabel zu gestalten ?

Wenn man sich diese Fragestellungen ansieht, sind sie von Tokyo über San Francisco bis nach Frankfurt weitestgehend gleich. Allerdings ist es in Amerika, etwas leichter. Und zwar insbesondere deshalb, weil die Verleger durch die Sprache zumindest ganz Amerika als potentiellen theoretischen Markt haben und England, Australien, Indien und Japan. Wo alle Welt bei den Offline-Medien - dazu zählt ja die CD-ROM - in Stückzahlen rechnen muß, ist es wichtig, ab wann man den Break-even erreicht. Dagegen tun sich natürlich die Dänen, Schweden oder Holländer schwerer. Allerdings sind diese aufgrund des Fernsehens an Untertitel oder englische Fassungen gewöhnt, das darf man nicht unterbewerten. Unsere persönliche Erfahrung im Rahmen dieser Studie ist es, daß die Holländer uns voraus sind, und zwar nicht nur die Verleger, sondern auch der Konsument.

Wir haben kaum einen Unterschied gefunden zwischen Zeitungs-, Zeitschriften- und Buchverlegern. Die Problematik ist überall die gleiche. Wenn wir vorsichtig schätzen, sehen wir bis zum Jahr 2000 ein Umsatzpotential von fünf bis 25 Prozent für zusätzliches Elektronisches Publizieren, je nach Verlagsbereich, den es zu gestalten gilt. Das Interessante ist:

In weiten Teilen wird Electronic Publishing ein zusätzliches Geschäft, nicht der Ersatz des konventionellen. Und wenn es doch ein Ersatzgeschäft wird, hat der Verleger oft selbst schuld, er hat etwas falsch gemacht. Wichtig: Die guten Elektronischen Produkte sind alles Supplemente. Einen vollständigen Ersatz gibt es nur in Nischenbereichen, z.B. beim Telefonbuch.

Aber im wissenschaftlichen Bereich zum Beispiel zeichnen sich weltweit dramatische Entwicklungen ab. In diesem Bereich kommunizieren Autoren bereits online miteinander, ohne die Einschaltung eines Verlegers. Der Verleger muß sich also für jedes Printprodukt einzeln fragen, ob dieses bereits seit langem eine Notlösung ist, die jetzt durch eine neue Technik ersetzt wird, oder ob es ein Supplement verträgt.

Das Wort "Electronic Book" in diesem Zusammenhang halte ich für eine Fehlentwicklung, denn es ist genau das, was es nicht sein soll. Der Begriff "Elektronisches Buch", d.h. text-orientierte Information, digitalisiert auf eine CD-ROM gebracht, ist nur bei Wörterbüchern, im begrenzten Maß auch bei Nachschlagewerken, ganz besonders aber natürlich beim Telefonbuch oder den Postleitzahlen angebracht. Ansonsten ist es eine dramatische Fehlentwicklung, daß Verleger darüber nachdenken, wie bringe ich meine Substanz, die ich sonst im Buch habe, in ein elektronisches Format. Dahinter steckt der Irrglaube, daß ein Mensch ein Buch zur Seite legt und stattdessen eine CD-ROM liest. Das ist wie der Unterschied zwischen der Bundesbahn, mit der Sie von A nach B fahren - Sie lesen also auch Zeitschriften und längere Artikel - und dem Auto, bei dem ich dagegen an jeder Kreuzung neu entscheide, ob ich links oder rechts fahre oder notfalls auch wieder umkehre. Das elektronische Medium muß verstanden werden wie das Auto. Es muß ganz anders konzipiert sein. Es darf nicht von A bis Z gelesen werden. Nicht mal vom Anfang der Seite bis zum Ende. Es muß geblättert, gesucht werden. Aber nicht sequentiell, nicht linear, sondern es muß die Intelligenz haben, nichtlineare Verknüpfungen darzustellen. Erst dann ist es wirklich ein elektronisches Supplement zum Buch oder zur Zeitschrift. Erst dann hat das Elektronische Publizieren wirklich eine Zukunft. Aber die Technik muß den Marktbedürfnissen folgen, nicht umgekehrt. Es darf nicht sein, daß der Rechtsanwalt seine Denk- und Suchstrategien ändern muß, um mit Ihrem Medium umzugehen. Wenn das so ist, haben Sie schon verloren.

Was wir bisher, häufig weltweit, gesehen haben, ist leider in weiten Teilen diesem Grundsatz des Autos - um bei dem Beispiel zu bleiben - nicht gefolgt. Viele lernen das jetzt erst, sehr bitter und sehr teuer, da der Verbraucher fragt: Ja was soll das denn? Muß ich das wirklich haben? Kann ich nicht einfach das Buch nehmen?

Das gleiche gilt für Zeitschriften und Zeitungen. Wir sind einheitlich der Meinung, es wird nicht die elektronische Zeitschrift oder die elektronische Zeitung geben. Der Verleger, der das versucht, wird sein Geld zum Fenster hinauswerfen. Der intelligente Verleger wird zu etablierten, guten Titeln ein Supplement machen auf CD-ROM oder Online. Man muß Wert hineinpacken. Man sollte das Buch, die Zeitschrift, den ursprünglichen Text vergessen und sich, oder besser andere fragen: Wie bringe ich ähnliche oder zusätzliche Informationen zu einem bestimmten Thema so zum Leser, daß die evidenten Vorteile des elektronischen Mediums voll ausgenutzt werden?

Man sollte bei bestimmten Anwendungen zunächst mal Text und Grafik ganz vergessen. Gerade im Zeitschriftenbereich ist man ja gezwungen, seine Informationen auf dem platten Papier abzudrucken. Man ist, im Vergleich zu den Informationen, die man hat, eingegrenzt. Die Frage CD-ROM für Zeitschriftenverlage kann man eindeutig mit Ja beantworten, aber wann immer möglich als Supplement und nicht als Ersatz, und schon gar nicht unter dem Titel "Die Elektronische Zeitschrift".

Nice-to-know oder Need-to-know?

Der Verlag sollte seine Information in zwei Dimensionen unterteilen:

1) Wie aktuell muß die Information sein?
2) Wie wichtig ist sie für den Nutzer ? Ist sie "Need to know" oder "Nice to know" ?

Ich empfehle, insbesondere "Need to know" und "Nice to know" scharf auseinanderzuhalten. Je mehr Informationen man hat oder aber auf den Markt bringt, die der Kunde oder der Leser in einer bestimmten Situation unbedingt braucht, desto eher heißt das "Need to know", und damit das elektronische Medium von Vorteil. Auch kann man eher damit rechnen, daß man damit Geld verdient. Je mehr es "Nice to know" ist, desto eher kann man sich überlegen, ob man überhaupt in eine elektronische Information einsteigen muß. Und die Gefahr, daß man damit kein Geld verdient, ist groß.

Wenn Sie das Telefonbuch nehmen, können Sie davon ausgehen, daß es in der Form vermutlich im Jahre 2010 nicht mehr existieren wird, keine Existenzberechtigung mehr hat, weil ein Buch immer ein lineares Medium ist, das man von vorn bis hinten durchliest. Wenn Sie eine Telefonnummer suchen, brauchen Sie kein Buch, wenn es elektronische Medien gibt. Das gleiche gilt für Postleitzahlen, für Wörterbücher, für andere Referenzbücher. Technische Dokumentationen wird man sowohl auf Papier als auch elektronisch haben müssen.

Die Belletristik ist "Nice to know". Einen Roman wird man eher verfilmen, als daß man eine CD-ROM macht. Aber hier gibt es auch interessante Entwicklungen auf CD-ROM, begleitend zu einem Roman als Buch, beispielsweise Informationen zum Autor, zum Hintergrund, zur Geschichte, zu den Örtlichkeiten: Alles, was im Buch sonst nicht steht, kann man als Supplement einem Buch beilegen. Je stärker ich Informationen habe, die Aktualität verlangen - "Need to know" - desto mehr bin ich als Verleger aufgefordert, mich aktiv in die elektronischen Medien nicht nur hineinzudenken, sondern auch zu investieren.

Ein anderes Beispiel: Die kartographischen Verlage haben wunderschöne Atlanten. Sie sich anzuschauen, ist eine schöne Angelegenheit und wohl eher als "Nice to see" den als "Nice to have" einzustufen. Zu wissen, wie ich von Frankfurt-Höchst nach Baden-Baden komme und welche Wege ich nehmen muß, ist eine andere Frage, nämlich eher "Need to know". Das sagt Ihnen der Atlas nur, wenn Sie nebenbei noch Bleistift und Papier haben und eine Lupe, um festzustellen, wieviel Kilometer es sind. Wenn Sie dann noch Alternativen ausrechnen wollen, sind sie verloren. Elektronische Routing-Programme, die Ihnen die optimalen Straßenverbindungen anzeigen, sind ein hervorragendes Supplement zu dem normalen kartographischen Instrument. Tragischerweise haben aber alle kartographischen Verlage den Fehler gemacht, für zig Millionen, und zwar weltweit, ihre Substanz zu digitalisieren. Sie sind aber nicht in der Lage, zu sagen, wo ist der schnellste Weg von A nach B, weil man die kartographische Information in digitale, also computerlesbare Werte umgesetzt hat. Da kommt tatsächlich die Landkarte auf dem Bildschirm raus. Für den Weg von A nach B brauche ich das nicht, sondern nur die Koordinaten von Frankfurt-Höchst und Baden-Baden und alle Koordinaten der dazwischenliegenden Straßen und Straßenkreuzungen. Das ist weit billiger, weit einfacher und von der Datenmenge weit besser zu behandeln als vierfarbige Landkarten. Dies ist ein Beispiel, wie man erstens zwischen "Nice to know" und "Need to know" unterscheiden muß und zweitens schöne Koppelprodukte herstellen kann.

Sie sollten sich also einige kritischen Fragen stellen. Zunächst einmal "Nice to know" oder "Need to know". Jeder Verleger ist der Meinung, alles was er verlegt, ist sowohl "Nice" als auch "Need", ganz klar, sonst wäre er fehl am Platze. Wir können ihm sehr schnell beweisen, in vielen Fällen ist es "Nice", aber nicht "Need to know".

Die nächste Frage ist, inwieweit ist das Produkt ein "Just in case"-Produkt, d.h. kaufe ich mir eine Zeitschrift oder ein Buch, für den Fall, daß ich es brauche, daß ich etwas nachschlagen muß. Ich kaufe mir sogar eine Zeitschrift im Abonnement und bezahle es möglichst noch am Anfang des Jahres. Obwohl ich überhaupt nicht weiß, was in den nächsten Monaten als Leser auf mich zukommt, ob mich das interessiert. Aber ich habe bezahlt, und wenn ich etwas bezahlt habe, dann schaue ich mir das auch mal an. Wenn jemand in der Lage ist, dieses "Just in case"-Geschäft radikal umzudrehen in "Just in time", dann wird es für den Verlag gefährlich. Denn dann ist jemand in der Lage, die Information, die ich an einem bestimmten Tage brauche, auch just an diesem Tag zu liefern. Sie können sich vorstellen, was sich bei wissenschaftlichen Verlagen abspielt.

Eine traumhafte Welt geht zu Ende. In Zukunft, wenn die Informationen "Just in time" abrufbar sind, wird man für das Lesen des Artikels von Professor XY Geld zahlen. Besonders im professionellen Bereich, wo die Leute nicht ihr eigenes Geld ausgeben, ist eine Information zum richtigen Zeitpunkt schon einmal DM 1.000 wert.

Im Konsumentenbereich konkurrieren Sie mit viel mehr Möglichkeiten des Geldausgebens. Das Interessante dabei ist, der Professor will eigentlich kein Geld dafür haben, nur der Verlag. Der Professor ist nur daran interessiert, daß seine Erkenntnisse und sein Name weltweit publik werden. Es werden sich dramatische Umschichtungen ergeben und der Verleger ist aufgerufen, sich zu fragen: Kaufen die Leute das eigentlich nur als Notlösung, weil es nichts Besseres gibt? Was passiert, wenn jemand kommt und die gleiche Information viel billiger und zum richtigen Zeitpunkt, vielleicht noch - und das ist noch interessanter - verknüpft mit anderen, aber relevanten Informationen, dem Kunden anbietet?

Stellen Sie sich dieses Beispiel bei Architekten, Rechtsanwälten, Ärzten und vielen anderen vor. Die denken nicht in der Kategorie "Beck-Verlag" oder "Meier-Müller Verlag". Sie haben sich zwar seit hundert Jahren wunderbar an den Namen gewöhnt, wenn aber jemand kommt und sagt, paß mal auf, du bekommst zum Thema "Bauvorschriften, Trockenbau" europaweit die Informationen, querbeet, unter anderem auch von Heinze oder von Müller, dann werden diese Verlage Schwierigkeiten bekommen. In den Verlagshäusern sagt man, das werden wir unterbinden, das kann nicht passieren. Unsere Informationen werden wir unter Kontrolle halten.

Stellen Sie sich vor, ein sogenannter No-Name kommt und sagt, ich habe bei den Architekten inzwischen durch eine Software, die den traditionsbeladenen Verlag nie interessiert hat, so gut Fuß gefaßt, daß mein Name auch etabliert ist. Jetzt bringen wir seine CD-ROM heraus für Rechtsanwälte, z.B. Europäisches Recht. Willst Du, Verlag, mit darauf oder nicht? Deine Konkurrenz ist mit dabei. Da möchte ich den Verleger sehen, der dann sagt, das halten wir auch noch ein paar Jahre durch, indem wir weiter Bücher verkaufen oder eigene CD-ROMs, wir machen da nicht mit!

Das Schlimmste, was passieren kann, ist, daß ein Architekt, ein Rechtsanwalt zum Diskjockey werden muß, wenn er zum gleichen Thema fünf CD-ROMs lesen muß. Ich möchte sehen, wie lange denen das Spaß macht - so lange, wie sie keine Alternative haben. Die Verleger müssen sich genau ausrechnen, ob sie nicht rechtzeitig ein Zusatzgeschäft machen sollten. Oder wenn sie schon hier und da verlieren, an diesem Verlust positiv partizipieren, indem sie gleichzeitig bei dem neuen Produkt mit dabei sind.

Werbung

Auf den elektronischen Medien läßt sich auch Werbung interessant unterbringen. Nicht auf die klassische Art und Weise, immer McDonalds aufblinken lassen oder ähnliches. Ihre Möglichkeiten sind unbegrenzt. Sie brauchen einfach Phantasie. Wenn man Ihre Werbung aber wie beim Fernsehen einfach überspringen kann, haben Sie einen Fehler gemacht. Und wie kommt der Kunde, der nur eine Telefonnummer oder eine Information sucht, an meine Werbung heran? Nur durch die Geschicklichkeit des Verlegers. Es geht natürlich nicht, daß sich Ihr Kunde erstmal fünf Minuten Werbung ansehen muß, bevor er an seine Telefonnummer kommt. Wenn ich meine Information aber anwähle und dabei richtig interessante Werbung sehe, kann das Spaß machen. Verkennen Sie nicht den Spieltrieb des Menschen. Das Schlimmste aber ist die klassische Printmedien-Werbung mit ungeheuren Datenmengen in ein Standbild umgesetzt. Vergessen sie also alles über klassische Werbung und seien Sie kreativ!

Marktanalyse und eigene Position

Was sich in der Verlagsindustrie in den nächsten sieben bis zehn Jahren abspielen wird, haben andere schon längst hinter sich. Es wird durch die elektronischen Medien einen gewaltigen Strukturwandel geben. Das muß nicht zu Ungunsten der Verlage gehen, solange sie mitmachen. Es kann aber dramatisch zu Ungunsten der Verlage gehen.

Am Anfang sind die CD-ROMs aus dem, was der Verlag an Substanzen hatte, entstanden. Das war nicht anders möglich, aber es ist strategisch gesehen, ein sehr kritischer Schritt, den ich allen Verlegern, die heute noch nicht auf CD-ROM sind, ersparen möchte.

Machen Sie es genau umgekehrt. Fragen Sie sich: Wer sind meine Leser? Wer sind meine Kunden? Je mehr das horizontale Märkte sind, also Berufsgruppen, Architekten, Ärzte usw., desto leichter können Sie feststellen, welche Informationen Ihr Leser braucht. Dann fragen Sie sich: Welche Informationen befriedigen Sie mit den Printprodukten heute? Dann schauen Sie sich an, welche Informationen könnten Sie idealerweise mit einem elektronischen Supplement rüberbringen. Haben wir die entsprechenden Informationen selbst oder müssen wir sie uns von Dritten beschaffen? Welche Hardware-Installationen stehen bei unseren Kunden? Wieviel 286er gibt es? Wieviel CD-ROM-Abspieler? Wie ist der Marktanteil von Apple im Vergleich zu PC und IBM-Kompatiblen? Wieviel Unix-Systeme sind in Ihrem Markt? Wieviel DOS, wieviel Windows?

Das können Sie alles per Telefon innerhalb von einer halben Stunde oder einen Tag herausbekommen. Die meisten Verleger wissen so etwas nicht, haben davon keine Ahnung, bringen aber mal ein Produkt heraus, mal sehen was passiert. Wenn es nicht läuft, sagt man: Ich bin auch einer von denen, die auf die elektronischen Medien hereingefallen sind. Diese Reaktion ist falsch! Man muß sich fragen: Lag es nicht daran, wie das Medium gemacht wurde?

Nach dem Markt, der Marktanalyse, müssen Sie Ihre eigene Position bestimmen. Worin bin ich stark? Mein Name ? Meine Zeitschrift? Ist es die Information, die Redaktion, das Abonnement, das ich gut in den Händen habe ? Das müssen Sie exakt herausarbeiten. Dann: Kann ich das Elektronische Publizieren ebenso gut hinbekommen oder muß ich mich Dritter bedienen? Muß ich Allianzen eingehen, nicht nur mit Hardware- oder Softwareunternehmen ? Ich würde Ihnen dringend empfehlen, keine eigene Softwareabteilung zu etablieren. Sie können sich alles einkaufen, aber wenn Sie sich fünf Softwareleute ins Haus geholt haben, werden Sie die so schnell nicht wieder los. Außerdem sind diese Leute in drei Jahren sicherlich die falschen. Also alles, was nicht die Schnittstelle zur Software ausmacht, sollten Sie nicht im eigenen Haus haben.

Preisstrategie

Im EP-Marketing herrscht totaler Wirwarr. Wie vermarkte ich eigentlich ein elektronisches Medium? Das fängt mit der simplen Verpackung an, geht aber hin zu der strategischen Frage: Welchen Preis nehme ich eigentlich dafür? Wenn ich heute eine CD-ROM für DM 3,50 pressen lassen kann, könnte ich im Prinzip für DM 3,50 mehr eine CD-ROM zum Buch oder zur Zeitschrift legen. Ich könnte sie auch verschenken, weil es kaum ins Gewicht fällt. Umgekehrt könnten Sie auch sagen: Eigentlich müßte ich dafür DM 35.000 verlangen, weil man mit der CD-ROM ganz andere

Dinge machen kann als mit meiner Zeitschrift. Der Wert ist doch wesentlich höher.

Diese Pricing-Strategy ist ein elementarer Punkt, der in Verlagshäusern zu erheblichen Emotionen führt. Ein Punkt, für den man gut Recherchen und Testversuche im Markt machen sollte. Man kann viel falsch machen und damit alle guten Inhalte zum Mißerfolg werden lassen. Zu niedrig ist falsch und zu hoch ist auch falsch! Ich empfehle häufig Klienten, fragen Sie sich doch einmal, ob jemand Ihr elektronisches Produkt geschenkt haben möchte. Wer will denn so etwas nicht geschenkt haben, ist meist die Antwort. Aber es gibt viele Produkte, die will der Konsument nicht mal geschenkt haben.

Und in dem Moment, wo Sie ein hervorragendes Produkt zum richtigen Preis machen, das aber keiner lesen kann, weil er keinen entsprechenden CD-ROM-Drive hat, haben Sie schon verloren. Sie können das Produkt noch so billig machen, aber wenn es keiner lesen kann, weil ihm die entsprechende Lesebrille in Form eines CD-ROM-Players fehlt, wird Ihr Produkt zum Flop. Dies müssen Sie überlegen, bevor Sie großartige Preisstrategien anstellen.

Auch das Update-Verhalten: Sie können durch das elektronische Medium viel schneller Informationen aktualisieren. Sie haben nicht mehr das Problem der Loseblattsammlung, bei der Sie irgend etwas austauschen müssen. Sie haben immer mit der neuen Ausgabe einer CD-ROM, selbst wenn sie alle acht Tage erscheinen würde, das komplette neue Medium. Das kann sich lohnen. Denn immerhin: 1 Megabyte an Information auf einer Festplatte kostet 12 DM, auf einer Diskette 3 DM, auf einer CD-ROM lediglich 3 Pfennige.

Nach der Preisstrategie muß ich mir überlegen, welches Medium das richtige ist. Unsere Studie kommt zu dem Schluß, daß die CD-ROM bis zum Jahr 2000 das Rennen allemal machen wird, daß sich aber jeder Verleger überlegen sollte, ob er nicht rechtzeitig auch Online-Dienste dazuspielen muß, die hier in Deutschland aus verschiedenen Gründen nicht sonderlich gut abgehoben haben.

Aber langfristig gehen wir davon aus: Jenseits des Jahres 2000 werden alle Informationsprodukte aus Papier plus elektronischem Supplement bestehen, in Offline-Form, CD-ROM plus Online, wie Btx oder Kabelkanal usw. Durch diese Vielfältigkeit ist der Verleger im Jahr 2000 und danach gut beraten, alle Medien gleichermaßen zu bedienen. Das ist überhaupt das Entscheidende!

Organisation

Wir werden immer wieder von Verlegern und Druckereien gefragt: Wie sollen wir das ganze organisieren? Leider vorerst dadurch, daß Sie die Electronic-Publishing-Einheit aus dem klassischen Verlag und elektronische Vorstufe aus der Drukkerei herauslösen. Diese "neuartigen" Mitarbeiter fühlen sich im klassischen Verlag oder in der traditionellen Druckerei nicht wohl. Aber nur aus diesem Grunde ist die Trennung - vorerst - nötig. Ansonsten muß die Integration in die gesamte Redaktionswelt langfristig vorhanden sein. Insbesondere darf die Electronic-Publishing-Division nicht eigenständig Marketing betreiben, was in fast allen Fällen passiert. Das ist strategisch falsch, weil der Kunde alles aus einer Hand als Problemlösung möchte. Also: Gleich das Marketing in eine Hand legen. Nur ist klar, daß der klassische Vertrieb nicht in der Lage ist, Elektronik zu verkaufen. Den müssen Sie ein bißchen umstrukturieren. Aber bitte nicht zwei Vertriebsmannschaften parallel laufen lassen.

Die ganzen technischen Details sind für Sie im Grunde zweitrangig. Lassen Sie sich nicht blenden von irgendwelchen Zukunftsspielereien auf der CeBIT. Sie sollten sich um die Inhalte kümmern und vor allen Dingen um Ihre Kunden. Alles Technische überlassen Sie Dritten, die haben das alles drauf. Fangen Sie bloß nicht an und fragen, wie mache ich denn die CD-ROM mit Bits und Bytes.

Konzentrieren Sie sich auf das, was Sie gelernt haben, das gilt beim Printmedium ja schon seit langem. Denken Sie sich kreative neue Vertriebskanäle aus. Ich muß leider sagen, der klassische Buchhandel alleine reicht nicht aus, da werden Sie nicht glücklich. Davon können Sie nicht leben. Es gibt interessante Allianzen mit Hardware- oder anderen Unternehmen.

Machen Sie sich eine Strategie. Schreiben Sie Ihre Zielgruppen für die nächsten fünf bis zehn Jahre nieder, und die Segmentierung Ihrer Zielgruppen. Welche Supplemente machen heute Sinn und welche morgen? Und dann erst fragen Sie, welches Medium nehme ich. Also: Langfristige Strategien sind absolut notwendig ! Hineingehen, mal ausprobieren, wie CD-ROM geht, um dann zu warten, ob es gut geht oder nicht, ist rausgeschmissenes Geld. Insbesondere wenn sie gut geht, verlangt der Markt, daß Sie ganz schnell weitere Produkte in der Pipeline haben.

Wenn Sie dann nicht vorbereitet sind, kommt die Konkurrenz. Sie haben es geschafft, die CD-ROM-Player bei Ihrer Klientel unterzubringen - alle kaufen sich ein Abspielgerät, weil Sie ein tolles Produkt haben -, aber Sie haben keine weiteren Produkte zum Nachschieben. Die Konkurrenz weiß jetzt, daß bei Architekten und Rechtsanwälten soundsoviel Abspielgeräte stehen. Der Gewinner wird letztendlich aber immer der sein, der seinen Kunden über die Medien langfristig bindet und nicht derjenige, der einmal ein Strohfeuer veranstaltet hat.

Bedenken Sie - last but not least.- bitte: Sie brauchen für elektronische Medien ganz andere Talente, ganz andere Leute. Sie können nicht durch schnelles Umschulen aus einem print-orientierten Menschen einen Multimedia-Menschen machen. Suchen Sie sich diese Talente lieber im Markt, am besten aber in ganz anderen Branchen. Menschen aus Film, Fernsehen oder Studios, die von Gutenberg unbelastet sind und mit einem ganz anderen Blickwinkel herangehen. Sie werden allerdings das Problem haben, diese Leute richtig zu integrieren. Denn Sie müssen denen auch ein ganz anderes Umfeld bieten können. Es wird eine Kunst sein, diese Menschen zu finden, zu managen und zu halten. Das ist eine Herausforderung, die sich aber lohnt!

Wenn Sie mich jetzt fragen: Sollen wir heute schon in elektronische Medien einsteigen ? Ich würde Ihnen ganz klar sagen: Sie können warten. Sie können auch noch bis zum Jahr 2000 warten. Der Grund, warum ich Ihnen abraten würde zu warten, sondern besser heute anzufangen, ist nicht, daß der Markt danach schreit, sondern daß die Konkurrenz nicht schläft und daß Sie eine enorm lange Lernzeit von mindestens fünf bis sieben Jahren brauchen, bis Sie sich auf diesem neuen Gebiet wirklich sicher fühlen. Das ist der einzige Grund, warum ich sage, jetzt, im Jahr 1994 damit anfangen, um im Jahre 2000 erfolgreich etabliert zu sein.

Empfehlungen für Verleger für einen erfolgreichen Eintritt in das elektronische Publizieren

- Sorgfältige Vorbereitung des Markteintritts:
  - Beginne mit einer Erforschung des Marktes
  - Identifiziere die Zielgruppe und ihre elektronische Ausstattung
  - Entwickle eine Langfrist-Strategie (5 Jahre) für ausgewählte (!) Marktsegmente für elektronisches Publizieren
  - Beobachte die Entwicklung der Hardware-Anwendung in der Zielgruppe und folge ihr
  - Benutze attraktive Hardware-Software-Kombinationen für ein erfolgreiches Updating und zur Weiterentwicklung der elektroni schen Produkte

- Entwickle die notwendige Expertise, Fähigkeiten und Allianzen:

  - Hole die nötigen neuen kreativen Talente und Marketingfähig keiten in den Verlag
  - Gehe Kooperationen ein mit Verlegern, die über komplementäre Substanzen verfügen, und kooperiere mit ausgewählten Software- und Hardware-Unternehmen
  - Wähle dabei die Partner sorgfältig aus und stelle sicher, daß sie tatsächlich eine Ergänzung und nicht neue Wettbewerber in den zukünftigen Geschäften sein werden
  - Werde niemals abhängig von einer einzigen Technologie oder von einzelnen Hardware- oder Softwarelieferanten

- Entwickle eine Strategie für zukünftige Inhalte und Technologien:

  - Stelle sicher, daß vorhandene Substanzen so (digitalisiert) auf bereitet sind, daß sie später ohne hohe Kosten auf sich ändernde Technologien in Hard- und Software übertragen werden können
  - Konzentriere alle Kraft auf die Marktentwicklung und nicht auf Technologien; lege das Technologie-Management in die Hände be währter Partner aus der Elektronikindustrie

- Behandle elektronisches Publizieren als ein neues separates Geschäft:

  - Trenne die Aktivitäten des elektronischen Publizierens (zumindest vorläufig) von den konventionellen Verlagsaktivitäten
  - Wähle eine "Leitfigur" für das neue Geschäft aus und gib ihr volle Unterstützung von oben
  - Benutze nicht das herkömmliche Kalkulationsschema; (er)finde vollkommen neuartige Einkünfte, die es im konventionellen Ver lagsgeschäft gar nicht gibt
  - Kalkuliere - zumindest am Anfang - mit höheren Kosten für Produktion und Marketing als im Printbereich, auch wenn die Kosten pro Informationseinheit im elektronischen Publizieren wesentlich niedriger sind
  - Akzeptiere einen längeren Zeitraum zur Amortisation der Investitionen als im herkömmlichen Verlagsgeschäft

- Entwickle eine umfassende Strategie für Urheberrechte und Copyright:

  - Versuche, die Rechte der Nutzung für alle Medien zu erlangen (Ratschlag für Autoren: Vorsicht bei der Auswahl des Verlages;

es gibt heute kaum Verlage, die alle relevanten Medien heute wirklich schon beherrschen)

- Vermeide den Verkauf von Exklusivrechten an Dritte
- Erlaube Dritten nicht die Nutzung von Inhalten, ohne zuvor sorgfältig die langfristigen Implikationen bedacht zu haben
- Richte eine spezialisierte Abteilung "Multimedia-Rechte" im Unternehmen ein oder kaufe zumindest entsprechende externe Beratung ein

• Folge dem Pfad des geringsten Risikos beim Eintritt in elektronische Medien:

- Entwickle zuerst elektronische Medien für vertraute Marktsegmente, später erst für neue
- Gehe zuerst in vertikale Märkte (z.B. Berufsgruppen) und erst danach in horizontale Märkte (Konsumenten), vielleicht mit einer Ausnahme: Elektronische Spiele für Kinder
- expandiere die Anwendungsplattformen durch Kooperationen mit ausländischen Verlagen
- Beginne den Einstieg in elektronisches Publizieren nicht mit der komplexesten Technologie, die gerade zur Verfügung steht. Fange einfach an und überfordere den Anwender nicht. Entwickle Qualitätsdenken und Kompetenz im eigenen Haus

• Separiere Elektronisches Publizieren vom konventionellen Publizieren, aber sichere Synergien und Harmonie zwischen den beiden Geschäften:

- Prüfe sehr genau, ob die neuen elektronischen Produkte ein Supplement zu den vorhandenen Printprodukten oder aber ein Ersatz für diese sind oder vollkommen neue Produkt-Markt-Kombinationen hervorbringen
- Betrachte die traditionellen Absatzkanäle als lediglich eine Alternative unter vielen für elektronische Produkte; erkenne, daß es notwendig ist, auch andere Kanäle zu erschließen, diese aber auch mit den bestehenden harmonisiert werden müssen
- Entwickle die richtige Preisstrategie für die neuen Medien und beachte dabei eventuelle Interdependenzen mit den vorhandenen Printprodukten
- Stelle eine unternehmensweite Strategie sicher, insbesondere hinsichtlich Produktentwicklung, Marketing und Preisen, um Synergien zwischen alten und neuen Medien zu entwickeln
- Nutze vorhandene positive Markennamen für die elektronischen Medien und wo immer möglich, entwickle gegenseitige Unterstüt-

zung zwischen elektronischen und konventionellen Medien ("Papier plus") unter Verwendung erfolgreicher Marken

- Erkenne die Komplexität von Multimedia-Produkten und des dazu nötigen Managements - aber überfordere den Anwender nicht:

  - Erkenne, daß die meisten erfolgreichen Printprodukte Inhalte haben, die auf Text basieren, und die erheblich und sehr kreativ überarbeitet werden müssen, wenn daraus ein Multimedia-Produkt entwickelt werden soll
  - Besser: Entwickle eigenständige elektronische Produkte, die nicht auf Text angewiesen sind und ganz darauf ausgerichtet sind, die spezifische Überlegenheit gegenüber den Printmedien auszuspielen (Animation, Audio, Interaktivität usw.)
  - Entwickle zunächst nur Produkte, die die aktuellen tatsächlichen Bedürfnisse der potentiellen Anwender befriedigen; mache sie nicht zu kompliziert und überfordere den Kunden nicht hinsichtlich Technik und Preisgestaltung
  - Überprüfe Prototypen sehr sorgfältig vor Markteinführung und stelle sicher, daß ihre Eigenschaften dem Anwender wirklichen und erkennbaren Nutzen bringen und die Nachfrage im Markt steigern

- Entwickle eine umfassende neue Unternehmensphilosophie im Hinblick auf alle Medien - und halte sie ein:

  - Denke daran: Es sind Inhalte und Service, die ein Produkt ausmachen und von neuen Technologien lediglich unterstützt werden - eine Technologie alleine ergibt noch kein Produkt, geschweige denn ein Geschäft
  - Elektronisches Publizieren verlangt erhebliches Know-how in Marketing, nicht in Technologien; deshalb: Sammle frühzeitig Erfahrungen in den neuen Medien
  - "Think big - start small": Entwickle eine Vision der Zukunft und baue darauf eine langfristige Verlagsstrategie auf. Aber beginne dann in kleinen Schritten und kontrolliere die Fortschritte sorgfältig und kritisch

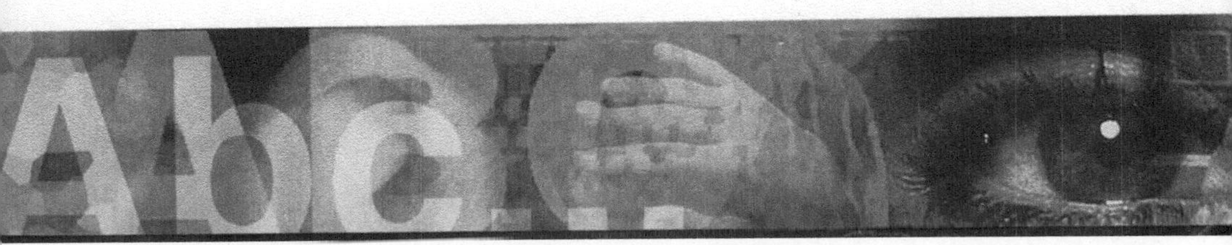
Abc

schiedensten Personen an unterschiedlichen Orten mit minimalem Hardware-Aufwand. Dazu sind group-working-fähige Computerplätze in Verbindung mit einer leistungsfähigen Multimedia-Technologie notwendig.
Die Telekom kann auf der reifen Gesamtleistung von Funline für MS Windows aufbauen und optimiert nun in einem Feldversuch die konkrete Multimedia-Erweiterung. Dabei wird vor allem die Möglichkeit genutzt, bei Bedarf über einen ISDN-Basisanschluß Unterstützung von einem Lehrer oder Tutor zu erhalten. Im Detail heißt dies: Der Lerner wird gefilmt und mittels DVI®-Technologie in Echtzeit digitalisiert, über die ISDN-Verbindung an eine Gegenstelle vermittelt und dort in einem Fenster dargestellt. Ähnlich wird auch die Audio-Information verarbeitet.

Zwei faszinierende Multimedia-Varianten:

- Videosequenzen im Präsentationsblock ohne Eingriffsmöglichkeiten des Lerners oder
- interaktive Videosequenzen im Dialogblock über den Videocontrolpanel steuernd.

Mit einigen Hardware-Erweiterungen lassen sich diese Einsatzvarianten bereits heute mit Funline für MS Windows realisieren.
Auch andere interessante Ansätze für neue Kommunikationsformen werden zur Zeit in der Beruflichen Bildung der Telekom getestet. Dabei kristallisieren sich zwei Schwerpunkte heraus: In der gemeinsamen zeitgleichen Programmerstellung innerhalb eines LAN und in der Einbeziehung geografisch getrennter Arbeitsplätze über ISDN-Verbindungen.

Die Multimedia-Perspektiven von Funline für MS Windows unterstreichen aufs neue den Führungsanspruch von Telekom.